対抗の法理と信頼保護の法理

多田利隆【著】

成 文 堂

はしがき

　一　本書は、不動産の物権変動について登記対抗要件主義を定めた日本民法典177条の内容について、これまでに公表した論文の中から何点かを抜粋して収録したものである。全体は三部から構成されており、第一部は、177条の「対抗」は登記に対する消極的信頼保護を定めたものとして法律構成すべきであるという基本的な考え方の提示に、第二部は、そのような考え方にもとづいた177条の適用範囲という具体的な解釈問題の検討に、第三部は、民法典の物権変動法制や不動産登記法制の改正についての立法論的考察に、それぞれ充てられている。本書のタイトルが、『対抗の法理と信頼保護の法理』となっているのは、177条は対抗規定のメカニズムを介して第三者の信頼保護をはかる趣旨の規定であり「対抗」と「信頼保護」とは密接に結びついているという認識が、本書全体を通じた基本的な視角となっているからである。厳密に言えば、信頼保護の法理はあっても対抗の法理というものはなく、あるのは対抗のメカニズムにすぎないのであるが、177条の「対抗」の独自性を重視してきた従来の通説的立場との対比を強調する意味もあって、このようなタイトルを付けることにした。また、同規定の適用範囲をめぐる解釈論におけるいわゆる対抗関係構成と信頼保護構成（無権利構成）という異なる立場の間を架橋したいという意図が、このタイトルには込められている。

　二　第一部の第一論文「民法177条の『対抗』問題における形式的整合性と実質的整合性――消極的公示主義構成の試み――」は、177条の「対抗」の意味をめぐるわが国の従来の諸説を、対抗規定のメカニズム論（「形式的整合性論」）と対抗規定を介して生じるべき権利変動の性質論（「実質的整合性論」）という二つの観点から整理分析し、前者との整合性および公示の原則の趣旨に照らして、後者については、不動産登記に対する消極的信頼保護を

認めたものと構成すべきであるとし、そのような構成の可能性と妥当性を、ドイツ法における公示の原則の意義づけや信頼保護理論および民・商法典中の「対抗」規定をめぐる解釈論に照らして検証しようと試みたものである。

　第二論文である「公示方法に対する消極的信頼保護法理の分析――民法第177条の対抗問題とドイツ法の消極的公示主義規定――」は、上記の第一論文の中では簡単にしか取り上げられなかったドイツ法における公示方法に対する消極的信頼保護の法理について、より詳しい紹介と検討を試みたものである。特に、対抗規定の信頼保護構成が広く認められており、また、公示方法である登記に対する信頼保護においては帰責事由のみならず保護事由も抽象的な取り扱いがなされるという特徴があるが、それが「一般的・抽象的な信頼保護」として位置付けられていることを具体的な学説状況を示すことによって明らかにしようとした。

　第三論文である「民法177条と信頼保護」は、民法177条は消極的信頼保護の規定と解すべきであるという、第一論文で提示した私見の根拠を改めて整理して示すとともに、近年の判例・学説の中では、立法者の採用した画一的な取り扱い（いわゆる登記絶対主義）が次第に緩和されてきたとともに、177条に含まれている信頼保護的要素が次第に顕在化してきたことを示し、そのような動向の中で、私見である消極的公示主義説が解釈論としてどのような意義を持ちうるかについて論じたものである。

　第二部に収録されているのは、そのタイトルと同じく「民法177条の適用範囲について――消極的公示主義構成からのアプローチ――」と称する論文である。第一部が基礎的・理論的な研究であるとすると、第二部は、それを当てはめた具体的な解釈論に相当する。前者に引き続いてあまり間をおかずに後者を論稿にまとめて公表するのが順当な手順であったと思われるが、この論文は最近になって公表したものであり、随分遅くなってしまった。

　177条の適用範囲については、①「第三者」の範囲の問題は、対抗規定のメカニズムとの整合性と信頼保護における保護事由の問題であり、②物権変動原因の範囲の問題は、信頼保護における帰責事由の問題であるというのが、私見の基本的な枠組である。そのような視点よりすると、第三者性については、まず、対抗のメカニズムに適合するか否かという観点からスクリー

ニングが行われることになり、さらに、善意・悪意不問という規定内容と信頼保護における保護事由との関係が問題となる。後者について、私見は、一般的・抽象的信頼保護の考え方に照らせばそのような取り扱いは保護事由要件そのものとは矛盾しないと解しつつ、この場合の悪意の第三者には、他人の権利の侵害について違法性の意識と害意があるという点に照らして、正義衡平あるいは信義則の観点から悪意者は排除すべきであると解している。なお、対抗規定のメカニズムについては、これまではその妥当範囲を特に限定しなかったが、本論文において、それが当てはまるのは、先行する物権変動があった場合の後行の物権変動についてであり、先行する物権変動の「対抗」には当てはまらないこと、ただ、適用範囲の問題についてはこのメカニズムが妥当することを指摘している。

　物権変動原因の範囲については、本稿は、意思表示による物権変動は、意思にもとづく主体的な物権変動であるところから類型的に見て登記をしなかったことについて社会的義務を怠ったという帰責事由ありと判断されてもやむをえないので、原則として、登記の有無による画一的な判断をすべきであるとする。これに対して、他の物権変動原因については、そのような類型的見地から帰責事由を想定することはできないので、信頼保護の原則的な取り扱いにもどって、個別具体的に帰責事由の有無を判断すべきであるとする。たとえば、従来から多くの議論のある取消しと登記については、取消しは意思表示であるが取消しをめぐる事情は様々であり、取消後登記をしなかったことについて類型的に帰責事由を認めることはできないので、例外的に、取消後の第三者との関係については個別具体的に帰責事由を判断すべきであり、また、取得時効と登記についても、登記をしなかったことについて帰責事由があると類型的に判断することはできないので、時効完成後の第三者との関係については、個別具体的に帰責事由を判断すべきであると解している。このように考えると、意思表示による物権変動については177条により、それ以外の物権変動原因については177条を適用せず、たとえば94条2項の類推適用によるべきであるという、近年有力な見解と合致することになりそうである。実際、第一部の第三論文や第三部の第二論文ではそのような立場を説いた。しかし、この点については本論文でそれを改め、意思表示以

外の物権変動原因についても、177条を適用すべきであるとの立場を説いている。それは、94条2項における信頼保護と177条に含まれている信頼保護の内容は、特に帰責のとらえ方において大きく異なっており、94条2項の類推適用法理をあたかも信頼保護の一般規定のように用いることは避けるべきであると考えられること、むしろ、一般的・抽象的な信頼保護を原則としつつ、例外的にそれが修正され通常の信頼保護の取り扱いに回帰される場合があるとして、あくまで177条の対抗問題の一つとして取り扱った方が解釈論として簡明であるという理由によっている。

　第三部の「法改正と物権変動論」には2本の論文が収録されている。第一論文の「物権変動論からみた改正不動産登記法——不実登記への対応を中心に——」は、平成16年6月に成立し平成17年3月に施行された改正不動産登記法の内容について、物権変動論との関係について論じたものである。改正法は、実際の権利関係がこれまで以上に正確に登記内容に反映するようになることを重要な目標としている。そのことは、物権変動があったのに登記をしないことによるいわば不作為型の不実登記の不可避性と広がりを前提とした従来のわが国の物権変動論に対して一定の反省を迫るものであるが、この改正がそのような登記の実態を変える効果をもたらすのか否か、その点については短期的には困難ではないかと論じている。また、改正法では、作為型の不実登記への対処としての登記識別情報、登記原因証明情報の制度が設けられ、実際、便宜型の不実登記ともいえる中間省略登記に対してはすでに否定的な取り扱いがなされるようになっており、また、登記の真実性確保のための司法書士の積極的役割が期待されている。特にこの最後の点については、それが実現すれば、わが国の意思主義・対抗要件主義の実態が変わり、従来の物権変動論にも大きな影響を与えることになるであろうが、それが実現するか否かは未知数であると論じている。それに加えて、作為型の不実登記の発生が不可避であるとすれば、不動産登記に対する積極的信頼保護の可能性を開く必要があるが、その方法としては、不動産登記の公信力（帰責事由を必要とする相対的公信力）を認める改正を行うべきではないかと提案している。

　第二論文の「不動産物権変動法制の方向性について——『民法改正研究

会』案を手がかりに──」は、平成20年から21年にかけて発表された加藤雅信教授（当時　上智大学教授）を代表とする「民法研究会」の発表した民法改正案の中の物権変動の箇所を手掛かりに、改正の方向を探ったものである。大まかな考え方としては、まず、民法典改正の一環としての物権変動法制改正の必要性についてそれを積極に解すべきであるとの基本的な立場を説く。そのうえで、改正の内容が、対抗要件主義を効力要件主義に改めるところまで及ぶべきかについては、これまでの理論および実務の積み重ねと継続性を尊重すべきこと、効力要件主義に変えたとしても適用範囲の問題等解釈論上の問題は残ること、いわゆる対抗をめぐる様々な解釈論上の問題は解決できないものではないと考えること等に照らして、消極説をとっている。次に、適用範囲の問題については、立法者の選択した登記絶対主義は様々な形で今日緩和・修正されて来ており、それをいかに理論的に正当化し方向づけるべきか、どこまでその進行を認めるべきかが今日の物権変動論の基本的な課題であるという視点を設定し、研究会案を検討している。物権変動原因については、177条を構成している実質的要素すなわち信頼保護規範であることに照らして、帰責事由の観点から画一的取り扱いを緩和・修正すべきであるとし、類型的に帰責ありと扱うことが許される意思表示による物権変動以外については具体的に帰責事由を考慮すべきであるとして、177条の適用範囲を意思表示による物権変動に限って認め、それ以外については94条2項の類推適用法理の活用を想定している研究会案を支持している（この点については、上に述べたように第二部の論文の中で改説している）。第三者の範囲については、対抗規定のメカニズムと信頼保護規範としての177条の特質および「悪意」の内容に照らして、その範囲を画すべきであるとして、研究会案の「法律上の利害を有する第三者」や「権利取得の態様が信義即に反する者」という基準が、基本的には妥当性を持っていると評価しつつ、規定内容が不明確であると指摘している。また、不動産登記に対する積極的信頼保護については、虚偽表示規定を活用する方法をとるよりも、端的に登記の公信力を認めるべきことを提案している。

　　三　改めて物権変動法制についての自分の研究の歩みを振り返ってみる

と、基本的な理論枠組みを提示した第一部の第一、第二論文を公表してから、具体的な解釈論を展開した第二部の論文を公表するまで、30年近く経過している。随分間延びしたものであったといわざるをえない。

　私がこの分野に関心を持つにいたったきっかけは、早稲田大学法学部の2年生の時に、物権法の講義の中で、篠塚昭次博士の公信力説に接したことにあった。それがいわば原体験となって、大学院に進学して私法における信頼保護（善意者保護）制度の研究に手を染めることになったのであるが、ドイツにおける信頼保護の制度に関する各種文献を渉猟する過程で、公示の原則と信頼保護法理との結びつきや、対抗規定と信頼保護との関係あるいは登記に対する信頼保護の要件の特徴等についてのドイツの考え方に触れ、次第に、わが国の177条については従来の公信力説とは違った内容の信頼保護的構成があてはまるのではないかと考えるようになった。そのアイデアは、1989年からのゲッティンゲン大学留学中にさらに明確なものとなり、帰国してまもなくそれをまとめたのが、第一部の最初の2本の論稿である。上に述べたように、研究の手順としては、それに引き続いて、その内容を具体的な解釈問題に即して展開すべきであったであろう。それをしなかったのが今となっては残念である。ただ、当時の私の問題関心は、ドイツの信頼保護理論の歴史的展開と帰責可能性要件の取り扱いを追及し、わが国の信頼保護法学および判例における帰責軽視の傾向を是正することにあって（これについては、博士論文である『信頼保護における帰責の理論』（信山社　1996年）としてまとめることができた）、177条の消極的公示主義構成はその過程で生じた派生的な成果物という認識であった。また、物権変動論については、同じ篠塚研究室の先輩であった鎌田薫教授が次々と優れた研究成果を発表されていたため、その分野は鎌田教授に委ねればよいという気持ちが働いていたことも否定できない。もちろん、私自身、その後の法学部や法科大学院の授業では、具体的な解釈問題について判例・学説の検討を行い、本書で提示したような判断枠組みに沿って私見も展開してきたのであるが、それを論稿として公表することは近年までなかった。

　かつての論稿を今読み直してみると、特に第一部の第一論文と第二論文では、稚拙な表現や力みが目立ち、注の付け方も必ずしも統一されていない。

また、民法の規定そのものがその後改正されているので内容が現状に合わない部分があるし、ドイツの学説のその後の動向がフォローされていないのも気がかりである。ただ、私見の消極的公示主義説の基礎を担った研究として不可欠の論稿であると考え、表現面で最低限の手直しを加えたうえで本書に収録することにした。また、先に述べたように、私見の内容の中で、第二部の論文で初めて修正・改説したところがあるが、第一部の第三論文や第三部の第二論文は、旧説のまま収録されているため、全体として首尾一貫していない。そのほかにも、特に第二部の論文においては文献の網羅的な参照・検討をするまでにはいたっていないなど、本書の内容は意に満たない部分が多々ある。しかし、「対抗」と「信頼保護」とを結びつけるという基本的な考えかたにおいては一貫しており、それなりに物権変動論としてひとつのまとまりをなしているのではないかと思われる。

　この分野のこれまでの研究の集大成として、遅ればせながら、このような形で論文集を公刊できることを大変嬉しく思っている。故篠塚昭次博士の学恩に改めて深く感謝すると共に、学生時代から私の勉学・研究に多大の刺激と啓発を与え支えてくださった諸先生、諸先輩および同僚に心から感謝する次第である。

　最後に、本書の出版にあたっては、成文堂の阿部成一社長、そして、飯村晃弘氏にひとかたならぬご尽力をいただいた。心から御礼申し上げたい。なお、本書は、西南学院大学の出版補助制度にもとづく費用援助を受けて刊行されたものであることを付言しておく。

平成30年12月5日

目　次

はしがき　i

第一部　「対抗」問題の信頼保護的構成

I　民法第177条の「対抗」問題における形式的整合性と実質的整合性——消極的公示主義構成の試み—— …………1

一　はじめに …………………………………………………………1
二　形式的整合性と実質的整合性 …………………………………2
三　形式的整合性の問題 ……………………………………………5
　1　対抗のメカニズムからの従来のアプローチ（5）
　2　諸説の検討（9）
　3　対抗のメカニズムと民法第177条（13）
　4　形式的整合性論の帰結（15）
四　従来の実質的整合性論 ………………………………………16
　1　真の権利関係合致構成（17）
　2　信頼保護構成（21）
　3　権利喪失構成（24）
　4　法定構成（26）
　5　諸説の検討から導かれること（31）
五　公示の原則と信頼保護法理 …………………………………33
　1　対抗要件主義と信頼保護法理（33）
　2　消極的信頼保護（38）
六　ドイツ法における消極的公示主義と信頼保護法理 ………42
　1　消極的公示主義（消極的公信主義）の意味（42）
　2　消極的公示主義規定の特徴（46）
　3　公示の優越現象の根拠について（50）
七　実質的整合性論としての消極的公示主義説の適合性 ……56

1　その適合性 (56)
　　　2　その問題点——善意要件不在の問題——(60)
　八　おわりに ……………………………………………………… 65

II　公示方法に対する消極的信頼保護法理の分析——民法第177条の対抗問題とドイツ法の消極的公示主義規定—— ……… 71
　一　はじめに ……………………………………………………… 71
　二　消極的公示主義の意味と消極的公示主義規定 ……………… 75
　　　1　「公示」と「公信」(75)
　　　2　「積極」・「消極」の相違 (78)
　　　3　消極的公示主義規定 (79)
　三　消極的公示主義の要件および効果 …………………………… 82
　　　1　要件 (82)
　　　2　効果 (87)
　四　消極的公示主義における公示の優越と信頼保護法理 ……… 87
　　　1　登記がある場合には善意無過失の第三者にも「対抗しうる」という取り扱い (88)
　　　2　公示と善意との具体的関連の不要について (90)
　　　3　帰責事由の抽象的・定型的取り扱い (98)
　　　4　善意・悪意不問との関係 (100)
　五　公簿に対する信頼保護の特殊性と善意・悪意要件 ………… 105
　　　1　善意要件の有無による形式的分類の問題点 (105)
　　　2　外観としての登記の規範的性格と保護事由・帰責事由の抽象的取り扱い (111)
　六　小括 ………………………………………………………… 116

III　民法177条と信頼保護 ………………………………………… 120
　一　はじめに ……………………………………………………… 120
　二　立法者意思について ………………………………………… 121
　三　判例 …………………………………………………………… 123

- 四　学説における取り扱い …………………………………………… 127
  - 1　規定の趣旨・目的と法律構成との区別（従来の通説）(127)
  - 2　対抗問題の信頼保護的構成 (129)
- 五　信頼保護構成の可能性──消極的公示主義説に即して── …… 135
  - 1　公示と公信 (135)
  - 2　「対抗することができない」という規定形式 (138)
  - 3　消極的信頼保護 (139)
  - 4　具体的な善意・悪意不問について (140)
  - 5　177条の適用範囲についての指針 (142)
- 六　内部化か外部化か ……………………………………………… 143
  - 1　立法者意思との関係 (144)
  - 2　94条2項の類推適用 (144)
  - 3　信頼保護的構成の内容と177条の適用範囲 (146)
- 七　おわりに ……………………………………………………… 148

第二部　民法177条の適用範囲について
──消極的公示主義構成からのアプローチ──

- 一　はじめに ……………………………………………………… 151
- 二　登記がなければ対抗できない第三者の範囲について ………… 153
  - 1　対抗規定のメカニズム（形式的整合性論）から導かれる判断基準 (153)
  - 2　消極的公示主義構成（実質的整合性論）から導かれる判断基準──悪意者排除について──(156)
- 三　登記がなければ対抗できない物権変動原因について ………… 161
  - 1　意思表示による物権変動 (161)
  - 2　共同相続人の登記冒用 (163)
  - 3　取消しと登記 (165)
  - 4　取得時効と登記 (171)
- 四　消極的公示主義構成と177条の適用範囲 ……………………… 178
  - 1　消極的公示主義構成提示の意味 (178)
  - 2　信頼保護の要件と適用範囲の判断基準 (180)
  - 3　94条2項の類推適用との関係 (182)

第三部　法改正と物権変動論

Ⅰ　物権変動論からみた改正不動産登記法——不実登記への対応を中心に—— ……187
一　はじめに ……187
二　改正不動産登記法と不作為型不実登記 ……189
1　物権変動論と不作為型不実登記（189）
2　オンライン申請導入の影響について（191）
3　不作為型不実登記中心の物権変動論のあり方について（193）
4　画一的・定型的取り扱いの修正・緩和という視点（194）
三　作為型不実登記への対応と物権変動論 ……197
1　登記識別情報及び登記原因証明情報（197）
2　登記原因証明情報制度と意思主義の内容見直しとの関係（199）
3　物権変動論への影響（201）
4　中間省略登記の取り扱いについて（202）
四　結びに代えて——登記に対する信頼保護との関係—— ……208
1　積極的公信力と消極的公信力（209）
2　94条2項類推適用論の問題点と公信力立法論（210）

Ⅱ　不動産物権変動法制改正の方向性について——「民法改正研究会」案を手がかりに—— ……214
一　はじめに ……214
二　不動産物権変動法制改正の必要性 ……215
1　規定内容の明確化（215）
2　改正のむずかしさ（217）
三　対抗要件主義から効力要件主義への転換について ……218
1　研究会副案の考え方（218）
2　問題点の指摘（220）
3　適用範囲の問題はどうなるのか（223）
4　効力要件主義に転換すべきか（225）
四　適用範囲についての考え方 ……232
1　登記がなければ対抗できない物権変動（232）

2　登記がなければ対抗できない「第三者」の範囲 (252)
五　不動産登記に対する積極的信頼保護の取り扱い …………… 272
　　1　研究会案の内容 (272)
　　2　帰責事由の取り扱い (274)
　　3　94条2項を原型とする「外観法理」と登記の公信力 (275)
六　おわりに …………………………………………………………… 279

初出一覧

第一部 「対抗」問題の信頼保護的構成
　Ⅰ 「民法第177条の『対抗』問題における形式的整合性と実質的整合性——消極的公示主義構成の試み——」民商法雑誌102巻1号（1990年4月）、2号（1990年5月）、4号（1990年7月）
　Ⅱ 「公示方法に対する消極的信頼保護法理の分析——民法第177条の対抗問題とドイツ法の消極的公示主義規定——」 北九大法政論集18巻1号（1990年6月）
　Ⅲ 「民法177条と信頼保護」西南学院大学法学論集47巻2＝3合併号（2015年2月）

第二部 「民法177条の適用範囲について——消極的公示主義構成からのアプローチ——」道垣内弘人他編『社会の発展と民法学（近江幸治先生古稀記念論文集）』（成文堂　2019年1月）

第三部　法改正と物権変動論
　Ⅰ 「物権変動論からみた改正不動産登記法——不実登記への対応を中心に——」西南学院大学法学論集44巻1号（2011年9月）
　Ⅱ 「不動産物権変動法制改正の方向性について——『民法改正研究会』案を手掛かりに——」西南学院大学法学論集43巻3・4合併号（2011年3月）、44巻1号（2011年11月）、45巻1号（2012年7月）

第一部 「対抗」問題の信頼保護的構成

Ⅰ 民法第177条の「対抗」問題における形式的整合性と実質的整合性
――消極的公示主義構成の試み――

一 はじめに

　民法第177条の「対抗スルコトヲ得ス」の意味および二重譲渡の法律構成をめぐっては、すでに多くの議論が堆積しており、また、それらの議論についての整理紹介も多くなされている。しかしながら、従来の作業は、意思主義を定める176条と対抗要件主義を定める177条との、形式的整合性の問題すなわち「対抗」のメカニズム論と、両条を通じて生じる権利変動のメカニズムをどのようなものとして民法体系中に位置づけるべきかという実質的整合性の問題とを区別することなく進められてきたために、必ずしも議論がかみあっておらず、それが、問題解決の大きな障害となっているのではないかと思われる。本稿は、そのような問題意識から、「形式的整合性と実質的整合性」という観点によって従来の議論を整理分析し、問題点を明らかにするとともに、この二つの座標軸に照らして、この、わが国民法解釈学上のいわば古典的な懸案を解決すべき筋道を明らかにしようと試みたものである。

二　形式的整合性と実質的整合性

1　民法177条のいわゆる「対抗」問題の提起は、それ自体、きわめてドグマティッシュなものである。すなわち、「民法176条は、意思表示のみによって本来排他的物支配権であるべき物権が変動すると定めているのに、その直後の177条によって、登記をしないかぎりその物権の変動を第三者に主張しえないものとされている。この両者をいかに整合的に解釈すべきか」、また、「177条の典型的適用場面とされる二重譲渡においては、意思表示のみによってすでに物権を失ったはずの譲渡人から、第二譲受人はどうして同一物権を譲受することができるのか」というのである(1)。

この問題提起の中には、物権の排他性をア・プリオリに前提としていることや、排他性と対抗力との相違を無視していることなど、あいまいな要素が含まれており、それを批判することはやさしい(2)。両条は本文と但書的な

---

(1) たとえば、鈴木祿弥「民法177条の『対抗スルコトヲ得ス』の意味」『物権法の研究』(1976年) 239頁 (初出は『民法基本問題150講Ⅰ』(一粒社　1966年))。
(2) 第一の点について見れば、沿革的には排他性の有無は必ずしも常に物権債権両概念の決定的な相違点とされていたわけではない。対抗要件を備えないがゆえに排他的効力を持たない物権というものを「矛盾」と解することに対しては、誤った物権債権峻別論に立脚しているとの批判を向ける余地があるであろう。たとえば、ドイツにおけるパンデクテン的峻別体系成立以前におけるいわゆる「物への権利 (jus ad rem)」が、債権ではありながら実質的には物権に準じるような保護を受けていたという事実があり、その実質は、今日のドイツ法における二重譲渡の取り扱いにも受け継がれている。jus ad rem の沿革については、好美清光「Jus ad rem とその発展的消滅」一橋大学研究年報法学研究3号 (1961年) 179頁以下に詳しい。また、今日ではドイツにおいても従来の峻別体系への反省が有力に説かれている (この点については、赤松秀岳『物権・債権峻別論とその周辺』(成文堂　1989年) 参照)。また、わが国の民法177条が、必ずしもそのような体系的峻別の明らかではないフランス民法典の規定に倣ったものであるという事実も、このような疑問を裏づけるであろう。
第二の点については、すでに石田文次郎博士が、対抗できないとされるのは物権変動であって物権の性質そのものとは関係がないという形で、これを指摘されている (石田文次郎『物権法論〈第6版〉』(有斐閣　1938年) 101頁)。排他性と対抗力を区別すべきことを指摘するものとしては、その他にも、於保不二雄『物権法 (上)』(有斐閣　1966年) 123頁以下、半田正夫「不動産所有権の二重譲渡に関する諸問題」『不動産取引法の研究』(勁草書房　1980年) 8頁以下 (初出は民事研修151号 (1969年)) がある。この点は次のような例からも明らかであろう。債権譲渡について確定日付ある通知承諾がなされた後には、譲受人は債権譲渡の事実を債務者以外の第三者にも「対抗できる」が (民法467条2項)、だからといって、譲渡された債権そのものが「排他的」な権利となるものではない。権利の属性としての排他性とその「得喪及ヒ変更」の「対抗力」とは次元の異なる概念なのである。

関係にあって、その両者を併せて一つの規範として機能していると見れば足りるではないかという疑問も当然出てくるであろう(3)。しかし、この問題の「やっかいさ」は、それがドグマティークにこだわるものであるということ、そして、わが国の法解釈学にとって、そのような側面もまた重要なものであるというところにある。

　沿革的にはともかく、現行民法典の財産法体系が、排他的な直接支配権としての物権を一方の柱として構築されていること（パンデクテン体系）は否定できない。未登記の物権変動には対抗力なしとすることは、物権の排他性を否定するに等しい実質を持ち、ひいてはいったん取得したはずの物権を喪失する結果まで招来する。また、意思主義は物権変動の構成要素から登記その他の外形を排除しようとする立場であるが、対抗要件主義は実質的に外形を再びそこに持ち込み、むしろ、外形に即した物権変動を認める実質を持つ。以上のような実質を生じる法的メカニズム（もしくは法的プロセス）を、民法解釈論としていかに整合的に理論構成しうるのか、というのが、この、ある意味では「屁理屈的」な問題提起の意味するところなのである。それは、沿革もしくは系譜的説明や機能的説明では足りないというところをその出発点としているのであり、177条を、現行の法規定として、いかに民法体系全体の中に理論的に組み込むかという問題として、はじめて、解釈論として問題となりうべき性格のものである。したがって、これに対しては、そのような問題提起自体に意義を認めないという解答の仕方もありうるし、現に存在している。しかし、本稿では、このようなドグマティッシュな挑戦に正面から答える道を選びたいと思う（そのような選択の持つ意味については、本

---

(3) たとえば、星野英一「物権変動における『対抗』問題と『公信』問題」『民法論集6』（有斐閣　1986年）147頁以下（初出は法教38号（1981年））。また、この部分の起草の担当者であった穂積陳重は、「本条及ヒ次ノ箇条ハ謂ハバ前条即チ第177条（現民法典176条　筆者）ノ但書トデモ申スベキモノデアリマス」と述べている（法務大臣官房司法法制調査部監修『法典調査会民法法典調査会民法議事速記録１〈日本近代立法資料叢書１〉』（商事法務研究会　1983年）64頁）。学説上も、「法律が一方で原則的に与えているものを他方で特殊の必要に応じて制限し剥脱している例は少なくないのであって、ここでも、一方で当事者の意思表示のみで物権変動が効力を生ずべきことを認めながら、他方で第三者保護のためにそれを制限しているのにとどまるのだから、別段異とするにたらない」という指摘がある（末川博『物権法』（日本評論社1956年）96頁）。

稿の「七 1」において再論する）。

　2　従来の177条の「対抗」問題が、「『対抗スルコトヲ得ス』の意味如何」という形で論じられてきたのは、不運なことだったのではないかと思われる。なぜならば、そのような問い方は、問題が形式的整合性にあるのか実質的整合性にあるのか、そのいずれとも受け取れるものだからである。ここで言う形式的整合性の問題とは、上記の1で述べたような実質をもたらす177条の、「対抗スルコトヲ得ス」という規定形式に含まれている法的メカニズムの問題、すなわち、そのような実質が、権利規定としての176条と対抗規定としての177条とのいかなる相互作用によって生じるのか、規定相互の関係としてどのように整合性を保持しうるのかという問題である。換言すれば、177条における対抗のメカニズムの問題である。これに対して、実質的整合性の問題というのは、「対抗スルコトヲ得ス」とされることがいかなる法律関係を意味しているのかという問題である。つまり、「対抗スルコトヲ得ス」とされることを介してそこで生じるべき1で述べたような実質を、法律関係として、民法体系もしくは民法上の諸原理に照らしていかに体系整合的に説明すべきかという問題である。「『対抗スルコトヲ得ス』の意味如何」という問いかけには、この両方の要素が含まれており、いずれからのアプローチも可能であるように見える。これは、「排他性ある物権を取得したことと対抗力なきことは矛盾しないのか」、「意思主義によってすでに物権が移転していることと二重譲渡とは矛盾しないのか」という問いかけについても同様に指摘しうることであり、それがいずれを問うものであるのかは、その段階では特定されていない。

　このような二つの側面は、177条以外の対抗規定においても一般的に認めることができる。たとえば、民法94条においては、その第1項で通謀虚偽表示は無効であると規定され、第2項では、その無効を善意の第三者には対抗できないと規定されている。これに関して、たとえば、「1項は権利関係を定めたものであり2項はその主張関係を定めたものであるから両項は矛盾しない」とか、「善意の第三者において無効を否認することができ、それによって無効原因はなかったものして取り扱われ、第三者は有効に権利を譲り受けたものとされるのだ」と説明するならば、それは形式的整合性論であ

る。これに対して、「第2項は、善意者を保護し取引の安全を保護するために、意思に基づく法律関係形成という一般原則を例外的に修正し、信頼保護法理による法律関係の変動を認めたものである」と説明するならば、それは、実質的整合性論である。あるいは、民法468条における「異議なき承諾」の効力としての「之ヲ以テ譲受人ニ対抗スルコトヲ得ス」の意味について展開されている議論、すなわち、異議なき承諾を債務承認と解すべきか、異議なき承諾に公信力を付与したものか、仮定的債務者の処分授権を認めたものかという議論を想起していただきたい。これは、同じく対抗規定である468条に関する実質的整合性論である。そして、これらの規定に関しては、周知のように、先に説明したような意味での形式的整合性について特に議論はなく、それは「対抗」の一般的意味に即して解すれば足りるものとされている。

ところが、177条の「対抗」に関してのみは、このような区別がなされることなく議論が展開されてきた。そこで堆積された諸説を概観してみると、形式的整合性からアプローチするものと実質的整合性からアプローチするものとにやはり分かれるのであるが、それらは、この両側面の区別を前提としたうえでその相互関連性に留意して立論されたものとは解しがたい。しかも、いずれからアプローチするものも、そのほとんどが、この両方の要素を不分明に混在させている。そのことが、従来の議論を不必要に複雑なものとし、その進展を妨げる大きな要因となっているのではないだろうか。はたして、177条についてのみ、そのような独自の理論状況を保持すべき特別の理由があるのだろうか。

三　形式的整合性の問題

1　対抗のメカニズムからの従来のアプローチ

ここでは、従来の諸説の中から、対抗のメカニズムによって177条の「対抗」の意味を解明しようとする諸説を取り上げることにする。したがって、それは、一応形式的整合性の側面からアプローチするものと言うことができる。しかし、これに属するほとんどの見解は、「対抗スルコトヲ得ス」とい

う取り扱いを根拠づけるべき実質的法律関係が、対抗のメカニズムによって準備されるという構成を採っており、したがって、対抗のメカニズムを介して生じる法律関係は真の権利関係に合致したものだという帰結に到達している。その意味では、それらは同時に、後に実質的整合性論の一類型として掲げた「真の法律関係合致構成」の一部を構成しているということもできる。

　まず、「『排他性ある物権取得』と『対抗力なきこと』とは矛盾しないのか」という問題に対しては、次のような解答がある。すなわち、対抗規定は権利関係を定めたものではなく、それとは独自の主張関係を定めたものであり、後者は前者の嘱性とは無縁であるから、排他的支配権たる物権を取得したことと、登記をしないかぎりそれを第三者に対抗しえないこととは別に矛盾しないというのである（権利関係・対抗関係分離説）[4]。この説は、対抗規定が、ある法律関係を前提としながらその「主張」を封じるという一般的特長を持っていることを以て、両条の形式的整合性を説くものである。「対抗」の一般的意味がそのようなものであることについてはすでに従来より広く認められているところであり[5]、「排他性あるべき物権を取得したにもかかわらずそれを第三者に主張しえないものとされる」こと自体についての形式的整合性論としては、これで足りるものと思われる。しかし、177条は、「主張しえない」という側面と同時に、「第三者からはそれを否定しうる」ということ、さらには、「対抗スルコトヲ得ス」を通じて新たな物権関係が生じるという側面をも有している。「対抗」は、たしかに、権利関係とは別の「主張の次元」の問題であるが、たとえば不動産の二重譲渡における第二譲受人の権利取得（および第二譲受人が登記を先に備えることによる第一譲受人の

---

(4) 星野・前掲注（3）132頁以下、141頁以下。
(5) たとえば、石田（文）・前掲注（2）95頁によれば、「対抗スルコトヲ得ス」の一般的意味は、「或法律関係が生起して、本来ならば当事者は何人に対しても其効力を主張し得る場合に、法律は特別の理由（主として一般人若しくは利害関係人の利益を保護する理由）により、或人からその効力を主張する権能を剥脱して、『之ヲ以テ或人ニ対抗スルコトヲ得ス』というのである」と説明されている。また、星野・前掲注（3）134頁によれば、対抗するとかできないとかいうのは、「『法律行為の結果又はその無効の結果発生した権利』」の「効力が主張できる相手の範囲が限定される場合に用いられる用語」なのである。その他、於保・前掲注（2）118頁、同「公示なき物権の本質」法学論叢58巻3号（1952年）3頁、竹内昭夫ほか編『新法律学辞典〈第3版〉』（有斐閣　1989年）、藤木英雄ほか編『法律学小辞典』（有斐閣　1986年）参照）。

権利喪失)を想起すれば分かるように、その中には、新たな権利関係の発生という帰結が、いわば内在的に含まれている。「主張の次元」は「権利の次元」と直結しているのである。右の、権利関係と対抗関係の分離という説明のみでは、そのような後者の側面については明らではない[6]。

　対抗のメカニズムからアプローチする従来の諸説の多くは、むしろ、この後者の解明に腐心してきた。それらを大別すると、①176条により意思表示のみによって完全に物権は変動しており、それが、177条を通じて覆されると構成する立場(以下、「直列型」と称する)と、②176条と177条とが複合し、「対抗関係」によって「権利関係」が制約される形で、そこでの物権変動自体が制限されていると構成する立場(以下「並列型」と称する)の二つに分けることができる。

　①直列型　まず、登記のない物権変動は第三者においてこれを否認することができ、「否認権」を行使すると、意思表示のみによって生じた物権変動は効力を失って物権は元に復帰し、第三者はそれを譲り受けることができるのだと説くものがある(否認権説)[7]。この説は、「否認権」という第三者側の「権利」概念を軸としているが、この「否認権」は既存の法律関係として在るものではなく、「第三者が当該物権変動を否認する権限を持っている」ということを意味しているにすぎない。すなわち、同説は、対抗のメカニズムとして、第三者が否認の意思表示をし、それによって当該物権変動の効力が遡及的に失われ、その結果新たな物権関係が生じうることを説くものである[8]。

---

[6] 星野教授は、積極的側面については、このような形式的整合性論を離れ、本稿では実質的整合性論に分類した不完全物権変動説の立場を採られている。本稿四参照。

[7] 横田秀雄『物権法〈改訂増補〉』(清水書院　1905年)81頁(1926年版)、中島玉吉『民法釈義巻之二物権篇上』(金刺芳流堂　1914年)65頁以下、小池隆一『日本物権法論』(清水書店　1932年)46頁、石田(文)・前掲注(2)99頁以下、柚木馨『判例物権法総論』(有斐閣　1955年)179頁以下、吉原節夫「対抗要件の意義」中川善之助／兼子一編『不動産法大系Ⅰ　売買』(青林書院新社　1970年)137頁以下、加賀山茂「対抗不能の一般理論について——対抗要件の一般理論のために——」判タ618号(1986年)16頁以下など。

[8] たとえば加賀山・前掲注(7)13頁は、フランスの Essai Bastian の理論の導入として、「『ある法律効果をもって、第三者に対抗できない』という意味は、『当事者間で生じる、ある法律効果が、保護されるべき第三者の権利を害する範囲で、その第三者に、その法律効果の効力を否認することができるという権限(否認権)を与えたもの

次に、第三者が「当事者間の物権変動と反対ないし両立しない事実の主張、たとえば第三者丙が甲から同一物を譲り受けたという事実の主張」をしたならば、この第三者に対する関係でその効力がなかったものとされる（「甲が依然として権利を保有するものと見られることとなり、かくて、丙が有効に甲から権利を取得しうることとなる」）と説く見解（反対事実主張説)[9]、および、この説の修正説として説かれている、「当事者間でも第三者に対する関係でも完全に生じた物権変動の効力が、177条の『第三者』が出現するという事実（すなわち反対事実）そのものによって、これを第三者に対して主張しえない限度において限縮してしまう」と構成する見解（反対事実出現説もしくは権利限縮説)[10]がある。後者は、主張関係を介して権利関係が生じるというプロセスを持ち込まない、「純然たる実体法上の構成」として提示されているところに特長がある[11]。

②並列型　まず、177条および178条において登記や占有が対抗要件とされている趣旨は、「すでに生じている物権変動を前提としてこれを対外的にいかに取扱うかということに関して登記または引渡が問題とされている（傍点筆者）」のであり、「対抗スルコトヲ得ス」というのは、否認権を行使するというようなことを考える余地もなく、「民法上一般に第三者の利益と相抵触する範囲で登記または引渡のない物権変動の効力を否定している（傍点筆者）」ということであると説く見解がある（法規否認説)[12]。これは、先に述べた権利関係・主張関係分離説と類似しているが、主張以前に物権変動の効力自体が制限されるとする点で、微妙な相違がある[13]。また、第一譲渡による所有権移転は176条によって意思表示のみで生じるが「これには177条所

─────

である』」と定義されているが、これは、否認権説が対抗のメカニズム論であることを示しているであろう。また、そのような一般的な対抗のメカニズム論として、否認権説的構成は、他の対抗規定に対する汎用性を持つ可能性が出てくるのである。
(9)　末弘・前掲注(3)154頁、舟橋諄一『物権法』（有斐閣　1960年）143頁、146頁以下など。
(10)　舟橋諄一／徳本鎭編『注釈民法(6)』（有斐閣　1967年）249頁（原島重義）。
(11)　原島・前掲注(10)249頁。
(12)　末川・前掲注(3)95頁。
(13)　もっとも、フランス法では、主張関係と効力関係とは必ずしも明確に区別されておらず、特定の者に主張しうるか否かの問題は「相対的効力」の問題として理解されているようである。星野・前掲注(3)134頁参照。

定の『第三者』の出現を許容するという意味における法定の制限がついている、と説明すれば足りよう」と説くもの（法定制限説）がある[14]。これは、実質的整合性に関して後に取り上げる不完全物権変動説に近い（不完全物権変動説の説く「不完全」の根拠を「法定」に求めた説と見ることもできる）。ただ、ここでは、「対抗関係は法律関係自体の法定の制限もしくは修正を意味する」という一つの対抗規定のメカニズムを軸として構成された見解として、形式的整合性からのアプローチの一つとして取り上げた。

2　諸説の検討

(1)　並列型か直列型か

以上に分類した直列型と並列型を比較すると、並列型には、それが、対抗規定に共通の特長として了解されている「法律関係と主張関係の分離」というワク組みにそぐわないという欠点が認められる。規定形式としての対抗規定の独自性は、先に権利関係・対抗関係分離説のところで触れたように、「一般的にある法律関係があるが、それをある特定の人に対しては主張できないという」点にあり[15]、さらに、法律関係と主張関係とは次元の異なるものだという前提に立ったうえで、後者を介して前者が変動する余地を認めるところにある。主張できないから、遡って、そこでの法律関係が、主張できないような法律関係であるというわけではない。並列型の諸説は、このような対抗規定の一般的な特長と適合しない。

このことは、次のような点に照らしても明らかであろう。対抗規定は、必ず、「何を」対抗できないのかという目的語を要する。そして、その目的語に相当するのは、あるいは「法人の設立」（民法45条2項）であり、あるいは「無効」（同94条2項）であり、あるいは代理権の消滅（同112条）であり、あるいは「物権の得喪変更」（177条）である。それらはすべて、そこでの法律関係に相当する。対抗規定は、常に、一定の実質的法律関係を前提としたうえで、「それを」対抗できないという体裁を採る。一定の法律関係が存在しているにもかかわらずそれを主張しえないとするところに、「対抗スルコト

---

(14)　広中俊雄『物権法〈2版〉』（青林書院　1982年）70頁。
(15)　星野・前掲注（3）133頁。

ヲ得ス」という独特の法的処理の意味があるのであって、対抗しえないような権利関係だから対抗しえないのではない。対抗関係を先取りしてそこから法律関係を導こうとする並列型は、形式的整合性に関して、このような対抗規定の特性と合致しないのである。

　177条の「対抗」において法律関係と対抗関係が分離しているということは、すでに起草者も認識していたところである。すなわち、穂積陳重起草委員によれば、178条（現行177条）は、旧登記法6条のように「登記ヲ致サヌ時ニハ法律上第三者ニ対シテ効ナシ」（傍点筆者）という主義を採らずに、物権の移転は「一般ニ対シテ」（つまり第三者に対しても）「効ガアル」のであり、ただ、「問題ガアリマシタ時ニ第三者ニ対シテ夫レヲ主張シ夫レヲ以テ第三者ト云フモノニ不利益ヲ与ヘルコトハ出来ヌ（傍点筆者）」としたのである(16)。これらの諸点に照らして、筆者は、形式的整合性論としては、以上の二つのタイプの中では、法律関係についてはすでに意思表示のみで完全に物権が移転しており、ただ、その法律関係が対抗関係を通じて覆されるものと構成する直列型を選択すべきであると考える。

(2) 直列型の諸説について

　直列型の諸説は、すでに完全に生じた物権変動がいかなる事実によって効力を失い、別個の法律関係が生じることになるのかに関して、第三者による否認権の行使（否認権説）、反対事実の主張（反対事実主張説）、反対事実の出現（反対事実出現説）と、見解が分かれている。もっとも、厳密に言えば、前二者においては、「対抗スルコトヲ得ス」の意味に相当するのは、それぞれ、「第三者において否認しうること」、「第三者において反対事実を主張しうること」であり、現実にそのようなことが起きた場合に、既存の法律関係がその範囲で効力を失いそれにもとづいて新たな法律関係が形成されると構成される（巻き戻し構成）。これに対して、反対事実出現説においても、一応、「反対事実の出現を許す」というのが「対抗スルコトヲ得ス」に相当することになるが、それは、実質的には「反対事実の出現によって既存の法律関係が覆滅されうること」と一致するものであり、結果的には、いわゆる法

---

(16) 法務大臣官房司法法制調査部監修・前掲注(3) 264頁。

定説と近似している。

　前二者においては、そのような否認や反対事実の主張をしない間は、第三者（たとえば第二譲受人）は無権利者であることになるが、反対事実出現説によれば、第三者はそれ以前に、すでに既存の法律関係の不在を前提とした法的地位を取得していることになる。しかしながら、その段階における第三者の法的地位は、否認等をすることによって既存の法律関係の不在を前提とした法的地位を取得しうる可能性を認められている段階にとどまるものと解すべきであろう。反対事実の主体としての第三者は、既存の法律関係を否定するか容認するかの自由を有しているのであって、肯定するならば、既存の法律関係はなんら影響を受けることなくその効力を維持すると解すべきものと思われるからである。いったん反対事実の出現によって限縮した権利がそれによって再び拡張するというものではあるまい。

　否認権説と反対事実主張説は、実質的にはきわめて近似している。「否認権」説に対しては、従来より、第三者が他に物権変動のあることや登記の欠缺を知らない場合とか、積極的に否認権を行使するなどということをしない場合にも「対抗スルコトヲ得ス」とされることを説明することができないとの批判が向けられてきた[17]。たしかに、「否認権」を厳密に解すればそのような批判が相当するであろう。しかし、先に触れたように、もともとこの概念は、第三者が既存の法律関係を「否認もしくは否定することができる」という関係を示す以上のものではないし、「否認」の実質は、むしろ、既存の法律関係の不在を前提とした法律関係の主張をするというところ（したがって当然にその中には、客観的に見て、既存の法律関係の否定が含まれざるをえない）にある。従来の否認権説をこのように読み変えるならば、それは、反対事実主張説とほぼ重なり合うものとなる。むしろ、反対事実主張説がもっぱら裁判上の争いにおける主張のみを念頭に置いていることと比較すると、このような「否認」という構成のほうがより一般性を備えていると思われる。

(3) 法律関係の巻き戻し構成について

　問題は、否認権説も含めて、対抗のメカニズムからアプローチする従来の

---

(17) 舟橋・前掲注（9）145頁など。

諸説が、否認等を契機として既存の法律関係の巻き戻しが生じ、第三者はそれにもとづいて真の法律関係に依拠して物権を取得しうるものと構成していることである。そのようなプロセスを明らかにする試みは、対抗規定を介して生じる法律関係を民法体系上整合的に位置づけるための試みであり、これらの諸説は、対抗のメカニズムを通じて同時に実質的整合性の問題にも答えているわけである。しかし、それは、対抗規定の特質そのものに適合しないのみならず、対抗の法律構成としては不必要なものであると考える。

　対抗規定は、すでに広く承認されているように、①ある法律関係を前提としながら、それを特定の者に対しては主張することができないとするものである。それは、②他面から見れば、その特定の者（「第三者」）が、そのような法律関係を否定しうるということを意味しており、さらにそれは、③その者において、当該法律関係の不在を前提とした別の法律関係を主張しうるということ、したがって、④そのような主張がなされれば、それを契機として、当該法律関係の不在を前提とした別の法律関係が「あった」ものとして処理される、ということをも意味している。この①②③④は、実は同一の内容を別々の側面から眺めたものにほかならない。①を認めるということは他の②③④を認めるということを意味している。たとえば、二重譲渡における第一譲受人が未登記の場合に第二譲受人が物権を取得しうるということは、直列型の諸説が説くように、第一譲受人が物権取得を対抗できないものとされるから、そのような対抗規定を通じて法律関係が巻き戻され、それにもとづいて第二譲受人が取得しうるということではない。第一譲受人が物権取得を対抗できないということが、すなわち、第二譲渡が可能だということなのであり、両者とも対抗規定の内容をなしているのである。また、④は、従来のそれらの諸説が説いているように実際にそのような権利変動のプロセスが生じるということではなく、既存の法律関係の不在を前提とした別異の法律関係が既往に遡って発生していたものとして取り扱われるということにほかならない。そこに、まさに、対抗規定の独自性があり、形式的整合性の問題と実質的整合性の問をつなぐべき要素がある。法律関係（権利関係）と主張関係を分けるというところに、すでに、「巻き戻し」的な法律構成との不適合の要因が含まれているのである。

「対抗」の意味については、まず、形式的整合性の問題として、このような対抗の独自のメカニズムに留意し、それを明らかにすべきであろう。対抗のメカニズムを整理するならば、次のようになる。

3　対抗のメカニズムと民法第177条
(1) 既存の法律関係の第三者による否定可能性——消極的側面——

177条は他の対抗規定と特に異なる「対抗」のメカニズムを有しているわけではない。一般に、「対抗スルコトヲ得ス」とは、ある法律関係が存在しているにもかかわらず、それを第三者に主張できず、第三者がそれを否定しうるということを意味している。177条における「対抗スルコトヲ得ス」というのは、意思表示によって生じた物権変動（176条）という一定の法律関係を前提として、それが第三者に対しては主張できないということ、第三者はその法律関係の存在を無視しうるということを意味している。これが、対抗のメカニズムの消極的側面である。

177条論の「難問」性の一つは、排他性あるべき物権を取得したにもかかわらず（176条）それを対抗できないとされることが、説明困難な矛盾であるかのように見えることである。けれども、既存の法律関係そのもの実質的な否定可能性を認めるのが対抗規定の特質であることに鑑みれば、そのような「矛盾」は——形式的整合性の問題としては——存在していない。対抗関係は「法律関係の属性がどのようなものであるか」という問題とは次元を異にするものであり、前者の内容と後者とが実質的にあいいれない事態が生じることは、対抗規定の当然に予定するところだからである[18]。176条と177条とは矛盾する関係にあるのではなく、むしろ、前者によって完全に物権が変動しているからこそ、後者によってその変動の主張が封じられるという規定形式の出てくる必然性が認められるのである。

---

(18) 権利関係と主張関係との分離という対抗規定のこのような特長から「矛盾」なしと説く見解としては、すでに触れた、星野教授の権利関係・主張関係分離説がある。星野・前掲注（3）141頁参照。

(2) 既存の法律関係の不在を前提とする新たな法律関係の形成
——積極的側面——

　対抗規定は、既存の法律関係が一定の者によって実質的に否定される可能性を認めるという消極的側面とともに、その否定を契機とする、新たな法律関係の形成可能性を認めるという積極的側面をも有している。この両側面は裏表の関係にあり、実際上の重要性は、むしろこの法律関係形成機能にある。

　ある法律関係が第三者に対抗できないということは、先に述べたように、第三者が当該法律関係を無視できるということである。それは、同時に、第三者は当該法律関係を無視した、つまり、その不存在を前提とした別の法律関係を主張しうるということであり、既存の法律関係に依拠すべき立場にある者はそれを容認せざるを得ないということである。その場合に、プロセスとして既存の法律関係の巻き戻しが生じるわけではなく、あたかも、対抗できないものとされる法律関係は初めから存在していなかったかのように処理されるということであり、法律関係の形成とは、そのような処理の法律関係への反映にほかならない。「対抗スルコトヲ得ス」という主張の次元の問題は、このような形で、権利の次元と結びついている。既存の法律関係からは導きえない権利変動を、法律関係と主張関係とを分けるという操作を通じて実現するところに、対抗規定の独自の機能がある。そのメカニズムをあえて実質的権利関係上のプロセス（法律関係の巻き戻し）として説明することは、不要であり、また、妥当でもない。

　物権の二重譲渡の可能性は、このような対抗のメカニズムの積極的側面によって整合的に説明することができる。すなわち、第一譲渡による物権変動を「対抗スルコトヲ得ス」ということは、第三者（第二譲受人）が、それを無視した法律関係として自己の物権取得を主張しうるということであり、それがなされることによって、第一譲渡はあたかもなされなかったかのように処理されるということである。したがって、そのような意味で、二重譲渡は、177条自体によって認められる「法定」のものである。

4 形式的整合性論の帰結

以上に見たように、対抗の法律構成については、まず、形式的整合性の側面について、対抗規定に共通の対抗のメカニズムによってそれを説明することができる。したがって、そこでは、177条独自の対抗のメカニズム論を展開する必要は存しない[19]。

先に触れたように、そこで生じる権利変動が177条自身によって初めて認められるものであり、対抗規定独自のメカニズムを介して生じるものであるという意味では、それは、「法定」のものである。「177条の存在が二重譲渡を法律上も可能にしたことに」なるのである[20]。「否認」は、そのような法定の権利変動の生じる契機であって、その根拠ではない。

しかしながら、問題はこれで解消したわけではない。このような対抗規定を介して生じる法律関係を、どのように民法体系中に位置づけるべきかという実質的整合性の問題が残っているからである。これまでに述べた対抗のメカニズムは、対抗のいわば一般的なメカニズムであるが、各対抗規定は、それを介して生じる法律関係について様々な実質的根拠を持っている。「『対抗スルコトヲ得ス』の意味如何」という問題には、177条におけるそのような実質的根拠を抽出し、民法典を構成するいろいろな原則に照らして、体系整合的にそれを説明するという課題も含まれている。本稿では、それを、形式的整合性の問題とは区別し、実質的整合性の問題として別個に検討すべきものとした。

その検討に入る前に、形式的整合性論から帰結される、三つの指針を抽出しておこう。対抗規定という法形式は、それを介して生じる法律関係の性質内容についても、一定のワク組として作用しうるからである。第一は、対抗関係を法律関係にそのまま反映して、対抗しえないような法律関係であるか

---

[19] これに対して、たとえば、滝沢聿代『物権変動の理論』（有斐閣 1987年）194頁（初出、法学協会雑誌94巻7号（1977年））は、「『対抗スルコトヲ得ス』の意義は、それぞれに独自の特色を持ち一律の理解が成立するとは考えられない。むしろ民法典における対抗の用法を、個々の規定の趣旨に従って正確に分類し定義しなおすことが民法解釈の一つの課題ではないか」と述べられている。これは、私の言う実質的整合性に関してはそのとおりであるが、形式的整合性の次元においては、本文に述べたような共通の対抗のメカニズムを認めることが可能であり、また、必要でもあると考える。

[20] 星野・前掲注（3）147頁。

ら対抗力を持たないと帰結することはできないということである。対抗関係は法律関係の内容・属性とは接続しないものだからである（法律関係と対抗関係の分離）。第二は、積極的側面に関するものである。対抗規定を介して生じる法律関係は、既存の法律関係によって根拠づけることはできない。対抗規定を介して生じる法律関係は、既存の法律関係を無視しうることと裏腹に生じるものであり、その無視されたものを根拠とするのは矛盾しているからである（既存の法律関係からの切断）。第三に、第三者の地位は既存の法律関係が「対抗スルコトヲ得ス」とされるかぎりにおいて認められるものであって、それを離れて独自に生じるものではない（新たな法律関係の反射的性格）。対抗のメカニズムから導かれるこれらの指針は、実質的整合性の検討に際して、重要な手がかりとなるであろう。

四　従来の実質的整合性論

　すでに述べたように、沿革的にはともかく、現行民法典の財産法体系は、排他的な直接支配権としての物権を一方の柱として構築されている。ところが、未登記の物権変動に対抗力なしとすることは、物権の排他性を否定するに等しい実質を持ち、ひいてはいったん取得したはずの物権を喪失する結果まで招来する。また、意思主義というのは物権変動の構成要素から登記その他の外形を排除しようとする立場であるが、対抗要件主義は実質的に外形を再びそこに持ち込み、外形に即した物権変動を認める実質を持つ。私のいう実質的整合性の問題というのは、三において見たような対抗のメカニズムを介してそこで生じるべきそのような実質を、法律関係として、民法体系もしくは民法上の諸原理に照らしていかに体系整合的に説明すべきかという問題である。これと対比するならば、先に論じたような対抗のメカニズムは、そのような実質を媒介する法形式にすぎない。他方、実質的整合性の問題は、単なる実質的要因の抽出とも異なる。すなわち、それは、体系的、理論的な問題なのである。

　従来の実質的整合性論は、大別すると、①そこで生じる法律関係は既存の法律関係自体にもとづいて生じるものであると構成するもの、つまり、それ

は実質的権利関係（いわゆる真の権利関係）に依拠した法律関係であり、第三者の権利取得に関しては、「何人も自己の有する以上の権利を他人に譲渡することはできない（Nemo potest plus juris ad alium transferre, quam ipse habet.）」という原則の範囲内である、と構成するもの（以下、「真の権利関係合致構成」と称する）、②そこで生じる法律関係は実質的権利関係からは根拠づけえないものであり、信頼保護法理（外観優越の法理）にもとづくものであると構成するもの（以下、「信頼保護構成」と称する）、③そこで生じる法律関係は登記を怠っていたものが権利を喪失するという関係であると構成するもの（以下、「権利喪失構成」と称する）、④それは既成の法原理や権利変動のメカニズムのいずれにも妥当しない法定のものとして位置づけるべきであるとするもの（以下、法定構成と称する）、の四つに分けることができる。

1　真の権利関係合致構成

この中には、三で検討した諸説も含まれるが、それらは、対抗のメカニズムからアプローチするものであり、形式的整合性の問題と実質的整合性とは区別すべきであるという観点からそれには賛成できないことは、すでに論じた。したがって、以下では、それ以外の諸説を取り上げることにしよう。

(1)　物権変動不完全論

ここでいう物権変動不完全論とは、登記を備えない間はまだ完全な物権変動は生じておらず、したがって譲渡人も完全な無権利者ではないと構成する見解の総称である。具体的には、登記のない間は債権的効果しか生じないとする債権的効果説[21]、登記のない間は当事者間では完全な物権変動が生じるが第三者に対する関係では物権変動の効力を生じないとする対第三者効否定説（もしくは相対的無効説）[22]、および、物権は第三者との関係でもすでに

---

(21)　近藤英吉『物権法論〈改訂版〉』（明治大学出版部　1940年）36頁、山中康雄「権利変動論」名大法政論集1巻3号（1930年）287頁以下、同「権利変動におけるいわゆる対抗要件」法政研究15巻3＝4号（1948年）41頁、16巻1＝2号（1948年）51頁、吾妻光俊「意思表示による物権変動の効力」東京商大法学研究2号（1933年）245頁など。

(22)　富井政章『民法原論　第2巻　物権上』（有斐閣　1914年）59頁、川名兼四郎『物権法要論』（金刺芳流堂　1917年）14頁、中川善之助「相続と登記」（『相続法の諸問題』（勁草書房　1949年）66頁所収）、林良平『物権法』（有斐閣　1951年）68頁、川

移転しているが、公示を備えない間はまだ物権取得は不完全であり、譲受人も完全には無権利者となっていないと解する不完全物権変動説(23)、がこれに属する。

　これらの見解においては、形式的整合性論で取り上げた「並列型」と同じく、「不完全」の根拠はやはり177条自身に求められているが、「並列型」がそれを対抗のメカニズムの問題として構成するのに対して、これらの見解においては、同条が登記を物権変動の対抗要件としていること、すなわち、対抗要件主義という公示の原則が採られていることに求められている。しかし、この事実は、同条が、三で論じたような対抗のメカニズムの適用外であることを意味するものではない。対抗要件主義とは、まさに、対抗のメカニズムを用いた公示の原則だからである。物権変動不完全論の重大な問題点の一つは、そのような構成が、対抗のメカニズムと適合しえないということである。すなわち、形式的整合性論の最後に掲げた指針のうち、「法律関係と対抗関係との分離」、「既存の法律関係との切断」、という二つの指針に、これは明らかに抵触するものだからである(24)。もしも、あくまで対抗規定としての177条（「対抗」）と対抗要件主義としての177条（「対抗力」）とを分けようとすれば、次のような奇妙な循環論法に陥らざるをえないであろう。すなわち、「登記がない間は不完全な物権変動しか生じていない。なぜならば、登記がない間は第三者に対抗できないからである。だから、そのような

　　　井健「不動産の二重売買における公序良俗と信義則」判夕127号（1962年）15頁、山中康雄「民法177条について」愛知大学法経論集51巻（1966年）1頁、松坂佐一『民法提要物権法〈第4版〉』（有斐閣　1980年）70頁など。
(23)　従来の多数説である。浅井清信「登記の効力に関する一考察」『判例不動産法の研究』（立命館出版部　1938年）93頁、勝本正晃『物権法』（弘文堂　1950年）93頁、我妻栄『物権法（民法講義Ⅱ）』（岩波書店　1952年）94頁、我妻栄＝有泉亨『新訂物権法（民法講義Ⅱ）』（岩波書店　1983年）148頁以下、鈴木祿弥『物権法講義〈第1版〉』（創文社　1964年）218頁、星野英一『民法概論Ⅱ』（良書普及会　1976年）39頁など。
(24)　結果的には、残りの指針、すなわち、「新たな法律関係の反射的性格」とも相容れないことになる。また、意思主義と対抗要件主義との実質的整合性の問題としてこれを眺めても、わが民法においては「登記という制度は、物権取引そのものの内在的要素ではなく、いわばそのそとのもの」だというのが（川島武宜『新版所有権法の理論』（岩波書店　1987年）235頁）、意思主義プラス登記対抗要件主義の特長であるという点に照らすと、登記のないことから物権変動の不完全を導くのは、そのような意味での実質的整合性論としても問題が多い。

不完全な物権変動を第三者に対抗することはできない」[25]。

　もっとも、物権変動不完全論は、登記を備えない物権の実質を法律関係に投射する機能的理論であることを最大の特長とする。周知のように、特に不完全物権変動説に対しては、従来から、それが意思主義のみならず物権法上の諸原則たとえば排他性、一物一権主義と抵触するということや、「不完全」概念があいまいであるということが指摘されてきた。しかし、機能的理論たることをその持ち味とする同説にとっては、177条が存在する以上、そのような物権法上の諸原則そのものがすでに実定法の次元で破られていると見るべきだということになるし、機能面もしくは「現象面」[26]として説いている「不完全」概念を権利次元に引き戻して云々すること自体ナンセンスだということになるかもしれない[27]。同様に、右に述べたような形式的整合性に照らした問題点についても、たとえば、176条と177条とをそのように切り離す必要はなく、両者が一体となってある機能的な法律関係をもたらすとすれば足りるという反論もありうるであろう[28]。しかしながら、それがそのような機能的理論であるというところにこそ、ドグマティッシュな挑戦で

---

[25] 舟橋博士は、物権変動不完全論を批判して、「「対抗できないとはどういう意味かを現に問題としているのに、その問題には答えずに、問題を他の同義語──排他性がないということ──をもって言いかえたにすぎないのであって、少しも問題の解決にはならない」のである、と述べられているが（舟橋・前掲注（9）144頁以下）、これは、本文で述べた批判と実質的に一致する。

[26] 我妻＝有泉・前掲注（23）149頁

[27] たとえば、我妻＝有泉・前掲注（23）149頁によれば、「右の私見は不完全説と呼ばれることがあるが、それは誤解を招きやすい。不動産物権が取引の対象とされた場合に、承継取得しても登記を得ていない乙は、正当の取引関係に立つ第三者に対してこれを主張することが認められず、かえって第二の譲受人が現われて登記を得るとこれに負けるので、これを現象面でとらえて不完全だと説明するのであり、一方不動産物権を譲渡しても登記を保有している甲にはそれを第二の譲受人丙に与えて、第一の譲受人乙の権利を失わせる可能性が残っているから、これを現象的にみて完全な無権利者になっていないと説くのである」と述べられている（傍点筆者）。あるいは、星野・前掲注（23）39頁も、「所有権とは……要するに誰かが他の人にある法律効果を主張するさいの根拠として用いられる観念的存在にすぎない」として、「対抗スルコトヲ得ス」という機能に即して所有権の取得・喪失の「不完全」性を導きうることを説いている。

[28] たとえば、星野教授は、フランスと異なりわが国では、まず意思主義の原則が法規範となってからその修正原理として対抗要件主義が実定法化されたという沿革はなく、両者が同時に実定法として成立したのであるから、176条の内容も177条と併せて読むべきであることを指摘されている。星野・前掲注（3）146頁以下。

ある「対抗」問題に対する解答としてあきたらない部分がある。法律関係の実質（「現象」）を説明することと、対抗規定を介して生じる権利変動の仕組みを解明することとは、やはり、異ならざるをえないからである(29)。結局、物権変動不完全論は、「対抗」のドグマティッシュな法律構成を問題とすること自体に対して消極的な態度を示すものであり、学説としては、結局、このような法現象は177条自体の認める「法定」のものとしておけばそれ以上の説明は不要であるという、後に述べるいわゆる法定制度説の立場に帰着すべき運命にあったのではないか。

(2) 物権の観念化論

真の権利関係合致構成としては、物権の観念化を説く見解がある。すなわち、今日の物権は高度に「観念化」しており、「観念的物権は、観念的には、二重・三重の譲渡をすることも可能である。ただ、二重譲渡によって成立している両立しえない物権相互間においては、登記によって発生の順位が決定されると、それによって両立しえない他の物権の存立は排除されることになる」というのである(30)。

今日の物権は現実的支配を要素とするものではなく、現実的支配やそれを表象する外形と物権の所在が必ずしも一致しないという意味では、たしかに、観念的なものである。意思主義のもとではその観念性が一層顕著であるし、現実にも二重三重の譲渡契約がなされることが少なくない。しかし、それは、二重三重に物権が譲渡可能であり同一物権が複数者に帰属しうるということとは異なる(31)。物権が物に対する直接かつ排他的な支配権である以上、重畳的な帰属関係は認められないからである。かりに、「観念化」がそのような物権の属性まで否定するものであるとするならば、それは逆に、

---

(29) たとえば於保・前掲注(2)121頁は、この問題は、「すなおに不完全物権を承認するか、又は、物権変動の効力と物権の効力とをあくまで分離して『対抗問題』という特殊な構成に逃げるか」（傍点筆者）という問題であると述べておられるが、筆者の見地よりすれば、むしろ、「単純に法律関係の実質を法律関係そのものと同視するか、『対抗』という規定形式に留意して厳密な法律構成を試みるか」の問題であると言い換えるべきあろう。

(30) 於保不二雄「公示なき物権の本質」法学論叢58巻3号（1952年）1頁以下、同・前掲注(2)125頁以下。

(31) 滝沢・前掲注(19)192頁は、観念化説には「物権の観念化という現象をそのまま法的な当為の問題に引き上げようとする論理の飛躍がある」と指摘されている。

177条の成立基盤を覆す矛盾を犯すことになる。なぜならば、現実の支配やそれを表象する外形を備えなくても排他的な直接支配権である物権が移転するからこそ（176条の認める観念性）、177条によってそれを登記しなければ第三者には対抗できないものと規定する意味があるからである。取得された物権がそのようなものでないならば、取引保護のためにそれを公示させる必要もないであろう。また、この見解も、形式的整合性に関して抽出した指針にそぐわないということや、つまるところそれは法律関係の実質の説明に帰着する機能的理論であるという点において、物権変動不完全論と同様の問題点を抱えていると思われる。

2　信頼保護構成

177条において認められる法律関係は真の権利関係からは導かれ得ないものであり、第三者の信頼を保護するための信頼保護法理（外観優越法理）によって初めて整合的な法律構成が可能であると説く見解である。すなわち、意思表示のみですでに完全に物権は移転しており（176条）、それにもかかわらず登記をしなければそれを第三者に対抗できないものとされる（177条）のは、その登記名義を信頼して譲り受けた第三者が信頼保護法理によって保護されることを意味すると解するのである。

(1) 公信力説

「対抗」の法律構成に関して従来説かれてきた信頼保護構成の代表的なものは、いわゆる公信力説である。この見解は、登記に対して、動産占有と同様の公信力を認めるべきであるとするものであり、したがって、第三者（第二譲受人）の物権取得は、動産即時取得（192条以下）に対応すべき不動産善意取得と構成されることになる[32]。もっとも、「対抗スルコトヲ得ス」の消

---

(32) 岡村玄治「民法177条ニ所謂第三者ノ意義ヲ論シ債権ノ不可侵性排他性ニ及フ」法学志林17巻6号（1915年）1頁以下、同「『対抗スルコトヲ得ス』の意義」法学志林25巻11号（1923年）43頁以下、同「一物一所有権の公理と不動産登記の効力」法学志林54巻4号（1957年）1頁以下、半田正夫「不動産二重譲渡へのひとつのアプローチ」北法16巻4号（1966年）、同「いわゆる『二重譲渡』について（一）（二）」北海学園大法学研究3巻1号（1967年）1頁以下、4巻1号（1968年）33頁以下、同「不動産所有権の二重譲渡に関する諸問題」民事研修150号、151号、159号、160号、164号（1969年〜1970年）（同『不動産取引法の研究』28頁以下所収）、同「不動産所有権

極的側面については、第二譲受人の善意取得によって第一譲受人が無権利者となることを意味する（したがって登記の有無で決着を付けるという対抗問題は残らない）と解する立場と、第一譲受人もなお物権を保持しており、第二譲受人との間でそのような対抗問題が残ると解する立場に分かれている[33]。要件論に関しては、第三者の善意（無過失）を要求している点と、第一譲受人（いわゆる真正権利者）側が登記名義を移転していなかったことが帰責事由に当たると構成する点をその特長とする。

　この見解は、意思主義はじめ一物一権主義その他の物権法上の諸原則に適っていること、登記に依拠した取引を保護するという登記制度本来の趣旨を法律構成にストレートに反映したものであること、などの長所を持っており、そこから来る「平明さ」がその大きな魅力である。この説に対しては、権利という抽象的なものを「実体化」するものだとの批判がなされることがあるが[34]、それは当たらない。民法典が様々な権利義務の体系として構築されているかぎり、ある権利の所在や有無を重視することは、法律構成の在り方としてきわめて当然のことだからである。機能を以て権利義務関係に置き換えることはできない[35]。

　形式的整合性論において導かれた指針に照らしてみても、このような構成

――――――――――
　の二重譲渡に関する諸問題・補論」前掲書71頁以下、同『民法177条における第三者の範囲　叢書民法総合判例研究⑦』（一粒社　1977年）107頁以下、篠塚昭次『民法セミナーⅡ物権法A』（敬文堂　1970年）148頁以下、同「物権の二重譲渡」『論争民法学Ⅰ』（成文堂　1970年）14頁以下（初出、法セミ昭和40年8月号（1965年））、同「対抗問題の原点（一）（二）」登記研究270号（1970年）1頁以下、271号（1970年）1頁以下、篠塚昭次／月岡利男「不動産登記における公信力説の形成と展開（一）（二）」登記研究272号（1970年）1頁以下、273号（1970年）1頁以下、石田喜久夫「対抗問題から公信力説へ」『物権変動論』（有斐閣　1979年）175頁以下（初出、追手門学院大学経済論集7巻1号（1972年））、同「現代の物権変動論」前掲書191頁以下（初出、法セミ1978年7月号）、同「不動産登記と公信力」法務省法務総合研究所編『不動産登記をめぐる今日的課題』（日本加除出版　1987年）21頁以下、鎌田薫「不動産二重売買における第二買主の悪意と取引の安全」早稲田大比較法学9巻2号（1974年）31頁以下。
(33) たとえば、前者に属するものとして、篠塚説、後者に属するものとして、半田説、石田説がある。なお、篠塚説では、第二譲受人の善意取得の要件として登記具備を必要と解していることに注意すべきである。
(34) 星野英一「日本民法の不動産物権変動制度」『民法論集6』（有斐閣　1986年）92頁（初出は、国民と司法書士臨時増刊号（1980年））など。
(35) この点に関しては、好美清光「物権変動をめぐる現在の問題点」書斎の窓299号（1980年）11頁以下参照。

が、「法律関係と対抗関係との分離」、「既存の法律関係からの切断」という指針に適っていることがわかる。ただ、「新たな法律関係の反射的性格」という指針との関係において問題がある。「新たな法律関係の反射的性格」というのは、第三者は、既存の物権関係が否定されるかぎりにおいて、その不存在を前提とした別の法律関係を主張しうるということであるが、第一に、公信力説による192条に対応した不動産の善意取得というのは、公示内容に対応した権利の実体が「ある」との信頼がストレートに保護される場合である。177条における信頼保護の中身はそれと同じなのだろうか。これは、動産については178条のほかに192条が置かれているのに対して不動産については177条しかない、という実定法上の問題とも関連している。第二に、この指針に照らせば、たとえば二重譲渡における第二譲受人は、第一譲渡の存在を無視しうる結果として、事後的にであれ、譲渡人から権限にもとづいて承継取得した者として取り扱われる。しかし、公信力説の説くような善意取得構成においては、原始取得と構成されるから、そのような取り扱いを根拠づけることはできない[36]。公信力説には、〈無権利者からの取得……登記の取引安全保護理念〉という結びつきから、ただちに、登記の公信力＝善意取得へと帰結するところに、論理の飛躍が含まれているように思われる。

また、従来から指摘されてきたように、文言上も立法者意思としても、善意は要件としないというのがもともとの177条の内容である。このことは、やはり192条の存在との対比において、公信力説にとって大きなマイナス材料とならざるをえない。

(2) 94条2項類推適用説

第二譲受人の権利取得は94条2項の類推適用による「善意ノ第三者」保護として構成すべきであるとする見解である[37]。この見解は、公信力説の有する実定法上の整合性の問題をクリアしうること、また、登記を怠ったという状況を重視した信頼保護構成であることなどの長所を有しているが、94条2項を介して初めて二重譲渡が可能になるとするものである点において問題

---

(36) この第二点については、すでに槇教授の指摘されているところである。槇悌次『物権法概論』（有斐閣　1984年）64頁、66頁参照。
(37) 米倉明「債権譲渡禁止特約の効力に関する一疑問（三）」北大法学23巻3号（1973年）119頁注9、123頁注10

がある。すなわち、たしかに、177条の中には94条2項と実質的に共通の要因が含まれていることは否定しえない。たとえば、第三者の信頼保護的要素、真の法律関係とは異なる外観を意思にもとづいて作出存続せしめたことへの帰責、さらには、既存の法律関係を対抗できないものとされることの反面における新たな法律関係の承認などである。しかし、それは、すでに177条自体の中に含まれている要因である。たとえば二重譲渡の場合における第二譲受人の所有権取得は、177条自体によって認められているものであって、それとは別個に94条2項の類推適用を介して初めて生じるというものではない（わが国の不動産取引において、94条2項の類推適用が「実質的に登記の公信力を部分的に認める」機能を担っていることは周知の事実であるが、それは、177条におけるように、登記をしないという不作為によって「対抗スルコトヲ得ス」とされる不利益の反面としての第三者の信頼保護として機能しているのではなく、積極的に虚偽の外観を作り出したという作為によって、その外観どおりの法律関係ありとの信頼を惹起した場合に、その外観に即した法律関係の形成を否定しえないという形で機能している。それはすでに177条のワクを越えているのであり、そこでは94条2項を持ち出す意味が認められるであろう）。

3　権利喪失構成

「対抗要件主義とは、取引安全を目的とする制度ではあるが、そのための手段つまり法律構成としては、登記に信頼した第三者を保護するという形をとらず、物権を得たが登記を怠った者が敗れるという形をとっているのであり、登記を怠った怠慢を咎めるという意味をもち、その結果、譲受人に登記のあるときには登記のない第一譲受人を無視しうることになる」、と説く見解である[38]。登記簿の記載に対する第三者（第二譲受人）の信頼が保護されて権利が取得されるのではなく、登記を怠った真正権利者（第一譲受人）が

---

(38) 星野英一「取得時効と登記」『民法論集4』（有斐閣　1978年）323頁（初出は、『鈴木先生古稀記念　商法学の課題　中』（1975年））、同・前掲注（33）112頁。もっとも、星野教授は、このような見解を、公信力説への批判として展開されているのであり、結論的には、実質的整合性論としては、不完全物権変動説を採用されている。したがって、権利喪失説という独自の学説があるわけではない。ただ、公信力説に対する一つのアンチテーゼとしてこのような構成もありうるという意味で、本稿では一つの考え方として取りあげた。

物権を喪失するのであり、第三者の物権取得はその「反射」として「間接的に」生じるにすぎないということである。

　この構成は、177条が、第三者の権利取得を規定するという体裁をとらず、あくまで、物権変動の当事者（登記をなす立場にある者）が登記をしない場合に「対抗スルコトヲ得ス」とするという体裁を採っていることや、同条が第三者の善意・悪意を問題としていないことに照らすと、規定の本質に適ったきわめて妥当な構成であるように思われる。形式的整合性論に関して抽出した指針に照らしてみても、「法律関係と対抗関係の分離」、「既存の法律関係からの切断」、「新たな法律関係の反射的性格」のすべてにわたって適合性が認められる。一定の帰責事由を原因とする権利喪失というメカニズムは、わが国の民事責任法の領域ではそれを認めたものはないが、時効制度の中に実質的にそのような要素が含まれていることに照らせば、177条の対抗問題の実質的整合性論としてそれを説くことは、それほど奇想天外なものでもない。

　しかし、問題は、このようにもっぱら権利を喪失する立場から構成することで足りるのかということである。たしかに、規定の形式としては、権利の喪失面に着目した形が採られている。しかし、登記をしなかった者の物権喪失は第三者の物権取得と表裏一体の関係にある。前者を認めることは同時に後者を認めることを意味するのであり、権利喪失のメカニズムは第三者の権利取得のメカニズムでもある。形式的整合性論としてはともかく、実質的整合性論としては、この両者をカバーしうる構成を説く必要があるのではあるまいか。むしろ、このように権利喪失と権利取得とが表裏一体の関係にある場合には、権利取得面の方に即して法律構成するのが通常であろう(39)。また、177条においては怠慢による不利益負担という側面が重要であるとしても、その事実は、第三者の信頼保護の側面をも併せて法律構成する妨げとはならない。たとえば、信頼保護法理においては、ドイツ的な登記の公信力制度のように真正権利者側の帰責可能性をまったく必要としないものもあれ

---

(39) このことは、たとえば取得時効の制度に示されている。取得時効制度は、一方における権利喪失と他方におけるそれに対応した権利取得を包含しているが、それはあくまで権利取得の制度として構成されるのである。

ば、わが民法典の動産善意取得制度のように占有委託か占有離脱かという形で真正権利者側の帰責を問題とするもの（民法192条以下）や、ドイツ法の表見代理（Anscheinsvollmacht）（ドイツの判例・学説法）のように本人の過失を要件とするものもあり、さらには、民法94条2項のように、真正権利者側の帰責に大きな比重の置かれた制度も含まれている(40)。「対抗スルコトヲ得ス」という法形式と、それが信頼保護制度でないということとは、星野教授の言われる「技術的構造」としても、必ずしも結びつかないように思われる。

さらに付言すれば、この見解は、次に見る法定取得説と同じく、登記具備を重視しており、登記を具備した第二譲受人が未登記の第一譲受人を「無視しうる」ものと説く。もしもそれを「対抗スルコトヲ得ス」の意味であるとすると、177条の「第三者」は登記を備えた第三者に限定されることになるであろうし、登記の時点で初めて権利変動を認めることは、176条の意思主義に反することになりはしないだろうか。

4 法定構成

これは、177条において対抗のメカニズムを介して認められる法律関係は、既成の法原理や法的メカニズムのいずれにも妥当しないものであり、177条という法規定自身によって認められる特殊な法律関係であると構成する立場である。

(1) 法律構成放棄説（法定制度説）

177条の「対抗スルコトヲ得ス」とは、登記を備えなければ他方に対して自己の権利を主張しえないということと、登記を先にした者が先に物権を取得したものとみなされるということを意味するのであり、それ以上の法律構成は不要であるとする見解である。たとえば、鈴木禄弥教授は、民法177条

---

(40) 信頼保護制度は、同時に真正権利者の不利益負担もしくは権利喪失の制度である。それゆえに、善意者保護法理は帰責可能性をその最も基本的な要素の一つとしているのである。わが国では従来そのような認識が必ずしも一般的なものではなかった。この点に関しては、拙稿「善意者保護における帰責の原理（一）～（五）」北九州大学法政論集12巻1号～14巻1号（1984年～1986年）、同「善意者保護における帰責をめぐるわが国の理論状況について」北九州大学法政論集14巻2号（1986年）参照。

を構成すべき実質的要因として、①第一譲受人が「自己の権利を擁護する手段を怠っていた」という事情、②「物権取得者は、登記をする義務はないが、登記をしないことによって不利益を受ける可能性がある、という形で、登記が促進される」こと、③第三者（第二譲受人）は「甲（譲渡人：筆者）と取引をする際、登記簿上に記載されていない物権変動が存在しないものとして、乙（第一譲受人：筆者）を無視して行動できる。この点で、取引の安全が保障され、取引の迅速化が図られる」こと、の三つを指摘され、その上で、対抗問題なるものはそのような「趣旨の法定の制度である、と理解すれば、あえて（イ）で述べたような法律構成をする必要はない」とされる[41]。

これは、177条を根拠として、その法律効果をそのまま「法定」のものとして認めれば足りるとするものであるが、それはすでに、本稿でいう実質的整合性論のワクを越えるものである。むしろ、実質的要因が明らかになれば複雑な中間的理論構成は不要との立場から、法律構成の試みを積極的に排するものとして位置づけるべきであろう[42]。その意味では、これは、機能的理論である不完全物権変動説を最も徹底させたものと言うべきかもしれない[43]。しかしながら、私は本稿で、この「対抗」問題の提起の仕方自体に

---

[41] 鈴木・前掲注（23）102頁、同・前掲注（1）242頁。「（イ）に掲げたような法律構成」というのは、不完全物権変動説、否認権説、公信力説など、従来の法律構成の試みをさす。類似の見解として、「二重譲受人相互についての紛争解決基準についての立法政策として、そういうものとして決したと考えれば足りる」と説く、好美清光・前掲注（35）18頁、「対抗問題を論理的に登記に先立つ権利帰属問題として捉えその解決手段をあらためて登記に求めるという考え方は転倒しており、それよりも、意思主義のもとで登記を前提としそれと不可分に結合した私的利害関係の調節問題とみることのほうが自然である」と説く、稲本洋之助『民法Ⅱ（物権）』（青林書院新社 1983年）133頁がある。また、松岡久和「不動産所有権二重譲渡紛争について（二）」竜谷法学17巻1号（1984年）13頁以下も、第二譲受人の権利取得の根拠は177条にあると説く。

[42] このような法律構成に対する消極的姿勢は、この問題に関する今日の「法定」説に共通した特長の一つでもある。稲本教授の言葉を借りれば、「それが一個の仮象問題であって、それに一義的解決を与えることができないことにこそ対抗問題の本性が見出され、法定の制度による解決を必然化させるという考え方」である。稲本・前掲注（41）127頁参照。

[43] 機能的理論であるという点では、法定制度説は物権変動不完全論と共通している。ただ、物権変動不完全論は、機能を権利関係へと投射しているのに対して、法定説は、それをも排除して、対抗問題を機能的に考察すれば足りるとし、そのような処理の根拠は177条自身だとすればよいとするのである。鎌田教授の指摘されているように、このような構成は、「二重譲渡の目的論や第三者の主観的要件に関する議論を内在化させていないから、この点では自由に議論を展開することができるのであって、

多くの矛盾点が含まれていることは自覚しながらも、同時に、法解釈学にとってはそれに正面から答えることも可能かつ必要であるとの立場から、ドグマティークを展開する方法を採ってきた。そのような立場よりすれば、法律構成に対するこのような消極的態度とは、出発点において方向を異にしていると言わなければならない。

(2) 法定失権・法定取得説

この見解は、公信力説および権利喪失説と同様、第一譲渡によってすでに物権は完全に移転していることを前提とし、また、公信力説同様、第二譲受人の物権取得は「Nemo potest plus juris ……」原則によらない無権利者からの取得であると構成する。しかしながら、それは信頼保護法理による善意取得ではなく、177条の採用している「登記の順位による優先主義を原理とする対抗要件主義」によって生じる、法定の失権（未登記譲受人側）と法定の承継取得（登記を備えた譲受人側）であると構成するものである。具体的には、「(先)登記の効果として、譲渡人が第一譲渡によってすでに無権利者となっているという契約の無効原因が治癒されることになる。第二譲受人は登記の時点以後物権取得者となるため、これと相容れない限度で（即ち、この時点から将来に向かって）未登記の第一譲受人の取得は効力を失う」というプロセスが生じるものとされる[44]。

この前半部分すなわち無権利者からの法定取得および法定失権という構成自体は、形式的整合性論から導かれた、「法律関係と対抗関係との分離」、「既存の法律関係からの切断」、「新たな法律関係の反射的性格」の指針すべてに合致している。公信力説の問題点である、実定法規定との整合性に関する難点もなく、また、権利喪失面と権利取得面の双方をカバーしている点では権利喪失説よりも包摂的である。

しかしながら、この後半部分に示されているように、その「法定」の中身は、先登記の効果として無効原因の治癒を介した権利関係の巻き戻しを想定

　この説を採りながら公信力説的価値判断を実現することも不可能ではない」（鎌田薫「対抗問題と第三者」法学教室57号（1985年）32頁）。このような柔軟性が、法定制度説の持味とするところであろう。
　(44) 滝沢・前掲注 (19) 139頁以下、175頁以下。

し、第二譲受人の取得は結局、真の権利関係にもとづいた承継取得として生じるというものである。この点では、この見解は、形式的整合性論で取り上げた直列型であり、また、結果的には、それは、1の真の法律関係合致構成とも一致する。したがって、それは、形式的整合性論としては、実質的権利関係による説明という不要なモメントを含んでいることになるし、また他方、実質的整合性論としては、「法定」という構成とそのようなプロセスを介在させることが矛盾しないのかという問題がある。この説における「法定」というのは、結局、そのような巻き戻しプロセスの実定法上の根拠が177条にあるということに帰着せざるをえないのではないかと思われる。また、仮に、そのような説明を省略し、そのプロセスそのものを「法定」のものだと説明するとしても、次には、その「法定」の中身に相当する「登記の順位による優先主義を原理とする対抗要件主義」が、既存の法原理のいずれとも関連しないものか否かが問題となるであろう。仮にそれが、「登記をしなかったという怠慢による失権」であるとか、「登記を信じた者の保護」に帰着するのだとすれば、それは、権利喪失構成もしくは信頼保護構成の中に解消する可能性が出てくるからである。

　次に、この見解が、登記を新たな法律関係形成の要因としている点において、権利喪失構成と同様の問題がある。すなわち、この見解では、登記を備えることによって初めて「対抗スルコトヲ得ス」の積極的側面が機能することになる。登記を具備するまでの第二譲受人は無権利者で、それまでは第一譲受人のみが権利者だとされるのである。しかしながら、形式的整合性論において述べたように、登記をしないかぎり対抗できないという消極面と、対抗しえない法律関係の不在を前提とする法律関係の主張の容認という積極面とは、表裏一体の関係にある。どちらにも登記がない状況下の第二譲受人は、すでに第一譲渡の不存在を前提とした法律関係を主張し得る地位を得ており、また、それを主張することによって、そのような法的地位を取得しているのである。ただ、彼も、登記を備えない間は、「第三者」からの主張によってその地位を否定される可能性があるにすぎない。登記による最終的な決着と、対抗規定を介した法律関係の変動とは区別して考えるべきであろう。登記具備を要件とする物権取得という構成は、意思主義に正面から反す

るのみならず、法定取得説自身が、第一譲渡に関しては意思表示のみで排他性ある完全な物権変動が生じていると解していることとも矛盾するように思われる。

(3) 擬制説

槙悌次教授によれば、対抗できないとされる点については、それは、法が「事実上の競争取引者を一定の範囲において法律上の取引者として認知」して「第二の買主は第一の買主と同等の地位に立つものと」するのだとされる。権利変動を生じる点については、法が、そのような取引者を権利者と取引した者と「事後的に擬制」するものだとされている。そして、その実質的要因として、「第一買主の所有権取得が社会的に定着する以前の段階で生じた第二の買主は事実上は競争取引者としての性格を持っていること」、そして、「このような現象は取引圏の拡大とともに増加し、それは自由競争の枠の拡大を要請して、このような競争取引者におけるなんらかの形での権利取得を要請してくる」ことを指摘されている[45]。

実質的要因という点では、このような自由競争の保持もしくは拡大の社会的要請よりも、むしろ、鈴木教授（法定制度説）の指摘された三点（登記をしなかったことへのマイナス評価、登記制度の促進、第三者の信頼保護）のほうが重要ではないかと思われるが、結論的には、この見解は、法定構成として従来の諸説の中では最も明快である。対抗規定のメカニズムの独自性を、そのまま、実質的整合性の次元に反映するものと言えるであろう。

しかしながら、実質的整合性論として、ある法律関係を「法定」のものと説明することは、それが既成の法原理に照らして特異かつ例外的なもので、そのいずれにもあてはまらない場合に、最終的に採るべき選択である。したがって、そのような選択に際しては他の構成の可能性を十分に探ると同時に、単に消極的に「法定」としてすませておくというのではなく、積極的に、既成の法原理等との位置関係を明らかにしておく必要がある。はたして、民法を構成している法原理の中には、もはや、177条に適合しうるものは残されていないのであろうか[46]。

---

(45) 槙・前掲注 (36) 59頁。
(46) これまで見てきたような形式的整合性論および実質的整合性論は、あくまで、実

5　諸説の検討から導かれること

その可能性を探る作業に入る前に、従来の構成の検討から抽出されうるいくつかのポイントを列挙してみよう。

①実質的整合性の検討に際しては、形式的整合性論すなわち対抗規定のメカニズムから導かれた指針を無視することはできない。実質的な権利義務体系からなっている民法体系の中で、「対抗スルコトヲ得ス」という特殊な法形式が採用される必然性を無視すべきではない。それは、法律関係と主張関係を分けるということを意味すると同時に、既存の法律関係を否定しそれを前提としない新たな法律関係が生じるというプロセスの容認を意味している。したがって、対抗規定を介して生じる法律関係は、既存の法律関係を前提としそれと合致した法律関係であると構成すべきではない。そして、第二譲受人の権利取得は、「Nemo potest plus juris ……」を破る法原理でなけ

体法の範囲内での立論であるが、このほかに、実体法と手続法という形で両者の整合性を説く、いわゆる法定証拠説と訴訟法説がある。

前者によれば、177条は裁判所が物権変動の有無ないし先後を認定するに際して第三者に法定証拠を与えた規定であるとされる（石坂音四郎「意思表示以外ノ原因ニ基ク不動産物権変動ト登記（二）」法協35巻3号（1917年）61頁、金山正信『物権法総論』（有斐閣　1964年）252頁、安達三季生「取得時効と登記」法学志林65巻3号（1968年）29頁以下、同「177条の第三者」柚木馨ほか編『判例演習物権法〈増補版〉』（有斐閣　1973年）51頁。この見解によれば、同条は実質的権利関係いかんにかかわらず登記を法定証拠として裁判所が物権関係を判断しうるとした規定であり、実体法と手続法という形で両者の整合性が保たれることになる。しかしながら、長期間の占有などとは異なり登記はむしろ意図的人為的に作出されやすい外観であり、したがって、証拠提出の困難性という事情を伴わない場合が多いのみならず、証拠としての信頼性において不十分であるといわねばならない。しかも、177条は、むしろ実質的権利関係と登記の所在との不一致の可能性を前提とした規定であることに照らすと、このような構成には賛同しない。

後者（訴訟法説）によれば、実体法規範の次元では観念的な所有権は多元的に存在し得るのであり、ただ、それが事実の世界において衝突する場合に、裁判規範としてその優劣を決定するために登記が機能するとされる（宮崎俊行「不動産二重譲渡の理論」慶大法学研究27巻1号（1954年）30頁、小川幸一「物権行為と二重譲渡（3）」判タ110号（1960年）34頁、同『財産法特殊研究』（芦書房　1969年）77頁、中村宗雄「訴訟法学の立場からみた実体法学の学問的方法とその構造とに対する疑義」早稲田法学26巻4冊（1951年）45頁以下）。これも、不完全物権変動説とは異なった意味で機能的な構成といえよう。しかしながら、この見解は、177条が実際上行為規範としても重要な機能を果たしていることに反するのみならず（松岡・前掲注（41）6頁参照）、「対抗スルコトヲ得ス」ということと訴訟上の主張の認否との間にはなお距離があることを無視するものであり、また、実体法規範の次元では観念的所有権は多元的に存在しうるとする点について、先に見た観念化説に対すると同様の批判が妥当する。

ればならない。たしかに、結果的に第二譲受人の権利取得は、公信力説の説くような原始取得と構成すべきではなく、承継取得と構成すべきであろう。しかし、そのことは、そこでの法律効果が既存の法律関係に即したものであることを意味しない。逆に、既存の法律関係が否定される結果として、しかも、その否定のされかたが、それが存在しなかったものとみなされるという形を採る結果として、承継取得と構成されるのである。以上は、一方で、真の法律関係合致構成の不適合を帰結せしめると同時に、公信力説の不適合をも帰結せしめることになる。すなわち、公信力説は、「Nemo potest juris ……」原則からの離脱を説くものであるけれども、第二譲受人の権利取得という積極的側面が、第一譲受が対抗できないという消極的側面と裏腹をなすものであることを無視しているからである。

②177条においては、結果的に、権利喪失と権利取得の双方が導かれる。しかも、規定の形式上は、権利喪失者の側に比重が置かれている。そして、その要因は、登記をしなかったということである。「対抗スルコトヲ得ス」という規定形式自体は、その規定の信頼保護規定性を特に修正するものでもなければ、不利益負担者側の比重の重さを特に意味するわけでもない。ただ、「対抗スルコトヲ得ス」という法律効果が、その者の不作為（たとえば不登記）と結びつけられている場合には、そのような規定形式は、それを介して生じる法律関係に対して、一定の方向づけとなりうる。すなわち、そこでは、ある行為をしなかったことに対するマイナス評価がきわめて大きな比重を占めているということである。民法典中の多くの対抗規定のうち、一定の「対抗要件」を備えなければ「対抗スルコトヲ得ス」としているものは、すべてこのグループに入る[47]。しかしながら、そのことは、その規定が信

---

(47) 民法典中で、一定の対抗要件を備えなければ対抗できないとされるものを、参考までに列挙しておく。法人の設立（45条2項）、法人登記事項の変更（46条）、不動産物権の変動（177条）、動産物権の変動（178条）、動産質権の設定（352条）、指名債権質の設定（365条）、記名社債質の設定（364条）、指図債権質の設定（366条）、抵当権の処分（376条1項）、不動産先取特権の成立・存続（通説）（337、338、340条）、指名債権の譲渡（467条1項、2項）、指図債権の譲渡（469条）、不動産賃借権（605条）、夫婦財産契約の締結（756条、757条）、夫婦の一方の財産の管理者の変更・夫婦共有財産の分割（759条）、終了事由発生による委任の終了（655条）、除名による組合員たる地位の喪失（680条）、不動産についての財産分離（945条）。

頼保護規定ではないことを意味するものではない。権利喪失などの不利益負担の反面に権利取得などの利益取得が生じるという構造は、信頼保護法理に共通のものであって、信頼保護法理は実は不利益負担法理でもある[48]。法律構成としては、右のような特長を有する対抗規定は、権利喪失の法理としてではなく、むしろ、帰責の側面の比重の大きな信頼保護法理として位置づけるべきであろう。

③177条においては、法律関係の画定に対しては、登記の有無が決定的である。登記を信じたか否かという具体的善意・悪意や過失の有無は、少なくとも立法者意思としてはそれを問わないことが明らかであるし、逆に、登記をしなかったという不作為の具体的事情についてもこれを問わないものとされている。登記の有無によって画一的に法律関係が決定されるのである。この特長は、同条と信頼保護法理との異質性を示唆している。信頼保護法理とは、いうまでもなく、「信頼」すなわち「善意」を保護するものだからである。公信力説は、したがって、その帰結として、第三者の善意（無過失）要件を説く。また、そのような道を選ばなければ、法定構成に帰着せざるをえないかもしれない。しかしながら、個別具体的な善意・悪意を問わないということと、その制度が信頼保護制度ではないということとは、公示方法という人為的な信頼構成要件への信頼保護に関しては、必ずしも一致しないのではあるまいか。そのような制度も、信頼保護の特殊な形態として位置づけることはできないだろうか。

五　公示の原則と信頼保護法理

1　対抗要件主義と信頼保護法理

従来の公信力説と不完全物権変動説その他多数説との基本的な相違点の一

---

(48) ドイツにおけるカナリスの提唱している「信頼責任（Vertrauenshaftung）」の概念は、まさにそのような内容に適ったものである。Claus-Wilhelm Canaris, Die Vertrauenshaftung im deutschen Privatrecht (1971) 参照。信頼保護制度が同時に不利益負担の制度であり、損失もしくは危険の分配の制度であることは、ドイツ法のレヒツシャイン理論や英米法のエストッペル法理において広く承認されていたところであった。この点については、拙稿・注 (40)「帰責の原理」参照。

つは、「登記をしなければ対抗できない」という規定形式の下で、登記を信頼の基礎として法律構成すべきか否かという点にある。公信力説はそれを肯定するが、多数説は、登記は、物権の取得を確実なものにする要因すなわち「物権変動自体の要件」[49]であるとか、「浮動的な過渡期における紛争当事者間におけるタイトルの帰属の法的な決定基準」[50]もしくは「私的利害関係の調節」手段である[51]として、対抗要件主義と、「法律構成」もしくは「技術的手法」としての信頼保護構成との異質性を、共通の認識としている。登記が、紛争解決基準であり私的利害の調節手段であることは言うまでもない。問題は、登記をしないこと（不登記）が物権取得者の不利益負担要因であるような規定形式は、「対抗」の信頼保護的構成を否定すべき根拠たりうるかということである。

　私見の結論を先に言えば、登記が、それを備えなければ第三者に対抗できないという意味における不利益負担要因であるということと、それが第三者の信頼の基礎たりうるということとは、単に実際上の機能として不可分の関係にあるのみではなく、177条の法律構成に際しても、その統一的な構成を阻むものではない。むしろ、登記はその両者の機能を担うものとして、最終的には信頼保護法理の要件の一つとして位置づけることが可能である。このことは、第一に、公示制度と対抗要件主義との次のような関係に示されている。

(1) 対抗要件主義と信頼保護構成との結びつき

　不動産登記制度の主要な機能は、いうまでもなく、不動産取引の安全をはかるところにある。不動産上の権利関係が登記簿を通じて公示されることによって、取引に入ろうとする者は、登記簿の記載から必要な情報を得、それにもとづいて自己の取引態度を決定することができる。このように、公示制度としての登記制度が、取引における広い意味での善意者保護もしくは信頼

---

(49) たとえば、星野・前掲注 (3) 138頁。好美教授の説かれる「権利資格保護要件」としての登記（好美・前掲注 (35) 19頁以下）というのも、177条の登記の性格自体に関して説かれているわけではないが、同条の登記も本来そのような機能を中心としているという認識にもとづくものであろう。
(50) 好美・前掲注 (35) 18頁。
(51) 稲本・前掲注 (41) 130頁。

保護を趣旨とするものであることについては、異論はないであろう。このような不動産登記制度の目的が達成されるためには、登記簿の記載が権利関係とその内容において一致していること（登記簿の記載の信憑性）が必要であり、その制度的担保として、多くの立法例においては、権利関係が登記簿に忠実に反映されるべき手立てが設定されている。たとえば、ドイツ民法典は、不動産物権変動が生じるためには当事者の合意（Einigung）の他に登記簿への記載（Eintragung）を要するものとし、登記をしないかぎり権利変動は生じえないとする（形式主義＋効力要件主義　873条 BGB）。これに対して、フランス民法典や日本民法典では、意思表示のみで不動産物権は変動するが登記をしなければそれを第三者に「対抗しえない」ものとされている（意思主義＋対抗要件主義　フランス民法典（Code civil）711条、938条、1138条、1583条、1703条、フランス登記法3条、日本民法典176条、177条）。いずれにおいても、登記をしない場合には当事者が法的不利益（物権を取得しえなかったり、物権の取得を対抗できないなど）を被るとすることによって、当事者の申請を通じて権利関係が登記簿上に正確に反映すべきことが企図されているのである。

　しかしながら、このことは、同時に、登記簿の記載に依拠してなされた取引のいわば非覆滅性の制度的保障ともなっている。登記簿の記載がないかぎり、前者では物権変動自体が生じず、後者では物権変動を第三者に対抗しえないのであるから、いずれにせよ、取引に入ろうとする者は、登記簿上の権利者を相手方として取引をすれば、その者からすでに物権の移転もしくは設定を受けているという他人の主張によって、その地位を覆滅されることはない。そのような意味で、不登記を不利益負担要因とするということは、同時に、登記を第三者の信頼の基礎として制度的に認めるということでもある。不動産登記簿は、不動産に関する権利関係を表象する手段として人為的に制度化されたものであるが、それは、不動産登記簿が、それに依拠して一定の権利関係を認識し、それを前提に取引をなしうるという、不動産取引における信頼の基礎という構成要件として公認されたことを意味する。いわゆるドイツ法的な公信制度においてはじめて登記制度が信頼保護の制度となるわけではない。その点に関しては、〈形式主義＋効力要件主義〉を採ろうと、〈意

思主義＋対抗要件主義〉を採ろうと変わりはない。登記は「物権の効力の法的要件」であるとともに、「物権取引をなす者が前主の権利をたしかめるための研究資料」(52)なのであり、公示方法には、もともと、そのような二つの側面が不可分の関係で含まれているのである。

　しかしながら、右のいずれの立法主義によるかに応じて、このような内容の信頼保護という趣旨が、どのように「法律構成」の次元に現われるかに関して、大きな相違が生じることになる。まず、ドイツ法的な〈形式主義＋効力要件主義〉においては、登記なき限り物権変動自体が生じないのであるから、たとえすでに別の買主との間で物権的合意（Auflassung）あるいは代金完済までなされていたとしても、登記名義人には依然として物権が残っており、したがって、その者からの当該物権の譲受や設定のメカニズムは、「Nemo potest plus juris ……」原則に即した通常の権利変動メカニズムを越えるものではない。「すでに誰か別の者との間で契約（物権契約も含む）がなされていたにもかかわらず登記簿の旧来の記載に依拠して取引を行なった者」の保護については、信頼保護法理が機能する余地はない。このような立法主義の下では、「登記を外観とするレヒツシャイン法理」は、いわゆる「対抗」の場面以外のところにその適用場面を見出すことになる。それが、不動産登記の公信力制度（892条BGB以下）である。

　これに対して、フランス法や日本法においては、「すでに誰か別の者との間で契約がなされていたにもかかわらず登記簿の旧来の記載に依拠して取引を行なった者」の保護に関して、信頼保護法理が機能する余地がある。登記がなくても物権は変動しており、ただ、その事実を第三者に「対抗しえない」にすぎないのであるから、ドイツ法の場合とは異なり、ここでは、登記の内容（外観）と物権関係（実質的権利関係）とは食い違っており、登記名義人はすでに実質的権利関係の次元では無権利者であると構成されるからである。その場合には、その登記名義に依拠してなされた「第三者」の物権取得は、「Nemo potest plus juris ……」原則以外のメカニズムによらざるをえない。そして、登記簿の記載に対する信頼の保護という登記制度の基本的な

---

(52) 川島・前掲注(24) 235頁以下。

趣旨は、そのようなメカニズムを信頼保護法理に求めることをむしろ思考の自然のプロセスとして帰結せしめるであろう。つまり、〈意思主義＋対抗要件主義〉という基本的な物権変動のメカニズムが、信頼保護の法理を内在的に含んでいるということである。わが国では従来、「公簿の記載が真実の法律関係と食い違う場合には公簿の記載を信じた者が真実の権利を取得する」というメカニズムは公信の原則であり、わが国にはそのような原則は認められていないというのが一般的な理解であった。しかし、177条自体の中にも、登記簿の記載に対する信頼保護のメカニズムは含まれているのである。そのような信頼保護のメカニズムが、わが国でいう公示の原則とは別個の公信の原則（Prinzip des öffentlichen Glauben）の中にのみ認められるというのは、むしろ、ドイツ法的な〈形式主義＋効力要件主義〉のもとで初めて妥当する事柄である。登記は、それを備えなければ対抗力を獲得できない「不利益要因」であるが、同時に、信頼の基礎として法律構成の中に位置づけられる。177条の信頼保護機能は、単なる「結果としての機能」にすぎないものではなく、制度の役割機能として当初から予定され、制度の本質的構成要素をなしているものとして認知すべきでものであろう。

(2) 登記を介した保護事由と帰責事由の結びつき

このように、登記が、一方でそれをしないことによる不利益負担要因であると同時に第三者の信頼の基礎であるということは、信頼保護法理の内部構造に照らしても整合性を持っている。すなわち、信頼保護法理は、真の法律関係とは異なる外形に対する信頼を保護することを認める法理であるが、その外形は、原則として、真正権利者側の帰責事由にもとづいて作出存続されたものでなければならない（帰責事由の原則性）[53]。信頼保護法理は、同時に、真正権利者の不利益負担の法理でもあるからである。実質と異なった外形は、一方で、信頼の客観的基礎となると同時に、他方では、それを作出存続させたという点で真正権利者に対する不利益負担の手がかりとなる。物権変動が生じながら依然として登記をそのままにしておいたという点におい

---

(53) ドイツのレヒツシャイン法理においては帰責事由の原則性を前提として帰責の原理が様々に議論されてきたこと、また、わが国の民法学ではその点について——おそらくは意図的に——軽視されてきたことについては、拙稿・前掲注（40）参照。

て、その未登記の事実は、信頼保護法理における帰責事由に相当するのである。

公信力説に対して加えられている批判の一つとして、同説が第一譲受人の不登記を帰責事由と構成していることが、公信力制度に適合しないということがある。ドイツにおける不動産登記の公信力においては、なぜ誤った登記が出現したのかに関して、真正権利者側の事情を問題としていないからである(54)。しかしながら、公信力制度において真正権利者側の帰責可能性を要件とするか否かは、立法政策の問題としてその選択を許容しうるものであり、帰責可能性を要件化しないことは、決して制度の本来的・必然的要請ではない(55)。また、(1)において取り上げた登記への信頼保護は、そこで示したように、ドイツ法の公信力の制度と同じものではない。公信力制度は、実質的権利関係と合致しない外形に関して、その外形どおりの実質があったとの信頼をストレートに保護する制度であるのに対して、177条に内在している信頼保護は、登記簿上の権利者を相手方として取引をすれば、その者からすでに物権の移転もしくは設定を受けているという他人の主張によって、その地位を覆滅されることはないという形での信頼保護だからである。このような信頼保護においては、公信力制度とは異なり、むしろ登記をなすべき立場にあった側の不登記に認められる帰責の要素がきわめて重要な比重を占めていることは、後に詳しく述べるように、ドイツ法にも明らかな事実である（六参照）。

2　消極的信頼保護

対抗要件主義の中に含まれている信頼保護の内容は、登記簿上の権利者を

---

(54) ドイツ法では、不動産登記簿、相続証書など、いわゆる人為的な外部的事実（die künstliche äußere Tatbestand）に対する信頼保護においては、レヒツシャインが国家公権行為（Staatshoheitsakt）によって生じたものとして、その「官公庁のレヒツシャイン装置の客観的な信頼性」（アイヒラー）を根拠に、帰責事由の有無を問わないというのが伝統的な取り扱いとなっている。

(55) たとえば、わが国においても登記簿に公信力を認めるべきか否かに関して、鳩山秀夫博士が立法論として提唱された「相対的公信力」は、帰責事由を要件とする公信力制度であるし、判例・学説によってすでに広く認められている94条2項を解した登記への信頼保護構成も、実質上、帰責事由を重視した登記の公信力と一致する。

相手方として取引をすれば、その者からすでに物権の移転もしくは設定を受けているという他人の主張によって、その地位を覆滅されることはない、という意味での信頼の保護、すなわち消極的信頼保護である。その登記簿の記載内容に即した権利関係があったものとして取り扱われる、という意味での信頼保護すなわち積極的信頼保護ではない。後者を認めるのが、わが国でいわゆる「公信の原則」である。従来の公信力説は、この二つを区別することなく、無権利者からの取得ということから、177条における第二譲受人の権利取得を動産即時取得制度（192条以下）と同様の善意取得制度（公信力制度）と同視してきた。公信力説ばかりではない、従来の多数説も、無権利者からの取得と構成するとわが国の登記には公信力がないことと矛盾するという理由で、177条の対抗の法律構成に関して、無権利者からの取得という構成および信頼保護構成自体を退けてきた、という点において、同様の誤りを犯してきたと言えよう。

　従来の学説においても、登記制度の有するこのような消極的信頼保護機能および公信力との相違が認識されていなかったわけではない。それは、公示の原則においては消極的な信頼保護が認められるのだという形で指摘されてきた。たとえば、我妻博士は、「公示の原則が貫かれている場合には、物権に関して取引をする者は、表象のない所に物権があるという主張を受けるおそれはない」のだと説かれているし[56]、177条が実際上もしくはそのような消極的な信頼保護機能を有することは、今日広く認められているところである[57]。また、舟橋教授は、「公示方法は、公示内容に対する信頼を保護し、その信頼したとおりの法律効果を与えることによって、その機能を営むわけである。……この公示方法に対する信頼の態様には、二つある。(a)その一は、公示内容たる物権の現状と異なる権利の状態は、存在しないであろうとの信頼である。物権の現状と異なる権利の状態ということは、物権の変動を

---

(56) 我妻・前掲注（23）38頁以下。
(57) 鈴木禄弥『物権法講義〈3版〉』（1985年）86頁、星野・前掲注（3）138頁など。たとえば、鈴木教授は、177条の実質的要因の一つとして第三者の信頼保護を掲げ、「この登記への信頼の保護は、偏面的で、消極面についてのみであって、登記されている物権変動を実体的に存在するものと見て行動するという信頼は保護されない」と指摘されている。

意味するから、右のことをいいかえると、物権の変動はないであろうとの信頼だともいえる。つまり、公示内容の変動のないかぎり、物権の変動はないとする信頼である。……(b)その二は、公示内容たる物権の現状に対応する権利状態が、存在するであろうとの信頼である。……その法律効果としては、公示されたとおりの物権が、たとい真実には存在しなくても、存在するものとして取り扱われるのである。……以上二つの信頼のうち、前者は、いわば消極的な信頼であり、これを保護してそれに応じた法律効果を認める法原理が、公示の原則である。また、後者はいわば積極的な信頼であって、これを保護して、それに応じた法律効果を認める法原理が、公信の原則なのである」と、公示の原則と公信の原則との関係を説明されている(58)。公示の原則が、単に実際上の機能としてではなく、制度趣旨として、このような消極的信頼保護を予定していることが、明快に指摘されているのである。

　しかしながら、このような公示の原則についての一般的な認識は――舟橋説においても――実定法である177条の「対抗」の法律構成に反映されることはなかった。それはあくまで、公示の原則の内容として説かれているにとどまり、「対抗」問題の実質的整合性論として説かれることはなかったのである(59)。けれども、177条は、まさにこのような公示の原則の実定法化したものであり、同条の法律構成に際しては、そのような消極的信頼保護からの構成が探求されなければなかったのではあるまいか。従来のわが国では、そのようなメカニズムの存在は認識されながらも、それは公示の原則に独自のものと解されるにとどまり、それが、消極的信頼保護の法理として、民法および商法を通じた、積極的信頼保護と並ぶ信頼保護の一方のメカニズムを構成していることの認識が欠けていたのではないかと思われる。

　177条の「対抗」の消極的信頼保護による構成は、三で抽出した形式的整

---

(58) 舟橋・前掲注(9) 63頁以下。同旨のものとして、遠藤浩他編『民法(2) 物権〈第3版〉』(1987年) 36頁以下（原島重義）。

(59) 形式的整合性論において見たように、舟橋博士は、「対抗」の意義については、もっぱら形式的整合性論としての反対事実主張説を唱えられ、原島教授は、反対事実出現説を唱えられている。これに対して、稲本教授は、公信力説を消極的信頼保護構成に相当するものと位置付けられている。しかし、岡村説以来のこれまでの公信力説では、ドイツ法的な公信力にもとづく原始取得が説かれており、その内容は積極的信頼保護構成と解される。少なくとも、消極的信頼保護という観念あるいは積極・消極の区別は考慮されていない。

合性における指針のすべて（「法律関係と対抗関係の分離」、「既存の法律関係からの切断」、「新たな法律関係の反射的性格」）を満たしうるのみならず、それが、取引の安全保護という登記制度の趣旨に合致していること、「Nemo potest plus juris ……」を破る法原理であること、権利喪失と権利取得の双方を包摂し得るものであること、第三者の権利取得が「対抗スルコトヲ得ス」とされる法律関係の不存在を前提とした法律関係が認められるという形で、また、そのかぎりで生じること等において、実質的整合性に関して抽出したポイントにも適合している。ただ、問題は、このような形の信頼保護構成が、177条におけるような、法律関係の決定に際して登記の有無のみを問題とするという画一的な取り扱いと適合しうるか否かということである。具体的には、第三者の善意・悪意を問わず単に当事者が登記をしたか否かのみを問題とする177条の内容について、なお、それを信頼保護法理の一環として位置付けることが可能か否かという問題である[60]。もしもその点が消極に解されるならば、177条の「対抗」の法律構成としては、消極的信頼保護法理に近いけれども、それとは異質のメカニズムにもとづいたものであるとして、結局、法定構成——擬制説的な構成——を採用せざるをえないことになるであろう。

　以下では、このような問題点を検討する素材として、ドイツ法における消極的公示主義を取り上げ、177条における消極的信頼保護構成の可能性を探ることにしたい。1 (1)で述べたように、不動産登記に関しては、ドイツ法は〈形式主義＋効力要件主義〉を採用しているため、「その者からすでに物権の移転もしくは設定を受けているという他人の主張によってその地位を覆滅されることはない」という意味での信頼保護については、法律構成として信頼保護法理が適用される余地はない。しかし、ドイツ民法典および商法典の中にも、公簿への記載が効力発生要件となるのではなく、法律関係の変動はすでに公簿を離れて生じていて、公簿はその「対抗要件」にすぎないという制度が存在している。そのような制度は、ドイツでは、一般に、消極的公示主義（Prinzip der negativer Publizität）の適用事例として構成されており、

---

[60] この点に照らして善意者保護とは異なることを指摘するものとして、たとえば、広中・前掲注（14）45頁、星野・前掲注（3）137頁。

それは、今日では、信頼保護制度の一つとして位置づけられているのである。

六　ドイツ法における消極的公示主義と信頼保護法理

1　消極的公示主義（消極的公信主義）の意味
(1)　公示と公信

　ドイツ法で、最も広い意味において公示の原則（Publizitätsprinzip）という場合には、実質的権利関係が公示されるべきであるという原則、あるいは、公示の有無や内容が実質的権利関係に対して一定の影響力を持ちうるという原則を意味するものと解されているが、その具体的内容については、論者により、あるいは時代により、その理解に相違がある。ただ、わが国における「公示の原則」の伝統的理解と比較した場合に、その共通の特徴として注目されるのは、この原則が、取引関係に入ろうとする者の公示への依拠（信頼）を保護すべしという要請にもとづいたものにほかならず、したがって、公示（Publizität, Offenkündigkeit）と公信（öffentlicher Glaube）とはもともと異質なものではないと解されていることである[61]。

　そのような理解にもとづいて、今日では、特に公簿に関して、公示内容と実質的権利関係とがくいちがっている場合に、公示に対する信頼を保護し、公示内容に即した権利関係の形成を認めるべきであるとする原則を、公示性原則もしくは公示主義と称し、これを、積極的公示主義（Prinzip der positiven Publizität）と消極的公示主義（Prinzip der negativen Publizität）とに二分することが一般に行われている。公示方法の属性に即して、積極的公

---

　　(61)　たとえば、Uwe Hüffer, Staub Grosskomm. 1.Lieferung, 4 Aufl.(1983)§15 Rdnr.7 参照。このことは、わが国の伝統的立場よりすれば公信力ではなく単に公示性原則を認めたにすぎない規定とされるべき15条1項HGBと、不動産の公信力を認めた892条BGBに関する、ライヒ最高裁判所（RG）の次のような叙述にも示されている。「多数の公簿の中でも、特に、土地登記簿および商業登記簿は、私法上の取引に役立ちその安全性を促進すべく定められたものである。土地登記簿および商業登記簿中の記載が、あるいは相当広い範囲において、あるいは比較的狭い範囲において、いわゆる『公信力（öffentlicher Glaube）』を享受するという原則……は、このことに基づいている。」(RGZ 93, 238, 240)。

示性（die positive Publizität）・消極的公示性（die negative Publizität）と表現されることも多い。前者は、公示がなされた場合にはそれに対応する権利関係が存在していなくても、公示内容に即した権利関係があるとの信頼を保護すべきであるとするものであり、これに対して、後者は、権利関係が変化しても、それに公示が伴わないかぎりはそのような変化はないとの信頼を保護すべきであるとするものである。いずれも、取引保護の観点から、公示という外観に依拠して取引をした者を保護し、外観に即した権利変動のメカニズムを認める「外観優越法理」もしくは「レヒツシャイン責任」の一環をなすものであり、ただ、前者においては、公示の「述べるところ（Reden）」にはそれに対応した事実があるとの信頼が保護されるのに対して、後者においては、公示の「沈黙（Schweigen）」しているところには何も生じていないとの信頼が保護されるという点で、「積極」「消極」という相違があるものとされ

---

(62) Hüffer 前掲注（61）§15 RdNr.6ff., Karl-Hermann Capelle/Claus-WilhelmCanaris, Handelsrecht §5Ⅰ, 1, a), Wolfgang Hildebrandt, SchlegelbergerKomm. 1Bd5Aufl. (1973) §15 RdNr.5, 7, Jochen Axer, Abstrakte Kausalität—ein Grundsatz des Handelsrechtes? (1986), S.84f., Dieter Medicus, Bürgerliches Recht, 14Aufl. (1989) Rdnr.105ff., Karsten Schmidt, Handelsrecht 2Aufl. (1982) S.299ff., Karl Larenz, Allgemeiner Teil des deutschen Bürgerlichen Rechts, 7Aufl. (1989) §10Ⅰ, Karl-Heinz Gursky, StaudingerKomm. Sachenrecht (Einleitung, §§889～893) (1986) §892 RdNr.4, Andreas Wacke, MünchenerKomm.2Aufl. (1986) §892 RdNr.3, Hermann Eichler, Institutionen des Sachenrechts, 2Bd, 2Hbd (1960) S.375f., Harry Westermann, Die Grundlage des Gutglaubensschutzes, JuS1963, S.4 など。

　消極的公示主義および積極的公示主義という概念は、かつては、ある事実を公示をしなかった場合にはその事実を他人に主張しえないということと、ある事実を公示した場合にはその事実を他人に主張しうるということに対応する（商業登記簿においては、それぞれ、15条1項、2項HGBに該当する）ものと説かれていた（たとえば、Viktor Hoeniger, Düringer-Hachenburg Komm. 1Bd.3Aufl. (1930) §15 Anm.1, 14, Viktor Ehrenberg, Handbuch des gesamten Handelsrechts, Bd1, (1913) S.629ff., Müller-Erzbach, Deutsches Handelsrecht, 2/3Aufl. (1928) S.69, Jurius von Gierke, Handelsrecht und Schiffahrtsrecht, 6Aufl. (1949) S.55ff.）。従来のわが国の商法12条に関する通説的理解もそれに倣ったものである。しかし、今日のドイツでは、公示をすることの効力（Öffentlichkeit）に着目したそのような把握の仕方ではなく、信頼保護（Vertrauensschutz）に着目した、先に述べたような把握の仕方が、むしろ通説的立場である。このような推移については、Hüffer 前掲注（61）Rdr.8ff. 参照。もっとも、今日でもなお、旧来の理解を保持しているものもある。たとえばJulius von Gierke/Otto Sandrock, Handels und Wirtschaftsrecht Bd.1, 9Aufl. (1975) S.147ff.。

　また、積極的信頼保護・消極的信頼保護という概念が、「信頼の内容に対応した法律効果（Vertrauensentsprechung）」を請求しうる場合と、単に「信頼利益」の損害賠償のみを請求しうる場合との区別を示すものとして用いられることもある。たとえば、Canaris 前掲注（48）S.5 f.。

ているのである(62)。わが国の従来の慣用的表現によれば、前者が公信の原則であり、後者が公示の原則であって、前者は信頼保護もしくは外観法理に相当するが、後者のようなものはそれとは異質な法理であると理解されてきた。これに対して、ドイツ法では、両者とも公簿の記載に対する信頼を保護する制度であるとして統一的に把握され、ただ、その態様か積極と消極という点で異なるものとされているのである(63)。

(2) 対抗規定性

　消極的公示主義においては、権利関係の変化そのものは公示をまたずにすでに生じており、ただ、それを公示しなかった場合には、その実質的権利関係は第三者等に「対抗できない」(kann……nur entgegengesetzt werden, wenn……, können sie……einem Dritten nicht gegenüber……nur herleiten, wenn……, kann sie…… einem Dritten nicht entgegengesetzt werden) ものとされる。公示をしなかった側は当該権利関係の変化を第三者等に主張することができず、ただ、第三者側からそれを認めることはかまわないということである。このように、消極的公示性規定は、共通の規定形式として、第三者等の保護（権利取得等）を定めるという形をとらず、登記しなかった側が「対抗できない」という、異議排除の形式をとる。しかしながら、そこでは、第三者等の保護が予定されている。「対抗できない」とされることの当然の結果として、第三者は、そのような権利関係の変化自体を否定することができ、そのような変化がなかったことを前提とした新たな法律関係を主張することができるからである。つまり、消極的公示主義規定は、単なる「主張」関係を定めたものではなく、権利関係の変動自体を規定している。その権利変動は、既存の権利関係の否定の上に成り立っているのであるから、それを、既存の権利関係によって法律構成することはできない。したがって、消極的公示主義規定は信頼保護規定の一環として位置付けられているのである。

---

(63) わが国の伝統的用語法に照らすならば、Prinzip der positive Publizität は積極的公信主義と訳し、Prinzip der negativer Publizität は消極的公示主義と訳したほうがわかりやすいかもしれない。ただ、「公信」に相当する用語としては別に「öffentliche Glaube」があり、ドイツでも、「Publizität」は通常「Offenkündigkeit」と同義に用いられているので、本稿では、「公示性原則」の語を用いることにした。

(3) 消極的信頼保護

　積極的公示性原則と消極的公示性原則の差異は、それによって実現される信頼保護の内容が、積極的であるか消極的であるかという点にある。この区別は、具体的に当事者の主観において「どう信じたか」をメルクマールとするものではなく、信頼保護の効果もしくはその作用の仕方に即した分類である。前者は、「公示という外観があるところにはそれに対応した権利関係があると信じてもよい」とするものであるが、具体的には、「公示に対応した権利関係はない」との真正権利者側の主張を退けうるというのがその効果である。これに対して後者は、「公示がない場合にはそれに応じた権利変動もないものと信じてよい」ということであるが、具体的には、「公示されるにはいたらなかったが権利関係はすでに変化している」との真正権利者の主張のみを退けうるということである。したがって、信頼保護の範囲は前者のほうが広く、それが、法政策的選択を左右する重要な要因をなしている[64]。

　たとえば、ドイツ民法典は、不動産登記簿については積極的公示性原則を採用しながら（892条BGB）、法人登記簿および夫婦財産制登記簿については消極的公示性原則のみを採用した（68条、70条、1142条BGB）。商業登記簿についても、15条1項HGBで消極的公示性原則のみを認めていたが、それでは取引の需要に応じることができなくなり、判例・学説によって、与因主義にもとづく積極的公示性原則が形成され、結局、1969年8月15日の改正によって、新たに——厳密には、登記とともになされるべきものとされる公告についてであるが——積極的公示性原則を認める15条3項HGBが新設された[65]。わが国の民商法典の規定の中では、それぞれ、法人登記簿に関する

---

(64) 消極的公示性原則が適用されるのは、実質的法律関係が変化したにもかかわらず公示がその動きに対応しなかったために、実質的法律関係と公示内容との間に食い違いが生じた場合である。消極的公示性原則は「後発的な誤記性（sekundäre Unrichtigkeit）」に対する信頼のみを保護するのであり、当初からの誤った公示に対する信頼は保護しない（Westermann 前掲注（62）S.4, Hildebrand 前掲注（62）Rdnr.5 参照）。ここで言う実質的法律関係の「動き」は、実定法の段階では次の二つに大別される。第一は、従来の法律関係が変動した場合（たとえば、法人の理事の交替、夫婦共有財産の分割、支配人としての権限（Procura）の変更）、第二は、法定の標準的な法律関係（die gesetzliche Regellage）と異なる内容を当事者が定めた場合（理事の代理権の制限、夫婦法定財産制と異なる契約など）である。

(65) ドイツでは、このような事情から、積極的公示性原則および消極的公示性原則の

民法 6 条 2 項および理事の代表権の制限に関する54条、夫婦財産制登記簿に関する民法756条および759条、商業登記簿に関する商法12条、14条がそれらに対応している。

2 消極的公示主義規定の特徴
(1) 帰責面の比重の大きさとその定型的・抽象的取り扱い

　消極的公示性原則においては、権利関係の変化は公示に関係なく生じており、公示は宣言的（dekläratorisch）な効力を有するのみである。しかし、対第三者（もしくは対「他人」）関係においては、公示がなされなかったということが、法律関係を左右する決定的なモメントとなる。当該公示方法によって公示されるべきものとされている事項について公示がなされなかったという事実が、消極的公示性原則の共通かつ最も基本的な要件である[66]。もしも公示がなされていたならば、たとえ、相手方もしくは第三者が善意無過失であったとしても消極的公示性原則は発動しない。その場合には積極的公示性が問題となりうるにすぎない。その意味で、「不公示」は、消極的公示主義規定においてきわめて大きな比重を占めている。

　信頼保護法理に照らしてこの要件を位置付けるならば、公示をしなかったという事実は、信頼の客観的基礎たりうる外観（Scheintatbestand）もしくは信頼構成要件（Vertrauenstatbestand）――この場合には旧来の公示内容――を作出・存続せしめたという、真正権利者側の事情に相当するものであり、帰責可能性（Zurechenbarkeit）要件にかかわるものである。実質的法律関係に依拠すべき立場にある者（真正権利者）の帰責可能性は、信頼保護制度における最も基本的な要件のひとつである。真正権利者が被るべき拘束もしくは不利益を根拠づけうる要因として、通常の権利変動メカニズムにおける「意思」に対応すべき「帰責」が必要となるのである。

　右のような「不公示」の取り扱いは、消極的公示主義規定における「登記

　　概念は、民法の物権法の領域では従来あまり触れられることなく、商法、特に商業登記簿に関する15条 1 項 HGB に関して論じられてきた。
(66) 通説・判例によれば、たとえ登記官の懈怠や過誤によって登記がなされなかったとしても、権利関係の変化を第三者に対抗することはできない。

をなすべき側」の事情の比重の大きさを示すものであるが、それと同時に、不公示の具体的事情について問わないという点で、帰責事由の定型的・抽象的取り扱いをも意味している。この点について、ドイツでは、それを以て帰責事由の不要を意味するものと解し、消極的公示主義規定を、不動産登記簿や相続証書（Erbschein）に対する積極的信頼保護と同じ帰責事由を要しない「純然たるレヒツシャイン責任（reine Rechtsscheinsprinzip）」に分類する見解も有力である(67)。しかし、多くの学説は、この場合の実質的な不利益負担根拠を「登記義務違反」に求め、この義務を基礎づけるものとして、帰責の原理の一つである危険主義的な要因を説いている(68)。すなわち、不登記が帰責可能性要件に関わるものであるという点では理解が一致しているが、具体的に不登記をめぐる事情を問わないという点に関しては、それをなお帰責可能性要件の範囲内でとらえるか帰責可能性要件の不要を示すものと解するかに関して、見解が分かれているのである。筆者は、公示方法に対する信頼保護においては、与因とか過失、危険支配などに遡らなくても、不公示という事実そのものが広い意味での「登記義務」違反という独自の帰責事由たりうるのであり、消極的公示主義規定においては、帰責事由の定型的・抽象的取り扱いがなされるものと考えているが、その点については、3 (2)において論じることにしよう。

---

(67) Canaris 前掲注（62）S.471, Manfred Nitschke, Die Wirkung von Rechtsscheintatbestanden zu Lasten Geschäftsunfähiger und beschränkte Gaschäftfähiger, JuS 1968, S.541, Westermann 前掲注（62）S.1, 6f., Hüffer 前掲注（61）Rdnr.21 参照。「純然たるレヒツシャイン原則」というのは、帰責事由を例外的に問わないものとされる信頼保護法理のことである。たとえば、登記の公信力を認めた892条 BGB 以下がその典型的な例である。

(68) たとえば、アクサーは、15条 HGB に関して、「企業者は自己の領分を展望しうるのであり、実質的に適正な権利関係を公示すべきである。この義務に違反したならば、それだけで、法定の責任が生じる。……登記内容と実質的権利関係との齟齬の危険は、法的安定性にもとづいて、一般的に、この危険を原則的に支配しうる者の側のことがらとされるのである」と述べている（Axer 前掲注（62）S.97f.）。その他、Hildebrandt 前掲注（62）Rdnr.12, Eberhard Schilken, Abstrakter und konkreter Vertrauensschutz im Rahmen des §15 HGB, AcP187 (1987), S.6, Hüffer 前掲注（61）Rdnr.21。また、カナリスは、消極的公示性規定を純然たるレヒツシャイン主義に分類しているが、そこでは危険領域という帰責の観点を抽出しうることを認めている。Canaris 前掲注（64）S.472参照。

(2) 保護事由の定型的・抽象的取り扱い

　消極的公示主義規定において定型的・抽象的取り扱いを受けるのは、帰責事由のみではない。保護事由も、程度の差こそあれ、何らかの形で定型的・抽象的に取り扱われている。すなわち、具体的な善意・悪意や過失の有無を問うことなく、公示があったかなかったかによって保護の認否が決せられるという共通の特徴を認めることができる。

　① 登記の有無によって原則的に保護の認否が決まり、具体的な善意（無過失）・悪意によってそれが修正される余地を認めるもの

　法人登記簿についての68条、70条BGB、および、商業登記簿に関する日本商法典12条がこれに属する。たとえば、68条、70条BGBにおいては、登記がない場合には原則として第三者に対抗できないが、第三者が悪意である場合には例外的に対抗できるとされ、また、登記がなされていたならば原則として対抗しうるが、第三者が善意無過失であった場合には例外的に対抗できないとされている。登記の有無がまず保護の認否の第一次基準とされ、それを修正する第二次基準として具体的な善意・悪意が問われているのである。これに対して、日本民法典12条においては必ずしもこのような構造は明らかではないが、登記・公告前は第三者の善意が推定されると解するのが通説・判例である。また、その後段は、登記および公告の後は善意の第三者であっても保護されないのを原則とする（第一文の反対解釈）が、例外的に、第三者が「正当ノ事由」によって知らなかった場合にかぎり保護されるものとされている。通説は、その場合には第三者の悪意が「擬制」されるのだと解している。

　② 登記があればたとえ善意（無過失）であっても消極的公示性は認められないとするもの

　登記がない場合については、①と同じく、悪意が立証されれば例外的に保護されないとされる余地を残すけれども、登記がある場合にはたとえ善意（無過失）であっても保護を認めないとするものである。すなわち、「第三者が悪意（有過失）であるか、もしくは、公示がなされている場合を除いては、第三者に権利関係の変化を対抗できない」旨規定され、公示がなされている場合には、第三者側が善意無過失を立証して消極的公示性原則による保

護を受けるという余地を残さない。夫婦財産制登記簿に関する1412条1項、2項 BGB、商業登記簿に関する15条1項、2項 HGB がこれに属する[69]。わが国の民商法におけるこれらに対応する規定においては、少なくとも文言に即して見るかぎり、このグループに属するものは見当たらない。たとえば、法人登記簿に関する民法46条2項においても、夫婦財産制登記簿に関する民法756条および759条においても、法人設立登記に関する45条においても、登記簿への記載がなされたか否かのみによって取り扱いを決定すべきものとされており、記載されていなかった場合に悪意が立証されれば例外的に第三者の保護を否定するという取り扱いは認められていない。

③　公示と信頼との具体的結びつきの不要

15条1項 HGB に関して、ドイツの通説・判例は、第三者が実際に不登記という外観（旧来の登記内容のままであるということ）を認識し、それにもとづいて意思を形成して取引をしたことは必要ないと解している。のみならず、登記がそのような信頼の形成に対してその基礎として作用する余地がまったくない場合であっても、同条は適用されるものと解している。たとえば、ある者が支配人としての権限（支配権　Prokura）を失ったにもかかわらずその登記および公告がなさなかった場合、それ以前にその者への支配権授与の事実が登記および公告されていたのであれば、第三者は登記簿の記載からその支配権存続を信頼して取引をしたことが想定でき、そこに15条1項 HGB を適用しうることについては特に問題はない。これに対して、かつてなされた支配権の授与も登記および公告がなされていなかった場合には、消極的信頼保護の対象たるべき先行登記（Voreintragung）がなく、支配権の存在に関しては、登記はまったく信頼構成要件としての機能を果たす余地はない。そのような場合にもなお15条1項 HGB を適用して第三者を保護すべきであろうか。これが、いわゆる先行登記の欠缺の問題である。もしもこの場合に同条の適用を認めるならば、それは、実質上、公示に対する具体的実際的な信頼保護ではなくなり、「悪意」が立証されない限りは公示の有無のみ

---

[69] もっとも、商業登記簿に関しては、15条2項 HGB により、登記がなされた場合でも、公告後5日以内になされた取引については例外的に第三者が善意無過失を立証することによって保護されるものとされているから、そのかぎりでは、部分的に、右の第一のグループと重なり合っている。

によって保護の認否が決められるとされるかぎりで、公示の優越現象がさらに拡張されていることを意味している。それはすでに信頼保護ではなく、法による擬制ではないかとの疑問が生じてくるのである。この問題に関しては、古くから議論があり、今日でも、後に触れるように活発な議論が交わされている。

このように、ドイツの消極的公示主義規定においては、具体的な善意・悪意が法律効果をストレートに決定するということは、程度の差こそあれ排除されている。公示の有無がまずその成否を決定し、二次的に善意・悪意が問われるという形が取られていたり、公示があればたとえ善意無過失であっても保護されないとされ、さらには、外観と信頼との間に実際上の結びつきがない場合にも、不登記の場合には善意（無過失）であったものとして取り扱われるとするものもある。注目すべきは、このような保護事由の具体的取り扱いに対する公示の優越現象は、消極的公示主義規定のみならず、積極的公示主義規定においても認められるということである。すなわち、不動産登記簿の公信力を定めた892条BGBにおいても、その１項１文により、異議の登記 (die Eintragung eines Widerspruchs) がなされていた場合には、たとえ取得者が善意無過失であっても保護されない。また、同条でも、信頼は「非悪意」として規定されており（善意の消極的表現）、積極的に登記内容を認識したうえでそれもとづいて信頼を形成し取引をしたことは必要ないものとされている（判例・通説）。具体的保護事由に対する公示の優越現象は、公簿に対する信頼保護全般にわたる大きな特色をなしているのである。

3　公示の優越現象の根拠について
(1) 15条 HGB をめぐる議論——抽象的・形式的信頼保護——

保護事由・帰責事由双方に関する公示の優越現象の根拠について、ドイツでは、主に15条１項HGBにおける先行登記欠缺の問題（２(2)③）をめぐって議論がなされてきた。その場合にも同条の適用を認める従来の通説・判例に対して、それは信頼保護法理（レヒツシャイン責任）を逸脱するものではないかとの批判が投げかけられてきたのである[70]。

今日、学説の中では適用否定説が有力化しているが、多数説はまだ適用肯

定の立場を取っており、判例も従来の態度を変えていない。また、その前提となるべき、登記内容の認識と信頼形成および取引行為との間に具体的なつながりを要するか否かの問題についても、判例・多数説は不要とする従来の態度を変えていない(71)。

この議論の中で、適用肯定説からしばしば持ち出されているのが、「抽象的信頼保護（der abstrakter Vertrauensschutz）」、「定型的信頼保護（das typisierte Vertrauen）」、「一般的信頼保護（das generalisierte Vertrauensschutz）」あるいは、「形式的信頼保護（das formalisierte Vertauensschutz）」の概念である。たとえば、ギールケ／ザンドロックによれば、「実際に登記内容を認識しそれにもとづいて信頼を形成して取引きを行ったという事実がなくても、権利関係の変更の登記がないという事実があれば、定型的に、その『ない』という登記内容を信頼して取引を行ったものとして取り扱われるということは、依然として信頼保護の範囲内であり、ただ、それは、抽象的もしくは定型的な信頼保護として位置づけられる」。「レヒツシャインによって客観的に正当化される、第三者の可能性としての信頼（ein potentielles Vertrauen）で足りるのである」、とされる(72)。また、BGHZ65, 311によれば、「たしかに、15条1項HGBは、本来、商業登記簿という形式を通じて作出された、商号関係についての公にされた情報について、その正しさに対する信頼を保護することを趣旨としたものである。しかしながら、この信頼保護は、商業登記簿に依拠するものが商業登記簿を実際に閲覧したことを要件とするものではない。むしろ、同規定は、登記簿によって情報を得るという、取引きにおいてごく一般的に存在している可能性があれば、そのような信頼保護の基礎として足りるものとしているのである」とされている。すなわち、実

---

(70) たとえば、先駆的な批判としては、Alfred Hueck, Gilt §15 Abs.1 HGB auch beim Erlöschen und bei der Änderung nicht eingetragener, aber eintragungspflichtiger Rechtsverhältnisse? AcP118 (1920) S.350ff. がある。また、Canaris 前掲注 (62) S.152 参照。
(71) たとえば、近年の判例として BGH NJW 1983, 2258ff.。
(72) Gierke/Sandrock 前掲注 (62) §11Ⅲ 2b。その他、Reinicke, Sein und Schein bei §15 Abs.1.HGB, JZ 1985, S.276, Hüffer 前掲 (61) Rdn.23ff., Schilken 前掲注 (68) S.1ff., BGHZ 65, 309, 311, Schmidt 前掲注 (61) S.302, Uwe John, Fiktionswirkung oder Schutz typisiereten Vertrauen durch das Handelsregister, ZHR 140 (1976) S.239f.。

際に登記内容を認識しそれにもとづいて信頼を形成して取引きを行ったという事実がなくても、権利関係の変更の登記がないという事実があれば、定型的に、その「ない」という登記内容を信頼して取引きを行ったものとして取り扱われるというのは、依然として信頼保護の範囲内であり、ただ、それは、抽象的・定型的な信頼保護として承認されるということである。「レヒツシャインによって客観的に正当化される、第三者の可能性としての信頼で足りる」とされるのである。

それでは、このような抽象的・定型的信頼保護は何によって根拠づけられるのであろうか。その点に関して、多くの学説は、15条 HGB における登記義務の重要性を指摘している。たとえば、シルケンによれば、「たしかに、登記義務への圧力という観点のみによって第三者の利益の優越を正当化することはできない。しかし、公示がされていないことによって存続している外観構成要件に対して他人が信頼するという危険を回避する立場にあるのは登記義務者であるということ、しかもそれは、登記義務者との接触を内容とする法的取引に対してのみではないということを考慮すべきである。このような事情が、15条 HGB において定型的な取引利益が固定化されたものとされ、全ての第三者は登記の沈黙による与因と（登記内容の）認識がなくても、あるいは、当該事実の不在に対する特別な信頼がなくても、その取引利益を主張しうるということを正当化するのである」と説かれている[73]。すなわち、登記義務の重要性が、それとの相対的な関係における信頼保護的要素の希薄さを導き、それが、具体的実際的な保護事由の軽視を根拠づけるべきものとされているのである。これをさらに徹底させるならば、次のアクサーのような見解になる。「15条1項 HGB は企業者への義務づけという発想によって構成されたものである。企業者には、取引の危険性および不明瞭性を除去するために実質的権利関係の変更のすべてを公に知らしめるという義務が課せられている。……取引保護は、企業者へ無条件の（公示）義務を課することによって確保されるのである。……結局、15条1項は登記に対し

---

(73) Schilken 前掲注 (68) S.6。その他、Karsten Schmidt, Sein-Schein-Handelsregister, JuS 1977, S.209, 214, 同前掲注 (62) §14Ⅱ2b, Hildebrandt, 前掲注 (62) Rdnr.12。

て絶対的な正当性保障（eine absolute Richtigkeitsgewähr）が付されるという方法で、取引保護に資するものだと解するのが妥当である。……15条1項は信頼保護規範ではない」[74]。

(2) 公示の規範的性格と公示の優越現象

このように、ドイツの多数説は、登記義務の重要性によって「抽象的・定型的信頼保護」の正当性を根拠づけるべきことを説いており、また、それは同時に、帰責事由の抽象的・定型的取り扱いの根拠ともなっている。しかし、「抽象的・定型的信頼保護」の正当性について言えば、登記義務の重要性は、なぜ個別的な善意・悪意があまり問題とされる必要がないのかに対する説明ではありえても、公示方法に対する信頼保護においては、なぜ、そのような抽象的・定型的善意が保護価値性を満たしうるのかを積極的に説明するものではない。また、帰責事由の抽象的・定型的取り扱いについて言えば、たしかに登記義務による根拠づけそのものは妥当であると考えるが、公示方法に対する信頼保護の場においては、なぜ、第三者との関係で登記義務なるものを課せられるのかを積極的に明らかにするものではない。先に見たように、この点について多数説は、危険支配もしくは危険領域的な考え方との結びつきを指摘しているのであるが、そこに遡るまでもなく、公示方法に対する信頼保護制度に特有の、しかも、保護事由・帰責事由の双方に妥当しうる共通の根拠がありうるのではなかろうか。私は、それを、信頼保護における外観としての登記（公簿）の特性すなわちその規範的性格に求めうるの

---

[74] Axer 前掲注（62）S.97f. 同じく公示の優越現象の認められる不動産登記簿の公信力の規定（892条BGB）については、その根拠として、「個別的具体的な信頼ではなく客観化され擬制された信頼にもとづいた『絶対的取引保護』」であるとか（ヴィーゲンド）あるいは、「登記内容に対する現実の実証された信頼ではなく単なる可能性としての信頼（ein potentielles Vertrauen）の保護であるとか（グルスキー）、あるいは、「主観的信頼ではなく公の機関をを通じた告知の信頼性が公信（publica fides）の基礎なのである」（ボーマー）などと説明されているが、これは、先に紹介した抽象的・定型的信頼保護概念ときわめて類似している。ただし、この場合には、そのような取り扱いの根拠として、15条HGBにおけるように、登記をなすべき側の帰責事由の比重の大きさが説かれることはない。登記簿や相続証書などの、いわゆる人為的な外部的構成要件（künstliche äußere Tatbe-stand）への信頼保護においては、「行政行為の公定力」（エルトマン）とか「官公庁のレヒツシャイン装置の客観的な信頼性」（アイヒラー）とか、あるいは「国家高権行為」（ヴェスターマン）などにもとづいて、真正権利者側の帰責可能性の有無にかかわらず、信頼保護が認められるというのが、伝統的な説明である。

ではないかと考えている。信頼の客観的基礎としての登記が規範的性格を有していることが、公簿に対する信頼保護における公示の優越現象を統一的に根拠づけうるのではないかということである。

ある外観は、公示方法として制度化されることによって、さらにその実際上の信頼度を高めるが、それと同時に、次のような性格を帯びることになる。すなわち、まず、それが公簿のように公の機関の管理するものである場合には、その管理者たる公の機関に対してその適正さを保持すべきことを要求する。また、私人に対しても、一方で、公示方法によって権利関係を正確に公示すべきことを要求するとともに、他方では、公示方法に依拠して取引をなすべきことを要求する。これが、私の言う、登記の規範的性格である。

第一に、多くの立法例では、公示方法を備えない場合には一定の法的不利益を被りうるものとされているが、これは、公示制度が、必然的にその中に、公示をなすべきであったのにしなかったということに対するマイナス評価を含んでいるからである。このような評価は、いわゆる信頼保護法理における帰責の原理として従来説かれてきた、与因、過責、危険支配などのいずれにも該当しない。そこでは、広い意味でのいわば社会的義務としての登記義務違反が問題とされており、その根拠は、公示制度自身の中にある（制度的な帰責評価）。不登記は、いわば、法定の不利益負担要因なのである。ヴェスターマンの言葉を借りれば、「すべての者は、権利関係が変化した場合には自己に関わる登記簿の記載を書き換えさせるであろう。したがって、彼がそれをしなかった場合には、彼は、レヒツシャインの効果を甘受しなければならない」[75]。

第二に、公示方法の規範的性格は、信頼の側面に関しては次のような形で現われことになる。すなわち、公示方法は信頼されるべきであり、取引者はそれに依拠して取引をなすべきであるということである。公示方法は、多くの場合、実際上最も信頼に足るべき外部的事実であるが、それにとどまらず、「最も信頼されるべき」外部的事実として制度化されたものである。公示制度は、公示方法を、権利関係の最優先の徴表と定め、それに即した取引

---

[75] Westermann 前掲注（62）S.4。

秩序を形成することを意図している。そのような意図を実現するためには、公示を備えるべきであるという側面においてその規範的性格を認めるのみではなく、公示方法に依拠して取引がなされるべきであるという側面においてもその規範的性格を認める必要がある。そのような規範的性格は、登記・登録などの公簿において最も顕著に認められる特性である[76]。取引関係に入ろうとする者には、公簿の内容に留意し、その内容に即して自己の態度を決定することが期待される。したがって、①登記があれば、それを認識しそれに依拠して取引をしたものとして取り扱われてもやむをえない。「登記の不知はこれを許さず」、あるいは、「登記の存在は具体的善意の主張を排除する」のである（15条2項HGB、892条BGBの異義の登記など）。登記がある場合には、信頼保護のメカニズムが排除されるのではなく、第三者は登記された事実を認識して取引をしたものとして取り扱われてもやむをえないとされる。登記の存在と内容を知っていた（悪意）ものとして定型的に処理されるのである（悪意の擬制）。また、それと裏腹に、②登記がなければ、登記されるべき事実は存在しないものと想定して取引関係に入っても構わない。むしろ、知らなかったということが登記の規範的性格に適っていることになる。したがって、登記がない場合には、登記されなかった事実については第三者は知らなかったもの（善意）として取り扱われる。「登記の不在は具体的悪意もしくは過失の抗弁を排除する」のである。

　このように解すると、消極的公示主義規定においては、保護事由も帰責事由も、登記の有無要件に置き換えられ、それによって定型的に取り扱われるというのが、むしろ、その理念型あるいは原則型だと言うこともできよう。公示方法の外形としての特殊性が、そのような特異な取り扱いを容認するのである。ただ、その公簿の信頼度や、公示の対象たる権利の性質・内容、また、どの程度公簿中心の取引秩序を形成すべきかの法政策的考慮、衡平の理念による調節の必要性などによって、現実には、そのような抽象的・定型的取り扱いは多様な修正を受けざるをえない。それが、たとえば、わが国にお

---

[76] 占有にもやはりこのような規範的性格は認められるが、その公示方法としての不完全さは、実際の信頼度における弱さのみならず、その規範的性格の薄弱さを導くことになる。したがって、占有に対する信頼保護においては、保護事由・帰責事由の定型的・抽象的取り扱いは、公簿のそれと比較して軽度のものにとどまらざるをえない。

ける不動産登記簿に関する民法177条と商業登記簿に関する商法12条の相違であり、商業登記簿に関する15条1項・2項 HGB と日本商法典12条の、また、法人登記簿に関する68条および70条 BGB と日本民法典46条の、さらには、夫婦財産制登記簿に関する1412条 BGB と日本民法典759条の相違となって現われているのである。善意・悪意要件の不在は、必ずしも、その制度が公簿に対する信頼保護制度ではないという結論とは結びつかない。そのような理解にもとづくならば、177条も、46条2項や54条、756条や759条、さらには、商法12条と並んで、ドイツ法における消極的公示主義規定と同じメカニズムによって構成されているものと考えることができるであろう。同条は、不動産登記簿に対する消極的信頼保護の規定だということである（消極的公示主義構成）。

七　実質的整合性論としての消極的公示主義説の適合性

1　その適合性
(1)　立法者意思との関係

　従来から、民法177条を第三者保護の観点から構成することは立法者意思に反しているということがしばしば指摘されてきた。しかしながら、それは、自明の理と言えるほどに疑いの余地のないものではない。むしろ、起草者たちの叙述したところを見るかぎり、彼らは、登記をしなかったことによる物権変動の不完全性とか不利益負担という側面ではなく、第三者の取引安全保護機能という側面に注目していたことが窺えるのである。たとえば、穂積陳重委員は177条を置いた趣旨について、「公示法ノ主義ヲ第三者ノ為メニ主ニ採ッタ」のであり、物権というのは「一般ニ対シテ効力ヲ生ズベキ権利」（いわゆる絶対権）で、176条（草案では177条）の原則よりすれば合意のみによって「既ニ物権ト云フモノハ全ク生キテ居ルト」思われるけれども、「之ヲ絶対的ニ用イルト或ハ夫レガ為メニ取引上非常ナル弊害ヲ生ズルヤウナコトガアリマスカラ本条並ニ次ノ条ノ規定ガ之ト共ニ入用ニナッテ来ルノデアリマス」（傍点筆者）と述べている[77]。あるいは、同じく起草委員の一人であった富井政章は、「対抗スルコトヲ得ス」の意味に関して、「此ノ結果

タルヤ法律ニ保護セントスル第三者ヨリ観察シタルモノナリ」と述べており、また、「第三者」の意義に関して、第三者の善意・悪意を区別しなかったのは「登記及ヒ引渡ヲ以テ（効力要件ではなく　筆者）単純ナル公示方法ト為シタル趣旨ニ適合セサルモノト」言うべきであるが、それは、「其意思ノ善悪ニ関シテ争議ヲ生シ挙証ノ困難ナルカ為メニ……」という「実際上ノ便宜」によるものだと説明している(78)。ここには、彼が、いわゆる法の技術構造としても、同規定を信頼保護規定として考えていたことが示されている。さらに、梅謙次郎委員は、善意の第三者にのみ対抗できないとするのが、意思主義を前提とする以上最も穏当であると述べているが(79)、このことは、彼もまた、177条は本来第三者の信頼保護を趣旨とするものであると解していたことを示しているであろう。

たしかに、立法者意思は、第三者の個別具体的な善意・悪意を問題とすべきではないというものであった。しかし、右に見たところに照らすならば、それは、積極的に「悪意者」であっても保護してもよいという意味ではなく、第三者の信頼保護のありかたとして、個別具体的な善意・悪意を問題とせず、公示の有無のみによってそれを決定する道を選択するという意味であったと解される(80)。すなわち、第三者側は登記に依拠しそれを信頼して取引をしたものとして、定型的画一的に処理するのだということである。それは、先に見たドイツにおける抽象的・形式的な信頼保護概念に相当すべきものである。穂積委員は、善意要件に関して、「絶対的ノモノデナケレバ公示法ノ効ヲ奏スルコトハ出来ヌト考ヘマスルガ故ニ単ニ（善意・悪意を区別することなく　筆者）『第三者ニ対抗スルコトヲ得ス』ト書キ下シタノデアリマス」と述べているが(81)、それは、公示法は第三者の利益を図るという意味で「公益ニ基ク公示法」であるとの認識を前提とした発言である。先に引

---

(77)　法務大臣官房司法法制調査部・前掲注（3）264頁、広中俊雄編著『民法修正案（前3編）の理由書』（有斐閣　1987年）218頁以下。
(78)　富井・前掲注（22）60頁、63頁。
(79)　梅謙次郎『民法要義巻之二物権篇〈10版〉』（明法堂　1900年）7頁以下。
(80)　有泉教授の言葉を借りれば、「現実に悪意者が混じってもかまわない」という、「Necessary evil」としての悪意者包含である。有泉亨「民法177条と悪意の第三者」法学協会雑誌56巻8号（1938年）77頁以下。
(81)　法務大臣官房司法法制調査部・前掲注（3）264頁。

用した部分と併せて考えれば、そこで述べられているのは、177条を第三者の信頼保護と切り離すということではなく、個別的善意・悪意を問題としないということにおいて、信頼の抽象的・定型的取り扱いを徹底した形で行なうことが、「公示法」の理想を達成するために必要なのだということにほかならない。おそらく、そのような選択がなされるについては、当事者間の衡平に留意することよりも、不動産登記簿を中心とした取引秩序を早急に確立する必要があるという、当時における強い法政策的考慮がベクトルとして作用していたのであろう。立法前後から今日まで繰り返し行なわれてきた、「第三者」の善意要件をめぐる議論も、「不動産登記簿に対する信頼保護の抽象的・定型的な取り扱いをどこまで徹底すべきか」という観点から見なおす余地があるように思われる。

　右に見たような立法者たちの視点は、第三者制限判決として有名な大連判明治41年12月15日民録14輯1276頁にも反映されているのであるが、これに対して、177条と信頼保護法理との関連性を切断し、同規定は公示方法を備えることを条件として物権を付与せしめることを定めたものだと強力に論じられたのは、鳩山秀夫博士である(82)。その流れは、やがて、「自由競争の保持」という理念によって補強され、積極的に悪意者であっても保護するのがその趣旨だと解されるようになる(83)。177条と信頼保護法理との関連性を否定するのが通説となり、結果的に、同規定をめぐってわが国独自の「対抗」法理が構築されたのである。しかし、学説史の展望として注意すべきことは、第一に、鳩山博士の所説が、立法者意思に即して規定の意味内容を明らかにしようとしたものではなく、登記効力要件主義と公信力とを柱とするドイツ法的システムに近づき、「不動産に関する一切の法律関係を登記簿により明瞭ならしむる」という「不動産登記法の理想」に接近する道として、登記を物権取得要件として構成しようとする法政策的意図にもとづいた解釈論であったということである(84)。第二に、通説的立場においても、177条の信

---

(82) 鳩山・前掲注 (55) 53頁以下。
(83) このような経緯については、たとえば、鎌田薫「対抗問題と第三者」星野ほか編『民法講座　2』(有斐閣　1984年) 71頁以下、松岡・前掲注 (41)「二重譲渡紛争について (一)」参照。
(84) 鳩山・前掲注 (55) 57頁以下参照。鳩山説のこのような特長については、我妻博

頼保護規定性は折りに触れて指摘されており、その中には、単に実際上の機能面だけの指摘にとどまらないものも含まれているということである。たとえば、我妻博士の所説においても、登記制度が「個々の取引保護」の制度であることが認められ、善意・悪意を問わないのは、それが実際には不確実であること、および、登記後に悪意を主張しうるとすると不動産取引は不安になることによるのだとされている[85]。あるいは、先に法定制度説として取り上げた鈴木教授の見解においても、第三者の信頼保護が177条を構成している実質的要因の一つとされていることは、すでに述べたとおりである（四4(1)参照）。登記を要する物権変動の範囲の問題に関して、94条2項の類推適用という形で、「対抗」問題の信頼保護法理的処理が有力に説かれていることも、その一つの現れと解してよいであろう。

(2) フランス法継受との関係

あるいは、このような消極的公示主義的構成に対しては、177条がもともとフランス法の系譜に連なるものであるのにドイツ法的概念をそこにあてはめるのは妥当ではないとの批判がありうるかもしれない。現に、近年では、同規定の対抗問題については、176条も含めて、フランス法的系譜に即してそれを分析検討するというアプローチの仕方が有力な流れとなっている。たとえば、星野教授は、従来のさまざまな法律構成の試みに対して、「これはフランス民法式の制度ですから、フランス式にあまり複雑なドグマティークをしないですませれば足り、二重譲渡の説明などはドイツ式のドグマティークで、両条の沿革にふさわしくない感じです」と指摘されている[86]。このような観点からは、本稿のようにドイツ法的な消極的公示主義をあてはめようとする試みも、従来の議論を一層錯綜させるだけで不要であるということになるかもしれない。本稿の冒頭で述べたように、きわめてドグマティッシュなこの「対抗」問題に対しては、その実際上の意義のみならず、問題の成立自体に対して、それを批判する余地が十分にあるのである。

士がすでに指摘されているところである。我妻栄「不動産物権変動における公示の原則の動揺」『民法研究Ⅲ』（有斐閣　1966年）（初出は、法学協会雑誌57巻1号（1939年））。
(85)　我妻・前掲注（23）101頁、同・前掲注（84）76頁。
(86)　星野・前掲注（3）149頁。

しかしながら、私は、一見無益にも見える従来の法律構成の試みは、フランス法とドイツ法双方の要素を混在させたうえで成立したという系譜を持つ日本民法典にとって、いわば必然的もしくは宿命的な営みであったのであり、その意味で、それなりの大きな意義を持っているのではないかと考える。それは、異質なものを混在させつつ継受法として出発した日本民法典もしくは日本の民法学が、それらを固有化してゆく営みの過程で、必然的に遭遇し、経由しなければならない問題点であった。フランス法の系譜を引く規定を、物権と債権の峻別体系のもとで、ドイツ法的ドグマティークによって分析するという試みは、フランス法を採るかドイツ法を採るかという問題としてではなく、そのような固有化の努力として認識すべきであろう。たしかに、177条は本来、ドグマティークにはなじまないものかもしれない。しかし、そのようなドグマティークを求めているのは、177条ではなく、主としてドイツ法の系譜に沿ってその体系が構成されている日本民法典なのであり、また、ドイツ民法学の強い影響力のもとに進展してきたわが国の民法学なのである。そこに、この「屁理屈」的ともいうべき対抗問題の「真意」があり、根の深さがあるように思われる。そのような、いわば生理的な欲求にとって、フランス法系の規定だからフランス法流に理解すればよい、という解答は、満足を与えてくれるであろうか。むしろ、あえてドイツ法的にこれを説明するほうが、そのような欲求により多く答えうるのではあるまいか。本稿が、消極的公示主義というドイツ法的概念を持ち出したのは、そのような認識にもとづいている。「ドイツ法的ドグマティークを求めるとすれば、この辺りに落ち着くほかないであろう」ということである。たとえ系譜の異なる法文化であっても、同一の法現象を、より明確かつ厳密に説明しうるものであれば、それを法律構成の中に取り入れることは許されてよいのではあるまいか。

2　その問題点——善意要件不在の問題——
(1) 善意要件の不可欠性？

消極的公示主義構成にとって最大の問題点は、177条が善意を構成要件化しておらず、また、それが立法者意思でもあったという事実と、信頼保護的

構成との関係をどのように考えるべきかという点にある。

すでに見たように、ドイツ法における消極的公示主義規定においては、帰責事由は完全に公示に優越されており、保護事由（善意もしくは善意無過失）についても、程度の差こそあれ公示の優越現象を認めうるのであるが、そこでは、なお、なんらかの形で第三者もしくは相手方の善意・悪意が問われており、それをまったく問題としないわけではない。また、善意・悪意が構成要件化されているか否かを以て、信頼保護もしくはレヒツシャイン責任の規定か否かの判断基準とするというのが、ドイツの伝統的な通説である。すなわち、善意（Gutgläubigkeit）あるがゆえに、例外的に実質的法律関係が破られ、信頼の内容に応じた法的効果の発生が認められるのであり、真正権利者側の帰責事由がその帰責可能性（Zurechenbarkeit）を担保すべき要件であるとすれば、善意要件は、保護されるべき側の保護価値性（Schutzwürdigkeit）を担保すべき要件として不可欠のものだということである[87]。したがって、たとえ取引の安全保護を趣旨として実質的な権利関係を破る権利変動を認める法規定であっても、善意を要件としていないもの（たとえば、409条BGBや5条HGB）は、信頼保護規定ではないとされる（いわゆる絶対的取引保護 der absolute Verkehrsschutz）[88]。このように、善意要件を信頼保護制度の不

---

[87] Larenz 前掲注（62）S.621, Westermann 前掲注（62）S.1, Canaris 前掲注（63）S.1, Heinz Hübner, Allgemeiner Teil des bürgerliches Gesetzbuches (1985) S.260 など。今日の善意者保護制度の一方の沿源である、ローマ法の bona fides 保護制度は、こうした善意要件中心の構成に対する歴史的な素材たりうるものである。ドイツ私法学において善意論が活発に行なわれたのは、19世紀におけるいわゆるパンデクテン法学においてであるが、そこでは、衡平の観点からする例外的な錯誤者保護および善意者保護の問題として信頼保護が論じられた（その点をめぐる議論については、無過失要件に限定してではあるが、拙稿「信頼保護における無過失要件の検討――ドイツ民法成立期の論争を手がかりに――」民商法雑誌81巻5号（1980年）619頁以下参照）。他方、ドイツの公示制度は、ゲルマン法的ゲヴェーレの権利表象機能と深くかかわっているが、ゲヴェーレの権利表象機能は、個々具体的な信頼もしくは善意者保護という側面よりも、社会的団体的な信頼保護に比重が置かれたものであった（ゲルマン法的外形主義）。そこでは、個別的善意悪意の有無に関係なく、一般的に認識しえたか否かという観点から保護の認否が決定された。ローマ法継受によって善意（bona fides）要件が導入されてからも、保護価値性については、客観的事実にもとづく蓋然性によって形式的に判断するという方法が後々まで受け継がれている。

[88] Larenz 前掲注（62）S.621, Westermann 前掲注（62）S.1, Hübner 前掲注（87）S.260, Canaris 前掲注（62）S.1, Dieter Bruggemann, StaubGroß komm.4.Aufl. (1983) §5, RdNr.1ff., Volker Emmerich, HeymannKomm.Bd.1 (1989) §5Rdr.1, Schmidt 前掲注（62）S.219f. Hildebrandt 前掲注（62）§5, Rdnr.1, 8ff. 参照。

可欠の要件と解することは、おそらくわが国における伝統的通説とも一致するものであろう[89]。このことに照らすならば、わが国の民法177条は、制度趣旨として取引の安全保護をはかったものであるとしても——公信力説のように善意要件を解釈によって設定するならばともかく——、第三者の善意が要件とされていない以上、それを信頼保護法理によって構成すべきではないという帰結にならざるをえないかもしれない。

(2) 公示方法に対する信頼保護の特殊性

しかし、形式的に善意要件の有無のみによって信頼保護規定か否かを区別することは、公示方法に対する信頼保護に関しても妥当性を保ちうるであろうか。

善意要件を信頼保護制度のメルクマールとするというドイツにおける通説は、実定法優先主義を意味するものであり、かつての、きわめて広範な適用領域を予定していた古典的レヒツシャイン理論に対するアンチテーゼとして、それなりの解釈論上の意味を持っている[90]。また、善意要件が、信頼保護制度の最も基本的かつ本質的な要件の一つであることも疑いのないところである。ただ、公示方法に対する信頼保護においては、必ずしもその原則が貫徹されない特殊性を認めうるのではないかと思われる。

まず、このような形式的基準を消極的公示主義規定にあてはめるならば、次のような矛盾が発現せざるをえない。第一に、善意・悪意要件の有無以外には規定の趣旨目的や構造を共通にしていると見られる複数の規定が、一方は信頼保護規定であり、他方はそうではないとされる結果となる。たとえば、15条1項HGBに対応すべき日本商法典12条は（信頼保護規定としての）消極的公示主義規定であるが、法人登記簿に関する45条2項および68BGB条に対応すべき日本民法典の46条2項や、夫婦財産制登記簿に関する1412条BGBに対応すべき日本民法典756条および759条は、善意要件が規定されていないがゆえに、消極的公示主義規定とは異質なものであるということにな

---

[89] たとえば、信頼保護の一般的要件としてこれを明言するものとして、鳩山秀夫「法律生活の静的安全及び動的安全の調節を論ず」『債権法における信義誠実の原則』31頁以下（初出、『穂積先生還暦記念祝賀論文集』1915年）、岡川健二「私法におけるRechtsschein法理の展開」法政研究4巻2号（1934年）51頁以下参照。

[90] このような経緯については、拙稿・前掲注(40)「帰責の原理（五）」参照。

る。このような区別は、いかにも不自然である。第二に、多くの消極的公示主義規定においては、すでに見たように、公示のない場合に公示の優越が認められているにとどまらず、公示のある場合にはたとえ第三者等が善意無過失であっても保護されないという形で、公示のある場合にも公示の優越現象が認められている。ドイツの通説は、その場合については、信頼保護とは関係なく、登記義務者がなすべき登記をしたことによる当然の効果を定めたものだと解している。しかし、公示があったかなかったかに応じて、なかった場合には公示の不在に対する信頼保護を認めたものであり、あった場合には信頼保護とは関係なく登記をなすべき者がそれを果たしたことの効果にすぎない、と解することは、同一の条文の解釈として整合性に欠けると言わざるをえない。第三に、公示のない場合について説かれている抽象的・定型的な信頼概念は、その論理的帰結として、公示のある場合には、抽象的・定型的に信頼なし（定型的・抽象的悪意）という帰結になるべきであろう。公示のある場合にかぎって、そのような定型的・抽象的信頼保護の考え方が排除されるというのは、理論的に首尾一貫性を欠いている。これと類似の関係は、帰責可能性に関しても指摘できる。すなわち、すでに見たように、多くの学説は、消極的公示主義において具体的な帰責可能性の有無が問われていないことについて、それが帰責の観点との無縁性を意味するのではなく、登記をしなかったということ自体の中に帰責可能性を満たす要因が存在しており、それは危険主義的な見地から正当化しうるものと解している。このことは、消極的公示主義規定においては帰責事由（帰責可能性）についても公示の優越現象が認められること、言い換えれば、抽象的・定型的な帰責の取り扱いがなされるということに他ならない。したがって、正しい登記をした場合には第三者の保護が認められず、登記をしなかった場合には第三者の保護が認められるというのは、ともに、この帰責事由の抽象的・定型的取り扱いに合致しているのである。登記をしなかった場合についてのみ右のような信頼保護おける帰責事由の抽象的・定型的取り扱いを説き、登記をした場合には、そのような帰責の観点を排除する――信頼保護ではないと解する――という態度は、やはり、首尾一貫していないと言わざるをえないのである。従来の通説的説明に含まれているこのような問題点に照らすと、公示方法に対する

信頼保護においては、保護事由・帰責事由の双方に関して、抽象的・定型的な取り扱いがなされるということを、むしろ出発点とすべきであって、善意要件の不在は、必ずしもその信頼保護規定性を害なわないものと解すべきではないかと思われる。具体的な善意・悪意を問うことは、衡平の観点もしくは法政策的観点から、その定型的・抽象的取り扱いを修正する必要がある場合になされるものであり、制度趣旨もしくは法的メカニズムの根本に関わるものではないということである。

このような試論を支えるべき積極的要因として、私は、先に、公示方法の規範的性格を指摘した。すなわち、公示に対する信頼保護において、抽象的・定型的善意が保護価値性を満たし、また、抽象的定型的帰責が帰責可能性を満たしうるのは、外観としての公示方法が規範的性格を持っているからだということである。それは、具体的衡平に対する制度的規範の優越を意味しており、当事者の主観は「あるべき」主観として公示の有無に即して判断されることになる。そこでは、実際上、保護事由もしくは帰責事由の擬制が行なわれていることになるが、外観に対する信頼保護というワク組自体はなお保持されている。実質的観点からは、そこにはなお、信頼の客観的基礎たりうる外観としての登記と、それに対する第三者の信頼と、そのような外観の作出・存続に対する帰責という、信頼保護制度に共通の基本的要因を認めることができるのである。以上のような理由にもとづいて、私は、民法177条は、消極的公示主義規定として信頼保護制度の一環に位置づけることが可能であり、また、そうすべきではないかと考えている[91]。

---

(91) あくまで従来の通説の採る形式的な基準にしたがうならば、民法177条は、信頼保護法理としての消極的公示主義に非常に近いけれども、それとは異なるものと言わざるをえず、したがって、「対抗」問題に関する実質的整合性論としては、法定構成に帰着せざるをえないということになろう。最終的には、それは「言葉の問題」ということになるかもしれない。私の見解は、信頼保護という概念を、善意・悪意の有無という形式的基準によってではなく、〈外観・信頼・帰責〉という要素によって構築され、外観に即した法律効果を認めるという特長を、実質的に認めうるか否かによって定めようとするものである。

八　おわりに

1　本稿は、従来の177条における「対抗」の法律構成をめぐる議論には、対抗規定（「対抗スルコトヲ得ス」という形で権利関係の主張を封じる規定）のメカニズム論（「形式的整合性論」）と、そのような対抗規定を介して生じるべき法律関係の性質論（「実質的整合性論」）とが混在しているという認識にもとづいて、双方の要素を混同することなく、しかも、相互に矛盾のないような立論をする必要があるのではないか、という問題意識を基点として論を進めた（二　形式的整合性と実質的整合性）。

そのような観点にもとづいて従来の学説を整理すると、まず、形式的整合性に重点を置くいくつかの諸説を抽出することができる。しかし、それらはいずれも、対抗のメカニズム論として徹底しているわけではなく、「対抗スルコトヲ得ス」という取り扱いが実質的権利関係に合致していることの説明として、対抗のメカニズムを説いている。しかしながら、「対抗スルコトヲ得ス」とされることは、それ自体の中に、すでに、実質的権利関係に相当する物権の得喪変更の効力を第三者が否定し、その不在を前提とした法律関係の存在を主張しうることを含んでいるのであるから、それを実質的権利関係の次元に――たとえば「不完全な物権変動」とか権利関係の巻き戻しという形で――ひき直して説明することは不要であり、そのような対抗規定の持つ消極面と積極面とを、そのまま独自の対抗のメカニズムとして認めれば足りるであろう、また、そのような対抗のメカニズムは、すべての対抗規定に共通して認められるものであって、その点に関して、177条独自のメカニズム論を展開する必要は存しないのではないか、というのが、形式的整合性論の結論である。（「三　形式的整合性の問題」）。

しかしながら、これはあくまで形式的整合性の問題に対する解答にすぎない。そこにはなお、そのような対抗のメカニズムを介して認められる法律関係を、いかに民法体系の中に位置づけるべきか、どのような法原理にもとづくものとして構成すべきかという、実質的整合性の問題が残っている。この点に関する従来の諸を、本稿では、①真の法律関係にもとづいてそれに即して生じるものであると構成する「真の法律関係合致構成」（債権説、不完全

物権変動説などを包含する物権変動不完全論、物権の観念化説）、②「Nemo plus juris ……」原則を破るもので信頼保護法理によるものであるとする「信頼保護構成」（公信力説、94条2項類推適用説）、③登記を怠った者から権利を奪うものであるとする「権利喪失構成」（権利喪失説）、④既存のいずれの法原理にも適さない、177条自体によってはじめて認められる独自のものであるとする「法定構成」（法律構成放棄説、法定失権・法定取得説、擬制説）に分類し、その各々について検討した。その際には、形式的整合性論から導かれた三つの指針、すなわち、「法律関係と対抗関係の分離」、「既存の法律関係からの切断」、「新たな法律関係発生の反射的性格」を重要な目安とした。その結果、従来の公信力説の説く積極的信頼保護構成とは異なった信頼保護構成の可能性を探ってみる余地が残されているのではないかという結論に達した（「四　従来の実質的整合性論」）。

　次いで、対抗要件主義と信頼保護法理とがどのような形で関連性を有するのかについて分析した。登記制度が登記に依拠してなされた取引を保護する制度である以上、公示の原則は本質的に信頼保護的要素を含んでいる。そして、その信頼保護は、第一次的には、物権が変動したならばそれを公示しなければ不利益を被るということのコロラリーとして、「登記に現われていない物権変動は無視できる」という形として認められる。このような信頼保護すなわち消極的信頼保護は、形式主義プラス効力要件主義のもとであろうと、意思主義プラス対抗要件主義のもとであろうと共通して認められるものである。ただ、それは、意思主義プラス対抗要件主義のもとではじめて信頼保護法理という法律構成と結びつきうる。公示の原則と信頼保護との関係については、すでに、「公示の原則における消極的信頼保護」という形でわが国でもしばしば指摘されてきた。しかし、それが177条の「対抗」の法律構成の中に生かされることはなかったし、また、それが、信頼保護法理の一環をなすものだとの認識も薄かった。しかし、そのような消極的信頼保護こそが、177条の「対抗」の法律構成として妥当しうるのではないか、というのが、そこでの帰結である。（「五　公示の原則と信頼保護法理」）

　次に本稿では、ドイツにおける消極的公示主義（das negative Publizitäts-prinzip）の内容を整理紹介し、それが信頼保護法理の一環として位置づけら

れていること、その要件・効果の点で、177条と高度の類似性を持っていることを論じた。特に、そこでは、保護事由に関しても帰責事由に関しても、具体的実際的な取り扱いに対して登記の有無による画一的な取り扱いが優先するという現象（公示の優越現象）が認められることを指摘し、それをめぐるドイツの議論を紹介した。公示の優越現象は、結局、外観としての公示方法の規範的性格によって根拠づけるべきものであり、善意要件を置かないことは、むしろ消極的公示主義の理念型もしくは原型と考えうるのではないかというのが、そこでの結論である。（「六　ドイツ法における消極的公示主義と信頼保護法理」）

　問題は、このような構成が、立法者意思に反していないか、フランス法の系譜を引く177条の解釈論として不適合ではないか、また、まったく善意・悪意を要件としていない場合にもなお消極的信頼保護という構成が可能であるかという点である。第一点に関しては、従来しばしば指摘されてきたのとは異なり、起草者においては、177条の信頼保護的性質は十分認識されていたのであり、むしろ、同条は不動産登記という人為的な外形に対する抽象的・定型的信頼保護を徹底したものとして生まれたことが認められる。また、第二点に関しては、この問題自体ドイツ法的なドグマティークにこだわったものであるが、それは、フランス法系とドイツ法系の規定を混在させているわが民法典が、継受法として固有化してゆく過程において必然的に遭遇しなければならなかった課題であり、ドイツ法的な観点からそれを「詰めてゆく」ということが、むしろ、この問題の性格に適合しているのではないかと思われる。第三に、善意要件の有無のみで形式的に信頼保護制度か否かを判断することは、公示方法に対する信頼保護においては、従来のドイツ法の議論としても大きな矛盾に遭遇せざるをえないのであって、信頼の客観的基礎たりうる外観と、それに対する信頼および真正権利者側の帰責可能性という三つの要素が、当該制度のメカニズムを支える実質的要因として認められるかぎりは、それを信頼保護制度の一環として位置づけるべきではないか。177条にもそれは妥当するであろう。以上が、本稿の論旨の展望とその到達点である（「七　実質的整合性論としての消極的公示主義説の適合性」）。

　2　このような消極的公示主義説は、それが信頼保護構成であるという点

で、公信力説と共通している。ただ、従来の公信力説は、その信頼保護の形態として、第二譲受人の権利取得を、「公信」の原則によるものと構成してきた。その説くところを見るかぎりにおいて、消極的信頼保護構成ではなく、動産善意取得と同様の積極的信頼保護を説くものであると理解せざるをえない。あるいは、積極・消極という区別に留意することなく、漠然と、「外観法理」の適用を説いてきたと見る余地もある。もしもそうであるとすれば、本稿で試みた消極的公示主義構成は、従来の公信力説を、より厳密な形で再構成したものとして位置づけることができるであろう。ただ、公信力説が、「外観法理」による法律構成と、第三者の善意（無過失）要件の必要性とを結びつけるという点で具体的な解釈問題へのインパクトを持っているのに対して、消極的公示主義構成では、その関係を一度切断することになり、この解釈問題に対する直接のインパクトは失うことになる。

　本稿で展開したのは、177条の「対抗問題」の法律構成である。この問題が、ドグマティークに偏った問題であることを認識したうえで、その問いかけに正面から答えようとしたものである。本稿の内容はほとんどその点の追求に終始しているといえよう。したがって、それは、この問題がいかなる実際上の意義を持つのかについての評価とは直接は結びついていない。また、たとえば、わが国で登記の公信力（つまり積極的公示主義）を認めるべきか否かという問題や、94条2項の類推適用をどこまで認めるべきかという問題に関わるものではないし、右に触れたように、解釈論として177条の第三者の善意もしくは無過失を要件とすべきか否かという問題についても、その直接の判断基準となるものではない。たしかに、抽象的・定型的な消極的信頼保護という構成は、同規定が具体的な善意・悪意を問題とするものではないという認識に基づいたものであり、それはまた、そのような取り扱いの根拠たりうるであろう。しかしながら、公示の優越現象を徹底したこのような取り扱いを今日維持すべきか否かについては、改めて論じる必要がある。定型的・画一的な取り扱いは、具体的妥当性の要請としばしば相容れないものであり、現に、消極的公示主義規定においても、多くの場合、なんらかの形で善意を要件としている。また、抽象的・定型的取り扱いが、次第に要件論を通じて具体的な取り扱いに変化して行くことは、多くの法制度に認められる

現象である。たとえば、動産即時取得制度についてみても、ゲルマン法における ハント・ヴァーレ・ハント（Hand wahre Hand）原則においては、長い間、取得者側の善意要件は現われなかった。占有離脱物に対する返還請求は、「盗む」ということが法的平和を破壊する事柄であることや、あるいは、盗まれた者があげる「叫び」の公示力に求められていたのである。あるいは、前主の権限を保障するのは、それが公の市場で売られたり、官吏の手を介して売られるという事実であった。その後、ローマ法的所有権観念とともに善意（bona fides）・悪意（mala fides）の考え方が導入され、公示たりうる外形を信じて取引をしたならば所有権を取得しうるという現在の形に変化し、その後も、取得者側の保護価値性を客観的要件で担保するという取り扱いが残存したが、それもやがて、善意および無過失という要件へと集約されることになったのである[92]。まったく善意・悪意を問題としないという取り扱いは、信頼保護構成としても——たとえそれが消極的信頼保護という形でのみ取引の安全に資するという限定性を有していても——何らかの強い法政策的ベクトルに支えられて初めて存続しうる「不安定」なものであり、それは、たとえば悪意者排除という形で修正補充されて、はじめて安定しうるものであるかも知れない。わが国の今日の不動産登記簿についても、その定型的・画一的取り扱いが衡平に反するような結果をもたらす場合には、解釈によってそのような第三者の保護を否定する必要があるであろうし、さら

---

[92] このようなハント・ヴァーレ・ハント原則の変遷については、たとえば、Ulrich-von Lübtow, Hand wahre Hand-Historische Entwicklung, Kritik und Reformvorschlag, Festschrift der Juristischen Fakultät der Freien Universität Berlin zum 41.Deutschen Juristentag in Berlin, S.119ff. に詳しい。また、代表的な古典的レヒツシャイン論者の一人であるネーンドルップ（Hubert Naendrup）は、ハント・ヴァーレ・ハント原則はもともと信頼保護の制度であったと解し、善意要件が課せられていなかった点については、「法協同体（die Rechtsgemeinschaft）のために存する、占有者の善意の蓋然性」すなわち、「法協同体のために存する抽象的な法的蓋然性（abstrakte Rechtswahrscheinlichkeit）」が存したためであり、「その蓋然性はきわめて強いものであるので、法協同体すなわち法規定は、その蓋然性に訴訟以前の確定力（Rechtskraft）を与え、裁判官に対して、第三者の善意を認めるという反証を許さない法律上の推定（praesmtio juris et de jure）を課したのである」と述べている。そして、今日の法によればその蓋然性を争うことは容易ならぬことではないけれども、当時は、その蓋然性を争うことはそれを明確に立証するということが不可能であるとされたのだとされる。Hubert Naendrup, Rechtsscheinforschungen Heft 2, Die Gewere-Theorien, 1910, S.83f.。

に、原則的に悪意者排除と解することも、十分考慮する余地があるであろう。

　このように、本稿は、あえて抽象的理論的な考察に的を絞ったものであるが、次のような形で、177条の具体的な解釈論に対しても一定の方向づけを与えることになる。第一は、「登記がなければ対抗できない第三者の範囲」について、いわゆる制限説を根拠づけ、「登記されなかった既存の法律関係の不在に依拠すべき法的地位にある者」という観点から、「第三者」の範囲を画することになるということである。第二は、「登記がなければ対抗しえない物権変動」の問題は、信頼保護における帰責事由の抽象的・定型的な取り扱いの修正の問題として位置づけられるということである。川井健教授の指摘される「対抗要件の中へ正当性の考慮を導入する」[93]ことは、消極的公示主義説のもとでは、このように、第三者側の保護事由と真正権利者（二重譲渡においては第一譲受人）側の帰責事由、および、動的安全と静的安全との調和に関する政策的判断という、三つを軸として展開されることになる。これらの諸点の具体的な考察は、稿を改めて行なうことになるであろう。

---

(93) 川井健「不動産物権変動における公示と公信」『我妻栄先生追悼論文集　私法学の新たな展開』（1975年）305頁。

Ⅱ 公示方法に対する消極的信頼保護法理の分析
――民法第177条の対抗問題とドイツ法の
消極的公示主義規定――

一 はじめに

　民法第177条の「対抗スルコトヲ得ス」の法律構成をめぐっては、周知のように、すでに多くの議論が積み重ねられてきた。近年では、そのような法律構成の試みの持つ意味そのものを疑問視して、①本来排他性あるべき物権を取得したにもかかわらず登記をしなければそれを対抗できないとされることも、②同条の典型的適用事例とされる二重譲渡において、第一譲渡によってすでに無権利者になったはずの者から第二譲受人が重ねて所有権を取得しうることも、同条自身の認める「法定」のものと解すれば足り、それ以上複雑な法律構成をすることは必要ない、と説く、いわゆる法定説もしくは法定構成が有力に唱えられている[1]。「対抗スルコトヲ得ス」という規定形式を採る法規定（対抗規定）のメカニズムとして、たとえば権利関係の巻き戻しを想定したり、対抗関係による権利変動自体の「否認」や「制限」を想定する必要はなく、「対抗スルコトヲ得ス」とされること自体の中に、すでに、上記の①②の双方が表裏一体をなして含まれており、それは、法律関係と主張関係とを分けるという対抗規定の基本的特性から必然的に導かれる結果である、という意味では、この法定構成の指摘は正鵠を得ている。しかし、それは、「対抗スルコトヲ得ス」ということが規定のメカニズムとしていかなる内容を有しているのかという問題（形式的整合性の問題）に対する解答で

---

[1] その典型は、鈴木禄弥教授の見解である。同教授によれば、177条を構成すべき実質的要因には、登記を怠っていたという事情、登記の促進という法政策的要請、第三者の信頼保護（取引安全の保障）があり、「対抗」問題については、177条は、そのような趣旨にもとづいて、登記を備えなければ他方に自己の権利を主張しえず、また、登記を先にした者が物権を取得したものとみなされるという法定の制度であると理解すれば足りる、とされるのである。鈴木禄弥「民法177条の『対抗スルコトヲ得ス』の意味」『物権法の研究』（1976年）239頁（初出、『民法基本問題一五〇講Ⅰ』（1966年））、同『物権法講義〈三版〉』（1985年）242頁。

はありえても、そのような対抗規定を介して実現される法律関係をわが国の民法体系上いかに位置づけるべきかという問題（実質的整合性の問題）に対する解答とはなりえない。従来のわが国の諸説は、この二つを明確に区別することなく展開されており、それが、わが国の物権変動論をかくも難解なものとしてしまった一つの大きな原因ではないかと思われる。

　さて、そのような実質的整合性に関しては、従来、それは、(a)真の法律関係に依拠しそれにもとづいて生じる法律関係であるとする立場（真の法律関係合致構成：物権変動不完全論や物権の観念化説、対抗規定のメカニズムからアプローチする否認権説や反対事実主張説、反対事実出現説および法規否認説)、(b)真の法律関係からは導かれえない法律関係であり、それを根拠づけるのは信頼保護法理であるとする立場（信頼保護構成：いわゆる公信力説や94条2項類推適用説)、(c)信頼保護とは逆に、登記を怠った者の権利喪失の制度であるとする立場（権利喪失構成)、(d)真の法律関係からは導かれえない法律関係であるが、それは信頼保護法理などの既存の法原理にはあてはまるものではなく、「法定」のものとする以外ないとする立場（法定構成：法定取得・法定失権説、擬制説）などが説かれてきた。

　この中で、(a)は、対抗規定のメカニズムすなわち右に触れた形式的整合性論に照らして致命的な問題点を持っている。すなわち、対抗規定を介して生じる法律関係については、既存の法律関係の不存在を前提とした別の法律関係の発生として構成せざるをえないし、また、すでに触れたように、対抗規定のメカニズムとして法律関係の巻き戻しや制限を説く必要はないからである。たしかに、177条を介して「第三者」（たとえば第二譲受人）は、前主からその権限にもとづいて承継取得したように取り扱われるが、それは、真の法律関係に合致した権利変動というプロセスがそこで生じるということとは区別しなければならない。また、(c)は、条文の体裁や形式的整合性から導かれる指針には合致しているが、「対抗スルコトヲ得ス」という権利喪失者側からの規定形式は、決して信頼保護構成と相容れないものではないし、また、その権利喪失はそれと裏腹に権利取得を含んでおり、実質的整合性論としてはその双方を包摂した構成が必要であろう。結局、残るのは、(b)の信頼保護構成か(d)の法定構成ということになる。この両者に関しては、ま

ず、信頼保護構成の可能性を検討すべきであって、それが否定され、他に適合的な法原理が残されていない場合に、初めて法定構成が採られる、という順序を踏むべきであろう。

さて、従来の信頼保護構成の代表的なものは、公信力説である。この見解に対しては、次のような批判が向けられている。①わが国では不動産登記簿に公信力なしという原則との矛盾。②動産に関する192条に対応すべき規定の不在。③177条における善意要件の不在。これに対して、公信力説側からは、公信力（登記への信頼を保護する不動産善意取得）を認めなければ二重譲渡の問題場面は発生しえないのであるから、177条自体がそのような構成の根拠たりうること、また、当事者間の衡平を考慮すれば、規定の文言にかかわらず解釈によって第三者の善意（無過失）を要件とすべきであること、登記をしなかった側の帰責事由を考慮する点で取引の安全偏重という弊害は回避しうること、などの反論がなされている。かくして、実質的整合性に関しては、〈「第三者」（第二譲受人）の権利取得は無権利者からの取得と構成せざるをえない→それは信頼保護法理にもとづく善意取得である→登記の公信力を認めるという帰結にならざるをえない〉という公信力説の立場と、〈わが国では登記には公信力は認められていない→「第三者」（第二譲受人）の権利取得は善意取得ではない→それは信頼保護法理とは関係のない別の法律構成によるものである〉とする多数説の立場とが、大きく対立することになる(2)。

しかし、このような従来の理論状況には、次のような重大な問題点がある。つまり、そこでは、信頼保護法理による権利取得＝善意取得（公信力制度）という図式が前提とされており、それ以外の信頼保護構成の可能性が見逃されているということである。信頼保護法理の態様は多様である。「外形どおりの実体がある」との信頼に対してストレートにその信頼どおりの効果を認めるというのが、その典型的なものであるが、それとは異なり、「外形に現われていない法律関係は存在しない」との信頼を保護し、その不存在を

---

(2) これらの諸説の分類や個別的検討については、拙稿「民法第177条の『対抗』問題における形式的整合性と実質的整合性—消極的公示主義構成の試み—（一）、（二）」民商法雑誌101巻1，2号（1990年）参照。

前提とした法律効果を認めるという形の信頼保護も、やはり信頼保護の一態様である。いわゆる消極的信頼保護である。これを当てはめることができれば、従来の法律構成とは別に、第三の可能性として、〈「第三者」（第二譲受人）の権利取得は無権利者からの取得と構成せざるをえない→それは信頼保護法理の一環をなす消極的信頼保護による取得である〉という法律構成の可能性が浮上してくるであろう。

　わが国のいわゆる「公信の原則」が積極的な信頼保護をその内容としているのに対して公示の原則においてはこのような消極的信頼保護が認められるということについては、たとえば舟橋博士によってすでに従来から指摘されてきたところであるし[3]、多くの学説もそれを認めてきた[4]。しかし、従来は、そのような認識が177条の「対抗」の法律構成に導入されることはなかった。それは、「対抗」問題と信頼保護の問題とを異質なものと解する従来の多数説よりすれば当然な帰結でもあろう。しかし、信頼保護構成（従来の公信力説）にとっては、このような構成の可能性を等閑視してきたことはある意味で大きな「手落ち」ではなかったかと思われる。もっとも、従来、消極的信頼保護構成が説かれることがなかった要因として、次の諸点を指摘することができるであろう。①従来のわが国では、そのような消極的信頼保護というものが信頼保護法理の一環を構成しているという認識が欠けており、登記への信頼保護というと「公信」のみを想起し「公示」は信頼保護法理とは異質なものだと考えられてきたこと。②先に述べたように、わが国では177条の「対抗」問題に関して、形式的整合性の問題と実質的整合性の問題とが明確に区別されることなく論じられており、公示の原則と消極的信頼保護との関連性を認める諸説においても、実質的整合性論としての消極的信頼保護構成の可能性・必要性が十分認識されていなかったこと。③従来のわが国では、公示方法特に公簿に対する信頼保護の法理として「消極的公示主

---

　[3]　舟橋諄一『物権法』（有斐閣　1960年）63頁以下。
　[4]　たとえば、我妻栄『物権法』（岩波書店　1952）38頁、鈴木・前掲注[1]「物権法講義」86頁、原島重義『民法（2）物権〈三版〉』（有斐閣　1987年）36頁。このような位置づけに対して批判的な立場として、たとえば、広中俊雄『物権法〈二版〉』（青林書院新社　1982年）45頁注[3]、星野英一「物権変動における『対抗』問題と『公信』問題」『民法論集第六巻』（有斐閣　1986年）137頁（初出、法学教室38号（1983年）。

義」・「積極的公示主義」というふた通りがあるという分類が浸透しておらず、それらの用語については、商業登記簿の効力に関して、旧来の理解が説かれているにとどまっていること。④177条が第三者の善意・悪意を問題としていないという事実が、同条を信頼保護規定として構成しえない決定的な要因と考えられてきたこと。

　本稿は、そのような従来のわが国における「常識」に対するアンチテーゼを、ドイツ法の消極的公示主義を素材として明らかにしようと試みたものである。したがって、その帰結としては、177条の「対抗」を信頼保護法理としての消極的信頼保護法理によって構成することが企図されている。そのような全体の筋道に関しては、すでに別稿で論じたところであるが[5]、紙数の制約もあり、ドイツ法の消極的公示主義については必ずしも十分な紹介・検討を果たすことができなかった。消極的信頼保護による構成にとっては、このプロセスがきわめて重要な要素であると思われるので、改めて、その詳論を試みたのが本稿である。

二　消極的公示主義の意味と消極的公示主義規定

1　「公示」と「公信」

　今日のドイツ法では、特に公簿に関して、公示内容と実質的権利関係とがくいちがっている場合に、公示に対する信頼を保護し公示内容に即した権利関係の形成を認めるべきであるとする原則を、公示性原則もしくは公示主義（Publizitätsprinzip）と称し、これを、積極的公示主義（Prinzip der positive Publizität）と消極的公示主義（Prinzip der negativer Publizität）とに二分することが、一般的に行われている。公示方法の嚮性に即して、積極的公示性（die positive Publizität）・消極的公示性（die negative Publizität）とも表現される。前者は、公示がなされた場合にはそれに対応する権利関係が存在していなくても、公示内容に即した権利関係があるとの信頼を保護すべきであるとするものであり、これに対して、後者は、権利関係が変化しても、それに

---

[5]　拙稿・前掲注（2）参照。

公示が伴わないかぎりはそのような変化はないとの信頼を保護すべきであるとするものである。いずれも、取引保護もしくは広い意味での信頼保護の観点から、実質的権利関係ではなく公示という外観に即した権利変動のメカニズムを認める、「外観優越法理」もしくは「レヒツシャイン責任」の一環をなすものであるが、前者においては、公示の「述べるところ（Reden）」にはそれに対応した事実があるとの信頼が保護されるのに対して、後者においては、公示の「沈黙（Schweigen）」しているところには何も生じていないとの信頼が保護されるという点で、「積極」「消極」という対応関係が認められるのである[6]。

　消極的公示主義および積極的公示主義という概念は、ドイツ法ではさまざまな意味に用いられており、かつては、この区別は、ある事実を公示をしなかった場合にはその事実を他人に主張しえないということと、ある事実を公示した場合にはその事実を他人に主張しうるということに対応する（商業登記簿においては、それぞれ、15条1項、2項HGBに該当する）ものと説かれていた[7]。従来のわが国の通説的理解もそれに倣ったものである。すなわち、商法12条に関して、消極的公示主義とは、登記および公告をしなければその事実を善意の第三者に対して主張することができないことであり、積極的公示主義とは、登記をすれば悪意のみならず善意の第三者に対しても主張しうるということである、というのが、わが国商法学のいわば通説的理解とされてきた。しかし、ドイツの通説は、単に公示をすること（Öffentlichkeit）の

---

(6) Uwe Hüffer, Staub Grosskomm. 1.Lieferung, 4 Aufl. (1983) §15 RdNr.6ff., Karl-Hermann Capelle/Claus-Wilhelm Canaris, Handelsrecht §5 I, 1, a), Wolfgang Hildebrandt, SchlegelbergerKomm. 1Bd.5Aufl. (1973) §15 RdNr. 5,7, Jochen Axer, Abstrakte Kausalitat—ein Grundsatz des Handelsrechts? (1986), S.84f., Dieter Medicus, Bürgerliches Recht, 14Aufl. (1989) Rdnr. 105ff., Karsten Schmidt, Handelsrecht 2Aufl. (1982) S.299ff., Karl Larenz, Allgemeiner Teil des deutschen Bürgerlichen Rechts, 7Aufl. (1989) §10 I, Karl-Heinz Gursky, StaudingerKomm. Sachenrecht （Einleitung, §§889～893）(1986) §892 RdNr.4, Andreas Wacke, MünchenerKomm. 2Aufl. (1986) §892 RdNr.3, Hermann Eichler, Institutionen des Sachenrechts, 2Bd, 2Hbd (1960) S.375f., Harry Westermann, Die Grundlage des Gutglaubensschutzes, JuS1963,S.4 など。

(7) たとえば、Viktor Hoeniger, Düringer-Hachenburg Komm. 1Bd.3Aufl. (1930) §15 Anm.1, 14, Viktor Ehrenberg, Handbuch des gesamten Handelsrechts,Bd1, (1913) S.629ff., Müller-Erzbach, Deutsches Handelsrecht, 2/3Aufl. (1928) S.69, Jurius von Gierke, Handelsrecht und Schiffahrtsrecht, 6Aufl. (1949) S.55ff.。

効力に着目するのではなく、1項は消極的信頼保護を定めたものであり2項はその限界あるいは例外を定めたものであるとして、公示の有無と信頼保護（Vertrauensschutz）のつながりに留意した説明をしている[8]。

わが国では、伝統的に、「公示の原則」と信頼保護制度たる「公信の原則」との区別が強調され、前者と信頼保護との関係については、その関連性よりも異質性が注目されてきた。これに対して、ドイツ法では、この両者はともに、公示内容と実質的権利関係とがくいちがっている場合に、公示に対する信頼を保護し、公示内容に即した権利関係の形成を認めるべきものとする原則であり、ただ、その保護の仕方に積極・消極の相違があるものと理解されているのである。積極的公示主義というのは、わが国の物権法でいわゆる「公信の原則」に相当し、消極的公示主義というのは、いわゆる「公示の原則」に相当するということになる。両者とも登記に対する信頼保護制度の一環であるという意味では、それぞれ、「積極的公信主義」「消極的公信主義」と表現したほうがわかりやすいかもしれない[9]。ドイツ法で最も広い意味において公示の原則と言う場合には、実質的権利関係が公示されるべきであるということ、あるいは、公示が実質的権利関係に対して一定の影響力を持ち得るという原則を意味しているが（通説）、この原則は、取引関係に入ろうとする者の公示への依拠（信頼）を保護すべしという要請に基づいたものにほかならず、したがって、公示性（Publizität, Offenkündigkeit）と公信（öffentlicher Glaube）性とはもともと異質なものではないというのが、一般的理解である[10]。ドイツ法においては、公示の原則（Publizitätsprinzip）という言葉はしばしば公信の原則の意味で用いられるが[11]、それはこのよ

---

(8) したがって、日本商法典12条後段に相当する15条2項HGBを積極的公示主義規定として位置づけることは、今日ほとんど行なわれていない。このような推移については、Hüffer, 前掲注（6）Rdr.8ff. 参照。もっとも、今日でもなお、旧来の理解を保持しているものもある。たとえばJulius von Gierke/Otto Sandrock, Handels und Wirtschaftsrecht Bd.1, 9Aufl. (1975) S.147ff. 参照。

(9) たとえば、古い文献であるが、竹田省「商業登記の効力」『商法の理論と解釈』（1959年）6頁以下（初出、京都法学会雑誌5巻4号、1910年）にそのような用語が見受けられる。「公信」に相当する用語としては別に「öffentliche Glaube」があり、ドイツでも、「Publizität」は通常「Offenkündigkeit」と同義に用いられているので、本稿では、「公示性原則」の語を用いることにした。

(10) たとえば、Uwe Hüffer 前掲注（6）§15 Rdnr.7 参照。

(11) たとえば、代表的な消極的公示性規定の一つ——わが国の伝統的立場よりすれば、

うな事情によっているのである。

2 「積極」・「消極」の相違

　積極的公示性原則と消極的公示性原則の差異は、それによって実現される信頼保護の内容が、積極的であるか消極的であるかという点にある。すなわち、この区別は、具体的に当事者の主観において「どう信じたか」をそのメルクマールとするものではない。たとえば、消極的公示主義においても、当事者の主観としては、「登記簿の記載内容に即した真の権利関係がある」と信頼しているのが通常である。この区別は、そのような信頼の主観的内容ではなく、信頼保護の効果もしくはその作用の仕方に即した分類である。すなわち、前者は、「公示という外観があるところにはそれに対応した権利関係があると信じてもよい」とするものであるが、具体的には、「公示に対応した権利関係はない」との真正権利者側の主張を全般的に退けうるというのがその効果である。後者は、「公示がない場合にはそれに応じた権利変動もないものと信じてよい」ということであるが、具体的には、「公示されるにはいたらなかったが権利関係はすでに変化している」との真正権利者の主張のみを退けうるということである。このような積極的信頼保護・消極的信頼保護という区別は、公示方法に対する信頼保護にかぎらず、信頼保護制度全般に渡って認めることができる(12)。

　右に説明したところから明らかなように、信頼保護の範囲は積極的公示主義のほうが広く、それが法政策的選択を左右する重要な要因をなしている。

　　　　公信力の規定ではなく単に公示性原則を認めた規定とされるべき――である15条1項HGBと、積極的公示性規定の一つ――わが国の伝統的立場よりすれば動産占有の公信力を認めた規定とされるべき――である892条BGBに関する、ライヒ最高裁判所(RG)の次のような叙述にも示されている。「多数の公簿の中でも、特に、土地登記簿および商業登記簿は、私法上の取引に役立ちその安全性を促進すべく定められたものである。土地登記簿および商業登記簿中の記載が、あるいは相当広い範囲において、あるいは比較的狭い範囲において、いわゆる『公信力(öffentlicher Glaube)』を享受するという原則……は、このことに基づいている。」(RGZ 93, 238, 240)。
(12)　もっとも、積極的信頼保護・消極的信頼保護という概念を、このような意味としてではなく、「信頼の内容に対応した法律効果(Vertrauensentsprechung)」を請求しうる場合と、単に「信頼利益」の損害賠償のみを請求しうる場合との区別を示すものとして用いる有力説もある。Claus-Wilhelm Canaris, Die Vertrauenshaftung im deutschen Privatrecht (1971) S.5 f.

以下に見るように、ドイツ民法典は、不動産登記簿については積極的公示主義を採用しながら、法人登記簿および夫婦財産制登記簿については消極的公示主義のみを採用した。商業登記簿についても、当初は、15条1項HGBにおいて消極的公示主義のみを認めていたが、結局そのままでは取引の需要に応じることができなくなり、まず、判例・学説によって与因主義にもとづく積極的公示主義が形成され、次いで、EG指令に沿った1969年8月15日の改正によって、新たに、（厳密には登記についてではなく登記とともになされるべきものとされている公告についてであるが）積極的公示性原則を認める15条3項が新設された[13]。

3　消極的公示主義規定

周知のように、ドイツ民法典は、不動産物権変動の基本的なメカニズムとして、形式主義と効力要件主義とを採用している。登記を備えないかぎり、物権変動自体が生じない。したがって、当該契約の存在を知らないで前主にまだ物権があるものと誤信して取引をした者（たとえば第二譲受人）の保護に関して、信頼保護法理の機能する余地は存しない。その者の権利取得は、いわゆる「何人も自己の有する以上の権利を他人に移転することはできない（Nemo plus juris ad alium transferr, quam ipse habet）」という原則の枠内で認められることになるのである。それゆえ、たとえその者が悪意であったとしても、そのことはなんら権利取得の阻害要因とはなりえない[14]。したがって、ドイツ法においては、登記簿の記載に対する信頼保護は、おのずから積極的信頼保護すなわち公信力制度（892条BGB以下）としてのみ現われるこ

---

[13] このような事情から、積極的公示性原則および消極的公示性原則の概念は、ドイツでも、民法学特に物権法の領域では従来あまり触れられることなく、商法、特に商業登記簿に関する15条1項HGBに関して論じられてきた。なお、以上のような通説的理解に対して、15条3項も消極的公示主義規定であり、ただ、従来は正しい登記についてのみそれを認めていたのを誤った登記にまで広げたものだと解するものもある。たとえば、Gierke/Sandrock前掲注（8）S.146f.

[14] 悪質な第三者については、良俗違反の故意侵害行為による損害賠償義務（その原則の内容は原状回復）を定めた826条BGBを通じて権利取得が阻止されることが、判例・学説によって認められている。この点に関しては、たとえば、好美清光「Jus ad remとその発展的消滅」一橋大学研究年報法学研究3（1961年）179頁以下、松岡久和「不動産二重譲渡紛争について（二）」龍谷法学16巻4号107頁以下、磯村保「二重売買と債権侵害（二）（三）」神戸法学雑誌36巻1号、2号（1985年）参照。

とになる。
　しかしながら、ドイツ法においても、不動産登記簿以外の公簿、たとえば法人登記簿、夫婦財産制登記簿および商業登記簿等に関しては、わが国と同じく、登記簿への記載は効力要件ではなく対抗要件とされており、したがって、それらに関しては、権利関係が変動したにもかかわらず登記がそれに伴わず、旧来の登記を信頼して取引をした者の保護については「Nemo plus juris ……」原則のワクを越えたメカニズムとして構成される余地が認められることになる。ドイツ法では、それらは、信頼保護法理にもとづいた消極的公示主義規定として位置づけられている。以下、それらの規定を紹介する。

　　［法人登記簿］
　　68条 BGB：「理事会の従前の構成員と第三者との間で法律行為がなされた場合には、理事会構成員の変更が当該法律行為のなされた時までに法人登記簿に記載されていたか第三者においてこれを知っていた場合にのみ、第三者に対して理事会構成員の変更を対抗しうる。変更が登記されていた場合には、第三者がその変更を知らず、かつそれが過失によって知らなかったのではない場合には、第三者に対抗することができない」。
　　この規定には、日本民法典46条2項が対応する。
　　70条 BGB：「理事会の代理権の範囲を制限したり理事会の決議について28条1項と異なった定めをした場合には68条が準用される」。
　　この規定には、日本民法典54条が対応する。
　　［夫婦財産制登記簿］
　　1412条 BGB1項：「夫婦が法定の夫婦財産制を排除もしくは変更した場合には、当該法律行為がなされた時点においてその夫婦財産契約が住所地における区裁判所の夫婦財産制登記簿に記載されていた場合もしくは第三者がそれを知っていた場合にのみ、当該夫婦は、夫婦の一方と第三者との間でなされた法律行為に対する異議を第三者に対抗することができる。また、夫婦の一方と第三者との間に下された確定力ある判決に対する異議は、当該法的争訟が係属した時点において当該夫

婦財産契約が夫婦財産制登記簿に記載されていたか第三者がそれを知っていた場合にのみ第三者に対抗しうることができる」。同条2項：「夫婦財産制登記簿に記載されていた夫婦財産に関する取り決めを夫婦財産契約によって廃止したり変更した場合についても、1項と同様である」。

この1412条は、日本民法典756条および759条に対応すべき規定である。

[商業登記簿]

15条1項HGB：「商業登記簿に記載さるべき事実が記載されずかつ公告もなされなかった場合には、登記をすべきであった者はその事実を第三者に対抗しえない。ただし、その事実を第三者が知っていた場合はこのかぎりではない」。

同条2項：「商業登記簿に記載されるべき事実が登記されかつ公告されたときは、第三者はその事実をもってその有効性を認めなければならない。もっとも、公告後15日以内になされた法的取引については、第三者が、その事実を知らずかつ知りうべきでなかったことを証明した場合には、この限りではない」。

この規定は、日本商法典12条に対応すべきものである。

これらの規定においては、共通して、日本民法典177条と同様、登記を備えなければ「対抗スルコトヲ得ス」という規定形式が採用されている ("kann …… nur entgegengesetzt werden, wenn ……", "können sie …… einem Dritten gegenüber …… nur herleiten, wenn……", " kann sie …… einem Dritten nicht entgegengesetzt werden")。すなわち、第三者等の側からその保護（権利取得など）を定めるという形を採らず、登記しなかった側が「対抗できない」という、異議排除の形式が採られているのである。しかし、そこでは、第三者等の保護がその効果として当然に予定されている。「対抗できない」とされることの当然の結果として、第三者は、そのような権利関係の変化自体を否定することができるのであり、そのような変化がなかったことを前提とした新たな法律関係を主張することができるからである。このような異議排除の規定形式は、消極的公示主義規定を信頼保護規定として位置づけることに対

する何らの障害をも意味しない。

三　消極的公示主義の要件および効果

　本節では、ドイツ法における消極的公示性規定について、その共通の要件と効果を抽出し、消極的公示主義の特長をさらに明確にすることを試みる。

1　要件
(1) 権利変動もしくは権利関係の変更があったこと

　消極的公示性原則が適用されるのは、実質的法律関係が変化したにもかかわらず公示がその動きに対応しなかったために、実質的法律関係と公示内容との間に食い違いが生じた場合である。消極的公示性原則は「後発的な誤記性（sekundäre Unrichtigkeit）」に対する信頼のみを保護するのであり、当初からの誤った公示に対する信頼は保護しない[15]。ここで言う実質的法律関係の「動き」は、実定法の段階では次の二つに大別される。第一は、従来の法律関係が変動した場合（たとえば、法人の理事の交替、夫婦共有財産の分割、支配人としての権限（Procura）の変更）、第二は、法定の標準的な法律関係（die gesetzliche Regellage）と異なる内容を当事者が定めた場合（理事の代理権の制限、夫婦法定財産制と異なる契約など）である。

(2) それに伴う公示がなされなかったこと

　消極的公示性原則においては、権利関係の変化は公示に関係なく生じており、公示は宣言的（deklaratorisch）な効力を有するのみである。しかし、その公示がなされなかったということが、対第三者（もしくは「他人」）関係においては決定的な影響力を有する。当該公示方法によって公示さるべきものとされている事項について公示がなされなかったという事実が、消極的公示性原則の最も基本的かつ共通の要件である。もしも公示がなされていたならば、たとえその内容が誤っていたとしても、消極的公示性は発動しない。その場合には積極的公示性が問題となりうるにすぎない[16]。

---

　(15) Westermann 前掲注（6）S.4, Hildebrand, 前掲注（6）§15 RdNr.5。
　(16) 15条HGBにおいては、商業登記簿への記載および公告がなされなかったことの双

信頼保護法理に対応してこの要件を位置づけるならば、信頼の客観的基礎たりうる外観（Scheintatbestand）もしくは信頼構成要件（Vertrauenstatbestand）に相当するのは、直接的には旧来の公示内容であるが、それは、新たな法律関係に対応した公示の不在を意味するかぎりにおいて、消極的信頼保護における外観に相当するのである。信頼保護法理を構成する主要な要素である真正権利者側の帰責可能性と外観に依拠すべき側の保護価値性は、この不公示という外観を介して結びつくことになる。

(3) 第三者（もしくは「他人」）の善意について

　善意者保護の典型的なタイプにおいては、保護されるべき側の要件として、その者が、外観（消極的公示主義においては旧来の公示内容）を認識し、それにもとづいて自己の行為を決定し、取引を行なったことを要する。しかし、この点に関しては、消極的公示性規定は、個別具体的な善意・悪意の判断が程度の差こそあれ捨象され、公示の有無がそれに優先するという共通の特徴を有している。

① **登記の有無によって原則的に保護の認否が決まり、それを善意（無過失）・悪意が修正するとされるもの**

　法人登記簿に関する68条、70条 BGB、および、商業登記簿に関する日本商法典12条がこれに属する。このグループにおいては、次のような形で個別的な善意・悪意は登記の有無の背後に退いている。まず、68条、70条 BGB においては、登記がない場合には原則として第三者に対抗できない。ただ、第三者が悪意である場合には例外的に対抗しうる。また、登記がなされていたならば原則として対抗しうる。ただ、第三者が善意無過失であった場合には例外的に対抗されない。登記の有無がまず保護の認否の第一次的基準とされ、それを修正する第二次的基準として具体的な善意・悪意が問われているのである。日本商法典12条においては、必ずしもこのような構造は明らかではないが、登記・公告前は第三者の善意が推定されると解するのが通説・判例である(17)。また、その後段は、登記および公告の後は善意の第三者であっ

　　方が要件となっており、通説は、登記のみをしたのでは信頼保護の効果を排除しえないものと解している。たとえば、Capella/Canaris 前掲注 (6) §15 I, 2, a)。
(17) たとえば、大隅健一郎『商法総則〈新版〉』（有斐閣　1978年）268頁、田中誠二

ても保護されないのを原則とする（第1文の反対解釈）が、例外的に、第三者が「正当ノ事由」によって知らなかった場合にかぎり保護されるものと理解される。通説は、その場合には第三者の悪意が「擬制」されるものと解している(18)。

② **公示があればたとえ善意（無過失）であっても消極的公示性は認められないとするもの**

登記がない場合については、悪意が立証されれば例外的に保護されないとされる余地を残すけれども、登記がある場合にはたとえ善意（無過失）であっても保護を認めないとするグループである。すなわち、「第三者が悪意（有過失）であるか、もしくは、公示がなされている場合を除いては、第三者に権利関係の変化を対抗できない」旨を規定するのみで、右の①のように、公示がなされている場合にも第三者側が善意無過失を立証して消極的公示性原則による保護を受けるという余地を残さない。夫婦財産制登記簿に関する1412条1項、2項BGB、商業登記簿に関する15条2項HGBがこれに属する（もっとも、15条2項HGBにおいては、登記がなされた場合でも、公告後5日以内になされた取引については例外的に第三者が善意無過失を立証することによって保護されるものとされているから、そのかぎりでは、部分的に、右の第一のグループと重なり合っている）(19)。

わが国の民商法における対応規定の中では、少なくとも文言に即して見るかぎり、このグループに属するものは見当らない。たとえば、法人登記簿に

　『商法総則詳論』（勁草書房　1972年）424頁、田中誠二／喜多了祐『コンメンタール商法総則』（勁草書房　1968年）152頁、石井照久／鴻常夫『商法総則』（勁草書房1975年）130頁、鴻常夫『商法総則』（弘文堂　1979年）220頁など。
(18)　たとえば、田中／喜多・前掲注（17）155頁、石井／鴻・前掲注（17）131頁、鴻・前掲注（17）221頁、反対説として、服部栄三『商法総則〈三版〉』（青林書院新社1983年）478頁以下、浜田道代「商業登記制度と外観信頼保護規定」民商法雑誌80巻6号、81巻1号、2号（1980年）、同「商法一二条と民法一一二条との関係」『別冊ジュリスト商法（総則・商行為）判例百選』（有斐閣　1985年）26頁以下。
(19)　商業登記簿に関してこのような取り扱いを認める15条2項HGBについては、かつては、積極的公示主義規定として位置付けられてきた。わが国の商法学がそれを受け継いできたことはすでに言及したとおりである。しかしながら、今日では、積極的公示主義は別の意味で用いられており、2項をそれで説明することは今日のドイツではほとんど見られない。今日では、2項は、1項による消極的信頼保護を排除する規定として位置づけられている。

関する46条2項においても、夫婦財産制登記簿に関する756条および759条においても、登記簿への記載がなされた場合であるとなされない場合であるとを問わず、「他人」もしくは「第三者」や「承継人」の善意・悪意についてはまったく規定されていない。法人の設立登記に関する45条においても同様である[20]。

③ 公示と信頼との結びつきの緩和

15条1項HGBに関して、ドイツの通説・判例は、第三者が実際に不登記という外観（旧来の登記内容のままであるということ）を認識し、それにもとづいて意思を形成して取引をしたことは必要ないと解している。のみならず、登記がそのような信頼の形成に対してその基礎として作用する余地がまったくないような場合であっても、同条は適用されるものと解している。たとえば、ある者が支配人としての権限（支配権 Prokura）を失ったにもかかわらずその登記および公告がなされなかった場合、それ以前にその者への支配権授与の事実が登記および公告されていたのであれば、第三者は、登記簿の記載からその支配権存続を信頼して取引をしたことが想定でき、そこに15条1項HGBを適用しうることについては特に問題はない。これに対して、かつてなされた支配権の授与そのものも登記および公告がなされていなかった場合には、消極的信頼保護の対象たるべき先行登記（Voreintragung）がなく、支配権の存在に関しては、登記はまったく信頼構成要件としての機能を果たす余地はない。そのような場合にもなお15条1項HGBを適用して第三者を保護すべきであろうか。これが、いわゆる先行登記の欠缺の問題である。

もしもこの場合に同条の適用を認めるならば、それは、実質上、公示に対する具体的実際的な信頼保護ではなくなり、「悪意」が立証されないかぎりは公示の有無のみによって保護の認否が決められるとされるかぎりで、公示

---

[20] わが国のこれらの規定については、善意を要すると解すべきか否かが論じられることはほとんどない。文言どおり善意・悪意を問わないというのが、伝統的な解釈であると見てよいであろう。たとえば、45条の設立登記について、岡松参太郎『注釈民法理由上巻　総則編』（有斐閣　1896年）94頁、遠藤浩『基本法コンメンタール民法総則〈三版〉』（伊藤進）（日本評論社　1987年）78頁、756条について、川井健ほか編『民法コンメンタール（20）』（中川淳）（ぎょうせい　1988年）1332頁参照。

の優越現象が拡張されることを意味している。それはすでに信頼保護ではなく、法による擬制ではないかとの疑問が生じてくるであろう。現に、この問題に関しては、古くから議論があり、今日でも活発な議論が交わされている。この点については、次節で改めて検討することにしよう。

(4) 帰責事由について

実質的法律関係に依拠すべき立場にある者すなわちいわゆる真正権利者の帰責可能性（Zurechenbarkeit）は、信頼保護制度における最も基本的かつ主要な要件の一つである。通常の権利変動メカニズムの構成要因を欠く信頼保護制度にあっては、実質的権利関係に依拠すべき立場にある者がそれによって被る拘束もしくは不利益を根拠づけうる要因として、「意思」以外の「帰責」が必要となるのである。帰責事由に関しては、何を以て帰責ととらえるかの理論面に関して、与因主義（Veranlassungsprinzip）、過責主義（Verschuldensprinzip）、危険主義（Risikoprinzip）などに分かれており、また、帰責要件については、実定法規定の中でそれが具体化されているのが通常である。

これに対して、消極的公示主義規定においては、公示をしなかったという事実があれば、それ以上具体的な帰責事由の有無を問わず、真正権利者側に不利益が課されるものとされている。たとえば過失の有無などは問われないし、登記官の懈怠や過誤によって登記がなされなかったとしても、権利関係の変化を第三者に対抗することはできないものと解されている（通説・判例）。

この点については、消極的公示主義においては不動産登記の公信力規定（892条以下）と同様、帰責可能性は不要とされるのだ（いわゆる純然たるレヒツシャイン責任 reines Rechtsscheinsprinzip）と解する立場もあるが[21]、その論者も含めて、学説は、登記をしなかったことの中に真正権利者側の帰責可能性が含まれているものと解している。したがって、この場合には、具体的な帰責可能性が問われないということは、帰責可能性の不要を意味するのではなく、その抽象的定型的取扱を意味していることになろう（この点については、四3で再論する）。これに対して、わが国の解釈論においては、たとえば、商法12条に関しても、このような帰責という観点は欠落している。

---

(21) Capelle/Canaris 前掲注（6）S.45, Canaris 前掲注（12）S.133f., 471f.。

2 効果

消極的公示主義においては、権利関係の変化そのものは公示を待たずにすでに生じており、ただ、それを公示しなかった場合には、その実質的権利関係を「第三者に対抗できない」ものとされる。すなわち、公示をしなかった側は、当該権利関係の変化を第三者に主張することができない。もっとも、第三者が、公示されなかった実質的権利関係の変化を認めることはかまわない[22]。

消極的公示性規定は、共通の規定形式として、第三者等の側からその保護（権利取得など）を定めるという形を採ることなく、登記しなかった側が「対抗できない」という、異義排除の形式を採る。しかしながら、先に触れたように、それは、第三者等の保護という制度趣旨となんら矛盾するものではない。「対抗できない」とされる結果、第三者は、そのような権利関係の変化自体を否定することができるのであり、そのような変化がなかったことを前提とした新たな法律関係を主張することができる。「対抗スルコトヲ得ス」とされる事実があたかも生じなかったかのような法律関係が認められるのである。つまり、消極的公示性規定は、単なる「主張」関係を定めたものではなく、権利関係の変動を定めた規定なのである。その権利変動は、既存の法律関係の否定の上になりたっているのであるから、対抗規定を介して生じる法律関係を、既存の法律関係にもとづいてそれと連続したものとして構成することはできない。ドイツ法では、このような消極的公示性規定は一般に信頼保護規定の一環として位置づけられていることはこれまで見てきたとおりである。

四 消極的公示主義における公示の優越と信頼保護法理

以上に見た要件論に示されているように、ドイツ法の消極的公示性規定においては、程度の差こそあれ、保護さるべき側の善意・悪意（保護事由）と不利益を受けるべき側の帰責事由に関して、個別具体的なそれらの有無より

---

[22] 対抗の意味についてのこのような理解は、わが国における一般的な理解と一致しており、商法12条に関するわが国の通説・判例とも一致している。

も公示の有無が優先するという取り扱いが認められる。以下、そのような取り扱いを「公示の優越」と呼ぶことにしよう。この公示の優越は、信頼保護法理との関係でどのように解されているのであろうか。

1 登記がある場合には善意無過失の第三者にも「対抗しうる」という取り扱い

　まず、15条2項HGBについては、通説は次のように説明をしている。この場合には、第三者の信頼保護が（一定の要件を満たした場合の例外的取り扱いを除いて）排除されるのであるが、それは、同規定が、登記をなすべき側から登記の積極的効力を定めたものだからである。つまり、登記をなすべき側が正しい公示を備えたことにより第三者に対する責任を免れるという効果を定めたものであり、信頼保護としての公示主義（Publizitätsprinzip）は問題とされる余地はないのだというのである[23]。あるいはまた、この場合には1項の信頼保護の要件である不登記・不公告は満たされていないのであるから、真の権利関係を第三者に主張しうるのは、たとえ2項がなくてもむしろ当然のことである、と説くものもある[24]。これらによれば、1項の消極的信頼保護（消極的公示主義）は公示がない場合に認められるものであるから、なされるべき公示がなされている場合にはこの原則は機能しないということになる。

　また、1412条BGBについては次のように説かれている。夫婦財産制登記簿の真の意味の取引保護機能は、登記がなされなかった場合のみ発揮されるのであり、登記がなされた場合は、登記をすることによって当該夫婦に、その夫婦財産関係の完全な第三者効が認められる。法定の夫婦財産関係及び夫婦財産契約は第三者に対する外部的関係においても完全に効力を有するのが原則であり、それから逸脱した場合においても、それが登記されていたならば右の原則は制限されることなく妥当する。実質的に正しい登記は、いかなる取引保護をも排除するのであって、第三者が夫婦財産制登記簿を閲覧した

---

　(23) Axer 前掲注 (6) S.85, Hüffer 前掲注 (6) §15 RdNr.32, Hildebrandt 前掲注 (15) §15 RdNr.17a。
　(24) Capelle/Canaris 前掲注 (6) S.49。

かもしくはその記載を知っていたか否かとは関係ない(25)。すなわち、この場合にも、15条2項と同様、公示をした事実があれば消極的信頼保護は排除されるという形で、公示の優越が認められるのである。

　登記がある場合には第三者が善意無過失でも保護されないという取り扱いは、消極的公示主義規定のみに見られるものではない。すなわち、積極的公示主義規定である892条BGB（不動産登記の公信力を認めた規定）においても、その1項1文但書において、異議の登記（die Eintragung eines Wiederspruchs）がなされていた場合には、たとえ取得者が善意無過失であっても保護されないことが規定されている。この点については、次のような説明がなされている。たとえば、この場合にはその内容の真正さについての不動産登記簿のレヒツシャインが、その真正さに疑念を抱かせるような登記によって排除されているとか、異議の登記は892条BGBの定めている登記内容の正しさの推定（die Richtigkeitsvermutung）を覆すという説明がある(26)。これは、異議の登記によって登記のレヒツシャインが破られ、信頼の客観的基礎たる外観要件そのものが認められなくなるという説明である。あるいは、異議の登記は不動産取引に対する警告板（Warnungstafel）であり、通常はそれによって取得行為をやめるべきであるのに、あえてそれに反して譲渡などをさせるのは、自己の危険においてそのような取引を行なうのであり、登記の公信力はそのような者を保護しないのだとか(27)、異議の登記は法的には登記による処分の禁止（Grundbuchsperre）ではないが、それがなされることによって不動産登記簿の記載は実際には正しくないという危険が示されているのであるから、それによって多くの利害関係人は取引をやめることになり、したがって、それは事実上広範に登記による処分禁止と同様の作用をするのだという説明がある(28)。このような説明は、異議の登記についてはそれを認識していた（あるいは容易に認識しうべきであった）はずであるとの理解を前提

---

(25) Wolfgang Thiele, StaudingerKomm.4B §§1408-1563（1985），§1412 RdNr.6 , その他に、Reiner Kanzleiter, MünchenerKomm. Bd.5（1978）§1412 RdNr.1, Joachim Gernhuber, Lehrbuch des Familienrechts, 3Aufl.（1980）S.453。
(26) Wolfgang Wiegend, Der öffentliche Glaube des Grundbuchs, JuS1975, Heft4, S.208, Andreas Wacke, MünchenerKomm. Bd.4　2Aufl.（1986）RdNr.44。
(27) Karl-Heinz Gursky, Staudingerkomm. 3B.12Aufl.（1986）§892 RdNr.108。
(28) Wacke 前掲注（26）Rdr.44。

としている。そのかぎりにおいて、ここでは、個別具体的な善意・悪意や重過失の有無ではなく、次に述べるような、一般的・抽象的な信頼の有無が問われているということができよう。

2 公示と善意との具体的関連の不要について

三1(3)で触れたように、15条1項HGBに関して、ドイツの通説・判例は、第三者が実際に不登記という外観（旧来の登記内容のままであるということ）を認識し、それにもとづいて善意を形成し、取引をしたことは必要ないものと解している。のみならず、登記がそのような信頼の形成に対してその基礎として作用する余地がまったくないような場合であっても、同条は適用されるものと解している（先行登記欠缺の問題）。このような取り扱いについては、信頼保護法理との関係で、どのように解されているのであろうか。

(1) 争点

ドイツの伝統的な通説・判例は、先行登記が欠けていた場合にも15条1項によって第三者を保護すべきものとする根拠として、同条の文言にはそのような場合を排除すべしとの制限は付されていないこと、および、もしもそのような場合に適用を否定すれば、第三者が登記簿によらないで先行の事実を知っていた場合にまで消極的信頼保護を排斥してしまう結果となることの二点を掲げてきた[29]。このような取り扱いに対しては、すでに1920年に、ヘックにより、この場合には後の登記の欠缺（先の例で言えば支配権消滅の登記がなされなかったこと）によってなんらかのレヒツシャインが作出されたという事実は認められないのであるから15条1項HGBは適用すべきではないとの批判がなされていた[30]。さらに、1970年代になって、カナーリスによって改めて、先行登記のない場合にまで同規定を適用するならば、「表見的事実（ein Scheintatbestand）が常に存在していなければならないこと、それゆえ、なんらかの公にされた権利関係（eine irgendwie kundgemachte

---

[29] RGZ15, 33, 35, RGZ 129, 98f., BGH BB 1965, 968, OLG Frankfurt OLGZ 1973, 20, 22, OLG Stuttgart NJW 1973, 806 など。

[30] Alfred Hueck,Gilt §15 Abs.1 HGB auch beim Erlöschen und bei der Änderung nicht eingetragener, aber eintragungspflichtiger Rechtsverhältnisse? AcP118 (1920) S.350ff.。

Rechtslage）に対する信頼のみが保護されること、という、レヒツシャイン理論全体を支配する考え方」に反するとして、そのような取り扱いが本来の善意者保護法理もしくはレヒツシャイン法理からはずれるとの有力な批判が展開され[31]、それを支持する少なからぬ有力説も登場して[32]、通説的立場との間で活発な議論が展開されるにいたった。そして、これを契機として、先行登記の問題のみならず、従来の通説・判例が、第三者が商業登記簿の内容を認識しそれにもとづいて信頼を形成して取引を行なったことを要しないと解していることも含めて、改めて、同規定の信頼保護の性格が論じられることになったのである。

(2) 抽象的・定型的信頼保護

今日では、先行登記欠缺の問題に関しては、先に触れたように、学説の中では15条1項HGBの適用を否定もしくは制限すべきであるとする見解が有力化してきたが、判例は従来の態度を変えていない[33]。登記内容の認識とそれが信頼の動機となったことを要するか否かについても、やはり、従来どおりそれを不要と解するのが判例および圧倒的通説である[34]。しかしながら、注目されるのは、適用肯定説においても、その論拠が、かつての学説と比較して大きく変化しているということである。

これらの議論の焦点となったのは、はたして、商業登記簿という外観と第三者の信頼（善意）との間に信頼の内容や形成に関して具体的現実的なつながりがなくても、消極的公示性原則の適用を認めるべきかという問題である。もしもそれを認めるならば、それは、公示に対する具体的実際的な信頼保護ではなくなり、「悪意」が立証されないかぎりは公示の有無のみによって保護の認否が決められるとされるかぎりで、公示の優越現象が拡張される

---

(31) Canaris 前掲注（12）S.152。
(32) たとえば、Uwe John, Fiktionswirkung oder Schütz typisierten Vertrauens durch das Handelsregister, ZHR 140 (1976) S.236ff., Medicus 前掲注（6）Rdnr.105, Uwe Hüffer 前掲注(6)RdNr.20ff. Eberhart Schilken, Abstrakter und konkreter Vertrauensschutz im Rahmen des §15 HGB, AcP187 (1987) 8ff.。
(33) たとえば、近年の判例として BGH NJW 1983, 2258ff.。
(34) 後者に関する反対説として、たとえば、Canaris 前掲注（12）S.507ff., S.166, Capelle/Canaris 前掲注（6）§5 Ⅰ2b。カナーリスは、因果関係については、第三者が立証することを要せず、ただ不利益を被るべき側が因果関係なきことを立証すべきであると解している。Canaris 同箇所参照。

ことを意味している。それはすでに信頼保護のワクを逸脱しているのではないか、という疑問が生じてくるのである。

このような取り扱いの根拠としてドイツ法でしばしば持ち出されているのが、「抽象的信頼保護（der abstrakter Vertrauensschutz）」、「定型的信頼（das typisierte Vertrauen）」の保護、「一般的信頼保護（das generalisierte Vertrauensschutz）」あるいは、「形式的信頼保護（dasformalisierte Vertrauensschutz）」の概念である。

たとえば、ヒュッファーによれば、悪意者排除の範囲内で「不知」が「信頼の消極的構成要素」となっており、したがって、15条1項HGBは、真の法律関係の不知について「覆し得る推定（widerlegbare Vermutung）」を定めたものであり「擬制」ではない。ただ、登記内容を認識しそれにもとづいて態度を決定したか否か（因果関係）を具体的に問題としないという点において、それは、「定型化もしくは形式化または一般化された信頼保護」である。「15条1項HGBは信頼なき信頼保護（Vertrauensschutz ohne Vertrauen）を認めたものではない。むしろ、この規定は、第三者は登記内容を認識し、かつ、それにもとづいて自分の態度を決定したのだという、反証を許さない推定（die unwiederlegbare Vermutung）を、高度の取引保護の利益のためにその基礎としているのである」とされている[35]。あるいは、ギールケ／ザンドロックによれば、「実際に登記内容を認識しそれにもとづいて信頼を形成して取引を行なったという事実がなくても、権利関係の変更の登記がないという事実があれば、定型的に、その『ない』という登記内容を信頼して取引を行なったものとして取り扱われるということは、依然として信頼保護の範囲内であり、ただ、それは、抽象的もしくは定型的な信頼保護として位置づけられる」。「レヒツシャインによって客観的に正当化される、第三者の可能性としての信頼（ein potentielles Vertrauen）で足りる」のであるとされる[36]。また、ヨーンによれば、「商業登記簿の記載に対する信頼は

---

(35) Hüffer 前掲注（6）§15 Rdn.23ff., 同旨、Schilken 前掲注（32）S.1f.。もっとも、シルケンは、先行登記の欠缺については、カナーリスの適用否定説にしたがっており、先行登記の欠缺の場合には抽象的・定型的信頼保護という概念すらあてはまらないとする。

『定型化』されているのであり、実際に証明される必要はなく、その可能性が証明されればそれで足りるのである。……変更以前の法律関係に対する信頼の存在は、『（変更の事実を）知っていた』ことの証明によって……排除される。したがって、15条は、（定型化された）信頼を推定するにとどまるものと解するのが妥当である」とされている(37)。

　また、判例も、BGHZ65, 309において、15条1項HGBがこのような抽象的信頼保護の規定であることを判決理由に掲げている。簡単にその事実関係と判旨を紹介しよう。YとAは、B合名会社の共同代理権を有する無限責任社員であり、その旨の登記・公告もなされていた。その後Yは同社を退社したが、その事実は登記されず、商業登記簿上は依然として共同代理権を有する無限責任社員とされていた。その後、AはB社名でXから商品を購入し、Xはそれを納入したが、Bからの支払いはなされなかった。Yに対してXが売買代金の請求をしたというのが本件である。連邦通常裁判所はXの請求を認めた。その理由として、一方で、Aには登記簿の記載（AYが共同代理人であるとの記載）にもかかわらず単独代理権があり、XはそのAの代理権にもとづく請求をなしうると判示しつつ、他方で、15条1項HGBは抽象的信頼保護を認めたものであり、それゆえ、Xがたとえ登記簿の記載を認識して取引をしたのでないとしても、Xはレヒツシャイン法理による保護を受けうると判示した。すなわち、「たしかに、15条1項HGBは、本来、商業登記簿という形式を通じて作出された、商号関係についての公けにされた情報について、その正しさに対する信頼を保護することを趣旨としたもの

---

(36) Gierke/Sandrock 前掲注 (8) §11 Ⅲ 2b, 同旨、Reinicke, Sein und Schein bei §15 Abs.1 HGB, JZ1985, S.276.

(37) John 前掲注 (32) S.239f. なお、ヨーンは、先行登記欠缺の問題についてはカナーリスの否定説に従っているが、登記以外の外観と第三者の信頼との関連性に関して、やはり、「定型的信頼」概念を採用している。すなわち、15条1項HGBは定型的な信頼保護の規定であり、それはなお信頼保護規範であるというのである。ほかに、抽象的定型的信頼保護を説くものとして、Karsten Schmidt 前掲注 (6) S.302., Schilken 前掲注 (32) S.1ff. 判例としては、BGHZ 65, 309, 311。これに対して、カナーリスは、消極的公示主義規定において登記簿の内容を認識する必要がないとされるのは、そこでの登記が、すでに存在していた信頼構成要件を除去する手段であるにすぎないからだと説いている。Canaris 前掲注 (12) S.508。なお、内容の認識が当該法的取引の動機となったことを要しないとされる点に関しては、そのような内心の出来事を確認することはきわめて困難であるので、法的安定性が害されるという点も指摘されて

である。しかしながら、この信頼保護は、商業登記簿に依拠する者が商業登記簿を実際に閲覧したことを要件とするものではない。むしろ、同規定は、登記簿によって情報を得るという、取引においてごく一般的に存在している可能性があれば、そのような信頼保護の基礎として足りるものとしているのである」(傍点筆者)(38)。

このように、ドイツでは、登記内容の認識と信頼形成および取引行為との具体的なつながりを要しないとする取り扱いを包含する15条1項HGBは、なお、信頼保護規定の一環であり、その連結点は、抽象的・定型的な信頼保護概念に求めうる、というのが、通説・判例の立場である。

(3) 高度の取引保護の利益

先行登記欠缺の問題における肯定説の根拠としては、取引保護の利益が掲げられることもある。抽象的・定型的信頼保護概念を説く通説の立場では、これは、そのような抽象的・定型的取り扱いが認められる根拠の一つということになる。たとえば、ヒルデブラントは、15条1項HGBは、不動産登記簿の公信力を定めた892条同様、「公示内容に対するある者の具体的な信頼を、それが——たとえば道徳的見地から——保護に値するという理由で保護するというような意味におけるレヒツシャイン規範ではなく、信頼しうべき信頼の基礎 (eine verläßliche Vertrauensgrundlage) を作り出すためにこそ、公示に対して（権利関係を）決定しうる効力を認めたものである。理論的には、たとえば5条HGBがそうであるように、善意要件をすべて放棄し、公示の有無のみによって（権利関係を）決定せしめることさえ、法規定にとっては可能であろう」と説いている(39)。また、ヒュッファーは、同規定の「基礎となっているのは、高度の取引保護の利益のために、第三者は登記内容を認識しそれにもとづいてその態度を決定したという覆すことのできない推定 (unwiderlegbare Vermutung) である」としている(40)。

いる。
(38) BGHZ65, 311。
(39) Hildebrandt 前掲注 (15) §15 Rdnr.4ff.,Rdnr.9,10。同旨のものとして、Giercke/Sandrock 前掲注 (8) §11Ⅲ2b, Axer 前掲注 (6) S.84ff. など。
(40) Hüffer 前掲注 (6) RdNr.25, 同旨 Schilken 前掲注 (32) S.6。

(4) 登記義務

　また、同規定においては信頼保護という側面よりも登記義務者がその義務を履行したか否かが問題であるという点に、根拠を求めるものもある。これも、(3)同様、抽象的・定型的信頼保護の根拠一つということになるが、登記義務の比重の大きさを説くことは、15条1項HGBにおける信頼保護的要素の希薄さを説くことへとつながっており、したがって、それは結果的に、同規定と信頼保護規定との異質性の認識へとつながっている。

　たとえば、シュミットによれば、15条1項HGBはたしかに抽象的信頼保護を認めたものである。このような抽象的信頼保護は、取引保護の観点に立脚したものだろうか、それとも、登記義務の観点に立脚したものだろうか？

　「15条1項の消極的公示主義は、登記される企業の側から考えられたものであり、法的取引の側から考えられたものではない。商人は登記し公告したことは法的取引に持ち出すことができるが（15条2項HGB）、登記及び公告をしていない事実は持ち出す事ができない（15条1項HGB）ものとされているのである」。「(商業登記簿の)この公示性は、決して、誤った登記および公告がなされた場合において第三者を保護するためにのみ機能するのではなく、少なくともそれと同列において、正しい登記がなされた場合にその公示性についての、登記された企業の利益のためにも機能するのである」(41)。また、ヒルデブラントによれば、先行登記の欠缺の場合にも適用を肯定しうるのは、同条が具体的な信頼をその保護価値性のゆえに保護するという意味でのレヒツシャイン規範ではなく、同条が「自己の企業のそれを公示すべき義務ある諸関係について、自己の利益のために、（真実の権利関係と公示との）不一致を回避するよう努めるべき義務（Obliegenheit）を企業に課したものだ」からである(42)。あるいは、シルケンによれば、「たしかに、登記義務への圧力という観点のみによって第三者の利益の優先を正当化することはできない。しかし、公示がされていないことによって存続している外観構成要件に対して他人が信頼するという危険を回避する立場にあるのは登記義務者で

---

(41) Karsten Schmidt, Sein-Schein-Handelsregister, JuS 1977, Heft 4 S.209,. 214, Karsten Schmidt 前掲注 (6) §14 Ⅱ 2.b。
(42) Hildebrandt 前掲注 (15) RdNr.12。

あるということ、しかもそれは、登記義務者との接触を内容とする法的取引に対してのみではないということを考慮すべきである。このような事情が、15条1項HGBにおいて定型的な取引利益が固定化されたものとされ、すべての第三者は登記の沈黙による与因と（登記内容の）認識がなくても、あるいは、当該事実の不在に対する特別な信頼がなくても、その取引利益を主張しうるということを正当化するのである」[43]。また、アクサーは、このような考え方をさらに徹底させ、「15条1項HGBは企業者への義務づけという発想によって構成されたものである。企業者には、取引の危険性および不明瞭性を除去するために実質的権利関係の変更のすべてを公に知らしめるという義務が課せられている。……取引保護は、企業者へ無条件の（公示）義務を課することによって確保されるのである。……結局、15条1項は登記に対して絶対的な正当性保障（eine absolute Richtigkeitsgewähr）が付与されるという方法で、取引保護に資するものだと解するのが妥当である。……15条1項は信頼保護規範ではない」と述べている[44]。

　このように、「信頼」が抽象的・定型的なもので足りるとされる根拠として、ドイツの多くの学説は、15条1項HGBにおいては登記をなすべきであるのにそれをしなかったという登記義務者側の事情が重要なのであり、それとの関係で具体的な善意・悪意の比重は相対的に小さくなるのだと説いている。「公示をしないかぎり実質的権利関係の変化を第三者に対抗できない」という消極的公示性原則が、第三者の信頼保護という側面と同時に、公示をなすべき側の不公示による不利益負担という側面を持っているとされるのである。このような、帰責面すなわち登記をなすべきであったのにしなかったという側面の重さによる抽象的・定型的信頼保護の根拠づけは、登記をした場合にはたとえ相手方もしくは第三者が善意無過失であってもその信頼は保護されないという取り扱い（15条2項HGB）の根拠として説かれているところと共通している。「公示がなければそれに対応すべき実質的権利関係はないと信じて取引をしたものとして取り扱われる」というのが、抽象的・定型的信頼保護として説かれているところであるとすれば、ここで定められてい

---

(43) Schilken 前掲注（32）S.6。
(44) Axer 前掲注（6）S.97f.。

るのは、「公示があればそれを信じて取引をしたものとして取り扱われる」ということであって抽象的・定型的信頼保護としては、内容的に両者は表裏一体の関係にあるとみることができよう。

(5) 不動産登記の公信力規定の場合

　以上に紹介した議論は、15条1項HGBにおける「悪意者排除」が、その結果として、登記簿の記載と具体的な信頼の形成およびそれにもとづく取引行為との関連性を不要とすることをめぐるものであったが、これと類似の議論は、積極的公示主義規定である892条BGB（不動産登記の公信力を認めた規定）をめぐってもなされている。すなわち、同条においては、文言上、主観的要件としての「信頼」は、「非悪意」として規定されており（善意の消極的表現）、その結果、積極的に登記内容（レヒツシャイン）を認識した上でそれにもとづいて信頼が形成され、それにしたがって取引をした、ということは必要がないものとされている（通説・判例）。このようにレヒツシャインとの事実的具体的な関連性を必要としない信頼保護について、ドイツでは、「個別的具体的な信頼ではなく客観化され擬制された信頼にもとづいた『絶対的取引保護』」であるとか(45)、あるいは、「登記内容に対する現実の実証された信頼ではなく単なる可能性としての信頼（ein potentielles Vertrauen）」の保護であるとか(46)、あるいは、「主観的信頼ではなく公の機関をを通じた告知の信頼性が公信（publica fides）の基礎なのである」(47)などと説明されているが、これは、先に紹介した抽象的・定型的信頼保護概念ときわめて類似している。ただし、この場合には、そのような取り扱いの根拠として、15条HGBにおけるように、登記をなすべき側の帰責事由の比重の大きさが説かれることはない。登記簿や相続証書などの、いわゆる人為的な外部的構成要件（künstliche äußere Tatbestand）への信頼保護においては、「行政行為の公定力」（エルトマン）とか「官公庁のレヒツシャイン装置の客観的な信頼性」（アイヒラー）とか、あるいは「国家高権行為」（ヴェスターマン）などにもとづいて、真正権利者側の帰責可能性の有無にかかわらず、信頼保護が認めら

---

(45) Wiegend, 前掲注 (26) S.209参照。
(46) Gursky 前掲注 (6) §892 Rdn.6-4。
(47) Boehmer, Einfuhrung in das Bürgerliche Recht (1950) S.232f.。

3 帰責事由の抽象的・定型的取り扱い

三の要件論において見たように、消極的公示主義規定においては、単に保護事由（保護価値性）に関して公示の優越現象が認められるのみならず、それと裏腹に、帰責事由（帰責可能性）についても公示の優越現象が認められる。すなわち、登記をしたか否かによって不利益を負担すべきか否かが決定され、それ以上、登記をしなかったことについての具体的事情が問われることはない。信頼保護法理においては、帰責要件はその最も基本的要件の一つであり、その内容および根拠をどのように構成すべきかに関しては、ドイツ法では従来から、与因主義（Veranlassungsprinzip）、過責主義（Verschuldensprinzip）、危険主義（Risikoprinzip）という、三つの責任原理が唱えられてきた。そして、この中では、与因主義が伝統的な通説となっている。ところが、消極的公示主義においては、たとえば不登記が登記をなすべき側によって与因されたことを要するなどとはされておらず、たとえ、不登記が登記官の懈怠によって生じた場合でもかまわないし、登記義務者が制限行為能力者であってもかまわないものとされている。そこで、このような取り扱いについては、それを、帰責の観点が作用しない「純然たるレヒツシャイン主義 (reine Rechtsscheisprinzip)」として位置づける有力な見解がある。すなわち、68条や70条BGB、1412条BGBおよび15条1項HGBなどの消極的公示主義規定においては、不動産登記簿や相続証書（Erbschein）に対する信頼保護を認める892条BGB以下や2365条BGB以下と同様に、帰責の観点は作用していないというのである[49]。

---

(48) この点については、拙稿「善意者保護における帰責の原理（五）」北九大法政論集14巻1号（1986年）5頁以下参照。

(49) Canaris 前掲注（12）S.471f. Westermann 前掲注（6）6f., Manfred Nitschke, Die Wirkung von Rechtstatbestanden zu Lasten Geshäftunfähiger und beschrankte Geshäftsfähiger, JuS1968, S.541, また、Gierke/Sandrock 前掲注（8）S.151は、「純然たるレヒツシャイン主義」という言葉は用いていないが、15条HGBの消極的公示主義は帰責可能性の有無を問わない「絶対的」なものであるとし、その根拠として、第三者が過失や与因を立証しなければならないとするならば、取引を保護するという同規定の目的が危うくなることを掲げている。また、Capelle/Canaris は、それ以前の公示によってすでに信頼構成要件が作出されており、それで帰責可能性要件は満たさ

しかしながら、今日の多くの学説は、具体的な帰責事由の有無を問わない消極的公示主義においても、帰責の観点が作用していることを認めている。そのことは、たとえば、先に見た15条1項 HGB に関する次のような諸説に見ることができよう。ヒルデブラントは、15条 HGB は企業者に対して、自己の企業における公示すべき諸関係について、自己の利益のために公示内容と実質的法律関係との不一致を回避すべき義務を負わせているのであり、善意の第三者と比較すると、企業者は、そのような不一致を回避もしくは除去するについて「より近い」地位にある。なぜならば、企業者のみが登記裁判所（Registergericht）に対して、またそれを通じて公示機関に対して影響力を行使しうるのであり第三者にはそのような影響力はないからである、と説明している[50]。また、ヒュッファーは、「企業の諸関係を公示することは商人組織の問題として位置づけることができ、またそのかぎりにおいて、商人の組織上の危険（Organisationsverhältnisse）にもとづくレヒツシャイン責任であると言うことができる」と説く[51]。アクサーも、「企業者は自己の領分（Sphäre）を展望しうるのであり、実質的に適正な権利関係を公示すべきである。この義務に違反したならば、それだけで、法定の（qua Gesetz）責任が生じる。……登記内容と実質的権利関係との齟齬の危険は、法的安定性にもとづいて、一般的に、この危険を原則的に支配しうる者の側のことがらとされるのである」と説いている[52]。また、先に見たように、シルケンも、登記義務者の側が、公示内容と真の権利関係との不一致が生じる危険性を回避しうる立場にあるということを、定型的信頼保護の根拠として掲げている[53]。さらに、消極的公示主義を「純然たるレヒツシャイン」として位置づけるべきだと説くカナーリスも、消極的公示性規定における決定的な観点をなしているのは、「一度広く告げ知らされた法状況の変更もしくは法規定の定める通常の規範（Normalregelung）からの逸脱を適切な時期に外部に告げ知らせるということが、常に問題だということ、そして、それがうまくな

れていると説明している。
(50) Hildebrandt 前掲注（15）§15 RdNr.12。
(51) Hüffer 前掲注（6）§15 RdNr.21。
(52) Axer 前掲注（6）S.97f.。
(53) Schilken 前掲注（32）S.6。

されなかったことによる危険は、その法状況の変化の根拠はその原因がもっぱらそのような義務者の法領域の中にあるのであるから、その義務者の側で負担すべきだということである」として、そこにはやはり危険領域もしくは危険支配の考え方が妥当すべきことを説いている(54)。

　すなわち、消極的公示主義において具体的な帰責可能性要件が課されていないのは、積極的公示主義（登記の公信力制度）におけるような、帰責事由との断絶を意味しているのではなく、帰責事由の抽象的・定型的取り扱いを意味しているのである。先に保護事由に関する公示の優越現象について見たところから明らかなように、消極的公示主義においては、むしろ、登記義務者側の事情が大きなウェイトを占めているのであり、その意味では、具体的帰責事由を問わないとはいえ、帰責の側面はそこではきわめて重要な位置を占めている。

4　善意・悪意不問との関係
(1)　消極的公示主義構成の可能性

　以上に見てきたように、ドイツ法の消極的公示主義規定に関しては、厳密なもしくは本来の意味における信頼保護法理とは合致しない特性を認めることができる。すなわち、一方では、個別具体的な善意——実際に登記簿を見て、その内容によって信頼を形成し、それにもとづいて取引をしたといこと——が認められなくても、善意（非悪意）要件は満たされたものとして取り扱われる。また、消極的公示主義によって不利益を被るべき側の具体的な帰責可能性の有無は問われない（公示の優越現象）。そのような特性にもかかわらず、それはやはり信頼保護制度であると位置づけられている。具体的にそれに関して説かれているところを眺めると、登記をなすべき側から見た登記・不登記の効果という観点が重要であること、そして、それに反比例して、信頼保護の要素が実質的には希薄化していることが、多くの学説によっ

---

　(54) Canaris 前掲注 (12) S.472。類似のものとして John 前掲注 (32) S.140, 239。また、カペレ／カナーリスは、個別的帰責可能性が問われないことが正義に反しない理由として、「信頼構成要件は、当該法律状態……の先行の公示 (Kundmachung) によってすでに作出されており、そのかぎりで帰責可能性要件はいずれにせよ満たされている」と述べている。Capelle/Canaris 前掲注 (6) S.45。

て認識されている。それでもなお、通説・判例は、それらの規定を基本的に信頼保護規定として位置づけているのである。ヒュッファーの言葉を借りれば、「レヒツシャイン責任の特別の形式を通じた取引保護」の規定ということになる(55)。それを示している象徴的概念が、いわゆる「抽象的・定型的信頼保護」であり、「純然たるレヒツシャイン責任」である。

そこで説かれている内容を敷衍するならば、わが民法177条についても、これらと同じく、消極的公示主義を採用した信頼保護規定として位置づける可能性が認められるであろう。すなわち、抽象的・定型的信頼保護概念や、帰責事由の抽象的・定型的取り扱いをさらにおし進めるならば、公示に依拠してなされた取引の保護に関してまったく善意・悪意を問わず、登記の有無のみによって第三者の保護と真正権利者の不利益負担の成否を決定すべきものとする規定についても、なお、これらの延長線上に位置付けることができるのではないかと考えられるからである。そのような構想は、はたして妥当なものであろうか。この問題を検討する素材として、次に、善意要件をまったく欠いている規定について、ドイツ法ではどのような性格づけがなされているのかを見ることにしよう。

(2) 信頼保護規定のメルクマールとしての善意要件

信頼保護規定は、いわば概念必然的に善意（Gutgläubigkeit）要件を有していなければならず、善意要件が信頼保護規定のメルクマールである、というのが、ドイツにおける伝統的な通説である。善意すなわち信頼もしくは不知の事実あるがゆえに、例外的に実質的法律関係が破られ、信頼の内容に応じた法的効果の発生が認められる、真正権利者側の帰責事由がその帰責可能性を担保すべき要件であるとすれば、善意要件は保護されるべき側の保護価値性（Schützwürdigkeit）を担保すべき要件である、というのである(56)。したがって、たとえ取引の安全保護を趣旨とする法規定であっても、あるいは、実質的な権利関係を破る権利変動を認める法規定であっても、善意を要件としていないものについては、信頼保護規定ではないということになる。たと

---

(55) Hüffer 前掲注 (6) §15, Rdr.11。
(56) Larenz 前掲注 (6) S.621, Westermann 前掲注 (6) S.1, Heinz Hübner, Allgemeiner Teil des bürgerliches Gesetzbuches (1985) S.260, Canaris 前掲注 (12) S.1。

えば、カナーリスは、その「信頼責任（Vertrauenshaftung）」の要件として、法的効果の発生のために信頼が一定の役割を有するということを掲げ、「取引安全（の理念）にもとづいて、法律が、それ自体疑わしい、あるいは、表見的にのみ存在する法的状態（Rechtslage）を『絶対的に（absolut）』確定する場合、したがって、そのような法律効果が、誰に対しても利益もしくは不利益に、特に、その法的状態を信頼したわけではない者もしくは悪意でありしたがって信頼保護に値しない者の利益のためにも生じる場合」を、絶対的取引保護（der absolute Verkehrsschutz）と称して、通常の信頼責任とは区別し、その例として、5条HGB、409条BGBおよび資本会社（Kapitalgesellschaft）に関する規定を掲げている[57]。あるいは、ヴェスターマンは、「レヒツシャインへの信頼にもとづいた行為の存在が法律効果の要件となっておらず、むしろ、『それによって利益を受けるべき者（Begünstigte）』の善意いかんを顧慮することなく、真の権利関係とは一致しないレヒツシャインから自動的に法律効果が生じるものとされるようなケース」について、信頼保護制度の横断的な考察の対象から除外している。そして、その例として、5条HGBや、法定の推定規定（891条、1006条、2365条BGB）および取得時効制度（900条、937条2項）を掲げている[58]。

　5条HGBは、商業登記簿に商号の登記あるときは、その登記を援用する者に対して、その商号を用いて行なった営業が商行為でないこと、もしくは、その営業が4条1項に掲げられた経営に属することを主張しえない旨を定めた規定であり、そこでは相手方もしくは第三者の善意・悪意は問われていない。右に掲げたカナーリスやヴェスターマンにとどまらず、この規定に関しては、信頼保護（もしもこれを信頼保護規定だとすると、これは積極的公示主義の一環だということになる）とは異質なものであると解するのが通説・判例である。副次的効果として商業登記簿に対する信頼が保護されるとしても、それは、同規定の目的とするとするところではなく、同規定は、1条から4条HGBに規定されている商人概念のあいまいさを除去し法的安定性をはかるために、商業登記簿に商号の登記のあるものを商人とみなすことを認

---

(57) Canaris 前掲注（12）S.1.
(58) Westermann 前掲注（6）S.1.

めたものであり（法規定による擬制 die gesetzliche Fiktion）、あるいは、そのような登記を商人の要件の一つとしたものだというのである（登記商人 Kaufmann kraft Eintragung もしくは擬制商人 Fiktivkaufmann）[59]。

また、409条 BGB は、債権者が債務者に対して債権を譲渡したことを通知したときは、譲渡がなされずまたは無効である場合であっても、債務者に対して通知した譲渡の自己に対する効力を認めなければならない旨定めている。ここでも、債務者の善意は要件とされていない。この規定と信頼保護法理との関係については議論があるところであり、また、害意者は排除すべきであるとする見解も有力であるが、通説は、この規定も信頼保護規定とは異質なものであると解している[60]。

このように、15条1項 HGB に関して学説判例の説く抽象的・定型的信頼保護の概念も、あくまで、何らかの形で善意・悪意が要件化されている場合を想定したものであって、そうでない規定に関しては、たとえそれが取引の安全保護に資する制度であっても、そのような信頼保護構成は採用されていない。信頼保護法理もしくは外観優越法理において善意を不可欠の要件として位置づけるということは、わが国の伝統的な通説の採用してきたところでもある。たとえば、日本の善意者保護法学に多大な影響を残した鳩山秀夫博士は、「悪意の動的関係に付いては特に保護せらるべき取引上の需要存すること能わず」という理由により、悪意の場合には「動的法律生活」の保護は認めることはできないとされる[61]。また、わが国の民商法における信頼保

---

(59) たとえば、Dieter Bruggemann, StaubGro B komm.4Aufl. (1983) §5, RdNr.1ff., Volker Emmerich, HeymannKomm.Bd.1 (1989) §5Rdr.1, Schmidt 前掲注 (6) S.219f. Hildebrandt 前掲注 (15) §5, RdNr.1, 8ff. 参照。
(60) レヒツシャイン責任を認めた規定もしくはそれにきわめて近い規定であると解する見解も有力である。たとえば、Larenz 前掲注 (6) S.643, Karl Larenz, Lehrbuch des Schuldrechts Ⅰ, 1Aufl. (1982) 537f., Kaduk, StaudingerKomm, RdNr.9 参照。ラーレンツも、債務者が善意であったか否かは問わない点において、「そのかぎりにおいて、409条が債務者に与える保護は、単なる信頼保護を越えたものである」とする。ただ、「この規定が部分的にレヒツシャインの適用事例を越えたものであるとしても、この規定は、レヒツシャイン責任と大変近い関係にある」と述べている（S.643Anm.26）。また、「実際には譲渡がなされていないという事実を、債務者が、疑いをさしはさむ余地がない程度に認識しており、債務者になされた通知を引き合いに出すことが、すべての事情に照らして、害意的である（arglistig）とみられうる場合に限り、債務者の保護は否定されなければならない」、と述べて、害意者排除の立場を採る（S.643）。

護制度をドイツのレヒツシャイン理論によって統合的に構成することを試みた岡川健二博士は、「真実なる権利者」に犠牲を強いてまでも外観への信頼者を保護するについては、「信頼者側にその保護に値する要件を必要とするは当然である。是れ、善意且つ無過失なるを要求せらるる所以である」として善意無過失の一般的要件たるべきことを説き、「権利の実質関係を公示して、その公示にRechtsscheinの効力を認むる公示制度は、実質関係を知らざる第三者が不測の損害を蒙るを保護せんとするに在る。従って、之を知れる第三者にRechtsscheinの効力を認むるは制度本来の精神を逸脱せるものと謂ふべし」として、177条における第三者は善意者に限るとの立場を採られている[62]。その後の学説においては、このように統合的・横断的に信頼保護制度が論じられることはほとんどなされていないが、善意要件と信頼保護制度とを不可分に結びつけて考えるのが、わが国の民法解釈学における伝統的な通説であると見てよいであろう。

　このような見解を当てはめれば、わが国の民法177条は、制度趣旨として取引の安全保護をはかったものであるとしても——岡川説や公信力説のように善意要件を設定するならばともかく、そうでないかぎりは——、それを信頼保護法理によって構成することはできないという帰結になるであろう。同条は文言上も立法者意思としても、第三者の善意・悪意は問わない趣旨であることが明らかであり、また、従来の通説も、善意・悪意不問の立場を採ってきた。これまで見たように、ドイツ法の消極的公示主義規定は、その内容において民法177条ときわめて類似しているが、この善意要件の一点において両者の間には差異が認められるのである。しかし、従来の通説的立場のように、善意要件の有無のみによって、このように信頼保護規定か否かを区別することは、はたして妥当であろうか。また、善意要件を持たない規定を、とりあえず厳密な意味での信頼保護規定ではないと解した場合にも、そのような形式的な分類にどれほどの意味があるだろうか。その実質面に留意すれ

---

(61) 鳩山秀夫「法律生活の静的安全及び動的安全の調節を論ず」『債権法における信義誠実の原則』31頁以下（初出、『穂積先生還暦記念祝賀論文集』1915年）。
(62) 岡川健二「私法におけるRechtsschein法理の展開」法政研究4巻2号（1934年）51頁以下。

ば、むしろ、177条と信頼保護法理との類同性は否定しえないのであり、前者を後者の一環として位置づけるほうが妥当ではないだろうか。次節では、そのような可能性について論じることにしよう。

五　公簿に対する信頼保護の特殊性と善意・悪意要件

1　善意要件の有無による形式的分類の問題点
(1)　実定法優先主義

いかなる制度もしくは法規定を「信頼保護制度」もしくは「信頼保護規定」と解すべきかは、それ自体、きわめて困難な問題である。「信頼」もしくは「外観優越」の要素を包含するおびただしい法制度の中から、どこまでを信頼保護制度として統一的に把握すべきかは、信頼保護法学の歴史の中でもその広狭に著しい変遷があり、今日でも、その境界は必ずしも明確なものではない。今世紀初頭における古典的レヒツシャイン理論においては、その外延はきわめて広く解されていた。外観と実体との緊張関係と相互作用をモメントとする法律問題が広くレヒツシャイン法理の適用領域と解されるのが通常であり、たとえばその代表的論者の一人であったマイヤーは、「和解しえないように見える学問理論上の対立は（レヒツシャイン法理の）一撃で解消する」と述べ[63]、あるいは、おそらくレヒツシャイン法理の最も広い適用領域を説いた論者と思われるネーンドルップは、「自然科学に対してラジウムが獲得したと同様な意義を、法律学にとってはレヒツシャインが獲得するであろう」とさえ断言した[64]。しかし、このような試みは、一方で、ドイツ私法学の精華の一つとして高く評価されつつも、他方においては、実定法規定の解釈論としての実用性をあまり持ち得ないことが指摘され、結局、その後のドイツ民法学においては、より狭義の、解釈論上実効性のあるレヒツシャイン理論を実定法に即して再構成すべきであるとする、エルトマン等の立場が通説化した。かつての壮大なレヒツシャイン法理の構想は実現しな

---

[63] Herbert Meyer, Das Publizitätsprinzip im Deutschen Bürgerlichen Recht (1909) S.97。

[64] Hubert Naendrup, Begriff des Rechtschein und Aufgabe der Rechtscheinsforschung (1910) S.36。

かったのである。たとえば、エルトマンによれば、大切なことは、「このような、ある意味では可能であるが法解釈学上は無価値な広範なレヒツシャイン概念に代えて、そのすべての適用事例において統一的な法的判断を可能にしうる程度の法的意味の統一性を持つレヒツシャイン概念を獲得することである。そして、そのような狭い概念は、いずれにせよ現行法の中から——もちろん不可解な自然法的必然性などによってではなく——抽出されるべきである」と説かれている(65)。その後のドイツおいては、さらにそのような傾向が強化され、エルトマンの説いたような意味での統一的なレヒツシャイン法理の探求作業すらほとんどなされることなく、もっぱら、個別規定に即した具体的な解釈論に力が注がれるようになったのである(66)。もっとも、それらにおいても、一般理論としてのレヒツシャイン法理の成果がふまえられており、実定法の補充は絶えずそれに立ち返りつつ行なわれてきたことにも留意しなければならない(67)。

　善意要件によって信頼保護制度か否かを画するという今日のドイツの通説的立場も、このような文脈の中で理解すべきであろう。すなわち、それは、信頼保護もしくはレヒツシャイン責任の統一的な内包を明確にする作業を経て、そこから必然的に導かれた基準ではなく、きわめて包括的また多義的な信頼保護概念を、とりあえず善意要件で画し、対象領域を限定するということに主たる意味が存するのである。カナーリスやヴェスターマンの説く、「信頼が法律効果の発生に対してともかくもある役割を果たしている」場合を信頼保護とするというのは、当該規定が信頼保護の実質的機能を有しているかではなく、当該規定が善意要件を設定しているか否かを言い換えたものにすぎない。まず実定法規定があって、そこで善意悪意が問われていなければ信頼保護ではないというのである。はたして、特に第三者の善意・悪意を要件とすることなく公簿内容に即した法律効果を認めるという取り扱いの中には、「信頼が法律効果の発生に対してともかくもある役割を果たしてい

---

　(65) Paul Oertmann, Grundsätzliches zur Lehre vom Rechtsschein, Zeitschrift für das gesamte Handelsrecht 95 (1930), S.443ff.
　(66) 比較的近年のカナーリスによる労作『ドイツ私法における信頼責任』（前掲注（12）参照）においても、このような実定法に即した考察態度が貫かれている。
　(67) このような経緯については、拙稿・前掲注（48）「帰責の原理（五）」参照。

る」という要素は存しないのだろうか。

(2) 規定相互間の整合性の問題

このような、実定法優先の形式的基準による概念画定は、規定相互間の整合性に関して、次のような問題点をもたらすことになる。第一に、善意・悪意要件の有無以外には規定の趣旨目的や構造を共通にしていると見られる複数の規定が、一方は信頼保護規定であり、他方はそうではないとされることが生じる。このことは、ドイツ法の消極的公示主義規定と日本法のそれに対応すべき各々の規定とを比較すれば明らかであろう。たとえば、15条1項HGBに対応すべき日本商法典12条は共に信頼保護規定としての消極的公示主義規定であるが、他方において、法人登記簿に関する45条2項および68条BGBに対応すべき日本民法典の48条2項や、夫婦財産制登記簿に関する1412条BGBに対応すべき日本民法典756条および759条は、善意要件が規定されていないがゆえに、消極的公示主義規定とは異質なものであるということになる。しかし、そのように両者はその性質を異にする法制度として理解すべきなのであろうか。あるいは、仮に、解釈によって善意要件を追加するとした場合に、それは、当該規定の性質の延長線上に位置づけるべきであろうか、あるいは、それによって突然に、当該規定の性質が信頼保護規定へと変質することになるのであろうか。

第二に、多くの消極的公示主義規定においては、すでに見たように、公示のない場合に公示の優越が認められているにとどまらず、公示のある場合についても、たとえ第三者等が善意無過失であっても保護されないという形で公示の優越が認められている。すでに述べたように、15条1項HGBに関するドイツ通説は、その場合については信頼保護とは関係なく、登記義務者がなすべき登記をしたことによる当然の効果を定めたものだと解している（四1参照）。他方、同じく公示がある場合であっても、善意無過失を立証すれば第三者が保護される余地を認める規定（たとえば68、70条BGBや、15条2項HGBにおける公告後15日以内の取引）については、信頼保護規定性を認める(68)。しかしながら、公示があったかなかったかに応じて、公示がなかっ

---

(68) 登記および公告がなされた後でも「第三者ガ正当ノ理由ニ因リテ之ヲ知ラザリシトキ」にも第三者に「対抗スルコトヲ得ズ」と定める日本商法典12条後段もその要件

た場合には公示の不在に対する信頼保護を認めたものであり、公示があった場合には信頼保護とは関係なく登記をなすべき者がそれを果たしたことの効果にすぎない、と解するのは、同一の条文の解釈として、いかにも不自然である。公示があった場合となかった場合とは裏表の関係にあるものとして、統一的に——たとえば、両者とも信頼保護規定であるとするか、あるいは、両者とも公示をしたことの効果とするか——構成すべきではないかと思われる[(69)]。また、たまたま善意無過失の場合に保護される余地を残しているからといって、その余地を認めない場合とは異なり、その場合のみを信頼保護規定であると解するのもどうであろうか。善意・悪意を条文の中に要件化するか否かは、制度趣旨の根本に関わるものではなく、むしろ、法政策的な見地から当事者間の利害調整の道具としていかなるものを認めるべきかの判断によるものであろう。それゆえ、国により、時代により、類似の制度間においても、善意・悪意あるいは無過失の要件化についてはいろいろな形態が存在しているのである。

(3) 理論的な問題点

　善意要件の有無による形式的区別は、次のような理論的な問題点も含んでいる。すなわち、ドイツの通説は、公示の不在と信頼形成およびそれにもとづいた取引との実際の関連性を不要とする根拠として、すでに紹介したように、抽象的・定型的な信頼保護概念を説いている。すなわち、15条1項HGB は、「第三者が登記内容を認識し、かつ、それにもとづいて自分の態度を決定しのだという、反証を許さない推定（die unwiederlegbare Vermutung）を、高度の取引保護の利益のためにその基礎としている」（ヒュッファー）のであり、あるいは、「実際に登記内容を認識しそれにもとづいて信頼を形成して取引を行なったという事実がなくても、権利関係の変更の登記がないという事実があれば、定型的に、その『ない』」という登記内容を

　　　を満たしていることになる。わが国の通説は、この規定については、信頼保護規定であると解しており、この場合には第三者の悪意が擬制されるものと構成している。
(69)　両者を、公示をしたことの効力の問題として位置づけることは、「消極的公示主義」・「積極的公示主義」概念についてのかつての通説の理解と一致する。また、15条1項、2項 HGB についてそれを積極的公示主義とは構成しない近年の通説においても、消極的公示主義の中では、公示をしたか否かという観点が実質上大きな比重を占めていることが認められていることは、すでに見たとおりである。

信頼して取引を行なったものとして取り扱われるということは、依然として信頼保護の範囲内であり、ただ、それは、抽象的もしくは定型的な信頼保護として位置づけられる。……レヒツシャインによって客観的に正当化される、第三者の可能性としての信頼（ein potentielles Vertrauen）で足りるのである」（ギールケ／ザンドロック）というのである。このような抽象的・定型的信頼概念は、その論理的帰結として、登記がなされていた場合についての次のような取り扱いを導くことになるものと思われる。すなわち、先に引用した文言に当てはめるならば、その場合には、「登記内容を認識し、かつ、それにもとづいて自分の態度を決定したのだという、反証を許さない推定」が認められるのであり、「実際に登記内容を認識しそれにもとづいて信頼を形成して取引を行なったという事実がなくても、権利関係の変更の登記があるという事実があれば、定型的に、その『ある』という登記内容を信頼して取引を行なったものとして取り扱われるということは、依然として信頼保護の範囲内であり、ただ、それは、抽象的もしくは定型的な信頼保護として位置づけられる。……レヒツシャインによって客観的に正当化される、第三者の可能性としての信頼（ein potentielles Vertrauen）で足りるのである」ということである。正しい登記がなされた場合に信頼保護を認めない15条2項HGBも、このような抽象的・定型的な信頼保護の適用事例として理解するのが、むしろ首尾一貫しているであろう。2項の場合にかぎって、1項のような信頼保護規定性を否定するのは、その点で、理論的に矛盾があると言わざるをえない。

　また、類似の関係は帰責可能性に関しても指摘できる。すなわち、すでに見たように、多くの学説は、消極的公示主義において具体的な帰責可能性の有無が問われていないこと（いわゆる純然たるレヒツシャイン責任）について、それが帰責の観点との無縁性を意味するのではなく、登記をしなかったということ自体の中に帰責可能性を満たす要因が存在しており、それは危険主義的な見地から正当化しうるものと解している。このことは、消極的公示主義規定においては帰責事由（帰責可能性）についても公示の優越現象が認められること、言い換えれば、抽象的・定型的な帰責の取り扱いがなされることに他ならない。したがって、正しい登記をした場合には第三者の保護が

認められず、登記をしなかった場合には第三者の保護が認められるというのは、両方とも、この帰責事由の抽象的・定型的取り扱いに合致しているのである。それゆえ、登記をしなかった場合についてのみ右のような信頼保護おける帰責事由の抽象的・定型的取り扱いを説き、登記をした場合には、そのような帰責の観点を排除するという態度は、首尾一貫していないと言わざるをえないのである。

　これらを考えあわせると、公示方法に対する信頼保護においては、保護事由・帰責事由の双方に関して、抽象的・定型的に取り扱うことが共通の特長をなしているのであって、善意要件の不在は、必ずしもその信頼保護規定性を害なわないものと解すべきではないかと思われる。こうした問題場面においては、むしろ、公示方法の有無のみによって利害調節を行なうというところに、その原則的な態様を求めるべきであり、善意要件は、衡平の観点もしくは法政策的観点からそれを修正する必要がある場合に付される要件として位置づけるべきではあるまいか。信頼保護制度か否かを、善意要件の有無で判断することは、多くの場合その制度の趣旨内容と合致するであろう。ただ、人為的な外部的事実である公簿に関しては、そのような一般的な基準に収まりきれない特性がある。つまり、保護事由に関しても帰責事由に関しても、公示の優越を認める特殊な事情があるのである。

　ただ、問題は、そこにおいて、一般的な法律構成として信頼保護構成のほうを選択することが妥当か否かである。先に、われわれは、抽象的・定型的信頼保護が認められる理由として、ドイツでは、信頼保護の側面よりも登記をなすべき者の不利益負担の側面の比重のほうが大きいことが指摘されていることを見た（四2(4)参照）。しかし、そのような指摘は、なぜ個別的な善意・悪意があまり問題とされる必要がないのか、を説明するものではあっても、積極的に、なぜ、そのような抽象的・定型的善意が保護価値性を満たしうるのか、を説明するものではない。われわれはまた、帰責事由の抽象的・定型的取り扱いに関して、ドイツでは、危険支配という要素が指摘されていることを見た。しかし、この指摘は、登記をなさなかったことについては一般的に登記をなすべき側に帰責可能性が認められるということを説明するものではあっても、帰責の定型的取り扱い自体の妥当性を積極的に根拠づけう

るものではない。それを埋めるべき積極的要素があるのだろうか、あるとすれば、それは何であろうか。

2 外観としての登記の規範的性格と保護事由・帰責事由の抽象的取り扱い

　右のような問題に対して、私は、その積極的要素は、外観としての登記（公簿）の規範的性格に求めうるのではないかと考えている。具体的な善意・悪意や帰責事由の有無が要件化されていなくても、登記に依拠してなされた取引の安全を保護する趣旨の規定においては、抽象化・定型化された形でやはり保護事由・帰責事由が想定されているのであって、その意味では、法律構成としても、それらの規定は信頼保護の規定と解するべきであろう。登記などの公簿に対する信頼保護においてそのような特殊な取り扱いが認められるのは、信頼の客観的基礎（外観）としての登記が、規範的性格を有するところにその根拠を求めうるのではないか、ということである。

　ある外観は、公示方法として制度化されることによって、さらにその実際上の信頼度を高めるが、それと同時に、次のような性格を帯びることになる。すなわち、まず、それが公簿のように公の機関の管理するものである場合には、その管理者たる公の機関に対してその適正さを保持すべきことを要求する。また、私人に対しても、一方で、公示方法によって権利関係を正確に公示すべきことを要求するとともに、他方では、公示方法に依拠して取引をなすべきことを要求する。これが、私の言う、登記の規範的性格である。以下では、私人に対する作用に限定して、その内容を論じることにしよう。

(1) 帰責事由の抽象的・定型的取り扱い

　公示方法によって権利関係を正確に公示すべきであるということは、広い意味での公示の原則の内容として説かれているところと一致している。それは、多くの立法例では、登記をしない場合には一定の法的不利益を被るという形で実定法化されている。登記をしなければ物権変動の効力自体が生じないものとされたり（効力要件主義）、登記をしなければ「対抗スルコトヲ得ス」とされる（対抗要件主義）のがその典型例である。

　このように、登記をしないという行為と不利益負担とを結びつけるのは、

公示をすべきであったのにしなかったということに対するマイナス評価であるが、このような評価は、いわゆる信頼保護法理における帰責の原理として従来説かれてきた、与因主義、過責主義、危険主義のいずれにも該当しない。そこでは、広い意味での登記義務違反が問題とされており(70)、その根拠は、公示制度もしくは公示の原則そのものの中にある。不登記は、いわば、法定の不利益負担要因なのである。そして、登記の有無すなわち登記義務の履行の有無と不利益負担とは、定型的に結びつけられることになる(71)。しかしながら、先に述べたように、不登記と不利益負担をめぐるこのような特性は、不登記の事実と信頼保護における帰責事由との断絶を意味するものではない。制度的に期待された行為態様に反したということは、やはり、独立の帰責事由たりうるものだからである。もしも、不登記がそのような帰責事由に該当するとすれば、不登記が定型的に不利益負担を招来するという事実は、帰責事由の抽象的・定型的取り扱いを意味することになるであろう。「すべての者は、権利関係が変化した場合には自己に関わる登記簿の記載を書き換えさせるであろう。したがって、彼がそれをしなかった場合には、彼は、レヒツシャインの効果を甘受しなければならない」（ヴェスターマン）、ということである(72)。不登記についてこのように帰責事由的な構成をすべきなのか、あるいは、信頼保護とは無縁な不利益負担原因として構成すべきなのかは、結局、公示に依拠してなされた取引の保護を信頼保護と構成すべ

---

(70) そのような義務が、はたして、他人に対する義務もしくは社会に対する義務として構成すべきものであるのか、あるいは、自己の利益を守るための手立てを尽くしたか否かという観点から構成すべきものなのかは、興味深い問題である。権利者には社会的義務として権利関係を公に知らしめる義務があるということは、ドイツでは特にカント学派の主張したところである。わが国でも、物権変動に関して、鳩山博士は、登記をしなければ「対抗スルコトヲ得ス」とされる根拠として、「法律は特に特定の個人的利益を保護することを以て目的となすべからずして社会全部の利益を目的となすべきものなるが故に」、「法律が第三者に対抗し得べき有力なる権利を個人に賦与するに当りては之に因りて第三者に損害を及ぼすことなきを以て条件となさざるべからず」と説かれている。これに対して、たとえば好美教授などによって説かれている、「権利資格保護要件」としての登記という考え方や、星野教授などによって説かれている、登記についての勤勉さの評価という考え方は、登記義務を、自己の利益を守る手立てを尽くしたか否かという観点から説明するものと言えるであろう。

(71) しいて既成の帰責原理とのつながりを求めるならば、ドイツの学説が指摘しているように、危険主義的な要素によって説明するのが最も適合的であろう。

(72) Westermann 前掲注 (6) S.4。

きか否か、すなわち、抽象的・定型的信頼保護を公示の原則の内容として認めうるか否かにかかっている。

(2) 信頼（善意）の抽象的・定型的取り扱い

　登記の規範的性格は、信頼の側面に関しても次のような形で認めることができる。すなわち、登記は信頼される・べ・きであり、取引者はそれに依拠して取引をなす・べ・きであるということである。登記という人為的・公権的な公示方法は、実際上最も信頼に足るべき外部的事実であるが、それにとどまらず、「最も信頼されるべき」外部的事実として制度化されたものである。登記制度は、登記を、権利関係の最も優先的な徴表と定め、それに即した取引秩序を形成することを意図している。そのような意図を実現するためには、登記義務という側面において登記の規範的性格を認めるのみではなく、それに依拠して取引がなされるべきであるという側面においてもその規範的性格を認める必要がある。これが、信頼の側面における登記の規範的性格である。占有にもやはりこのような規範的性格は認められるが、その公示方法としての不完全さは、実際の信頼性における劣後のみならず、その規範的性格の薄弱さを導かざるをえない。信頼の側面における登記の規範的性格は、登記・登録などの公簿において顕著に認められる特性である。

　取引関係に入ろうとする者には、登記に留意し、その内容に即して自己の態度を決定することが期待される。したがって、①登記があれば、それを認識しそれに依拠して取引をしたものとして取り扱われてもやむをえない。「公示の不知はこれを許さず」、あるいは、「公示の存在は具体的善意の主張を排除する」のである（15条2項HGB、892条BGBの異議の登記など）。公示がある場合には、信頼保護のメカニズムが排除されるのではなく、第三者は公示された事実を認識して取引をしたものとして取り扱われてもやむをえないとされる。つまり、公示の存在と内容を知っていた（悪意）ものとして定型的に処理されるのである（悪意の擬制）[73]。また、それと裏腹に、②公示がなければ、公示されるべき事実は存在しないものと想定して取引関係に入っても構わない。むしろ、知らなかったということが登記の規範的性格に

---

(73) このような、登記（公告）後の第三者の悪意擬制という構成は、すでに、わが国の商法12条後段に関して通説の説いてきたところである。

適っていることになる。したがって、公示がない場合には、公示されなかった事実については第三者は知らなかったもの（善意）として取り扱われる。いわば、「公示の不在は具体的悪意もしくは過失の抗弁を排除する」のである（日本民法46条2項、756条、759条参照）。

このように、消極的公示主義規定において善意・悪意が問われていないケースについても、まったく第三者の善意・悪意が考慮されていないのではなく、右のような意味において、善意・悪意が抽象的・定型的に取り扱われていると解すべきであろう。少なくとも、それは、積極的に悪意者を保護しようとするものではない。仮に悪意者が保護される結果となったとしても、それは抽象的・定型的取り扱いによる「必要悪（necessary evil）」として容認されているのである。信頼保護制度のメルクマールとして、善意要件を不可欠のものと解するならば、たしかに、このような抽象的・定型的な取り扱いは信頼保護制度のワクを越えている。しかし、その実質に留意するならば、そこでは、抽象的・定型的な形で、第三者の信頼（保護事由）と登記をなすべき側の帰責事由とが前提とされており、その趣旨や基本構造においては、個別的な善意・悪意を問うその他の信頼保護制度と特に異なるものではない。そのような制度については、やはり、信頼保護制度の一環として位置づけるべきものではなかろうか。

(3) 理念型としての抽象的・定型的取り扱いとその修正

このように解すると、消極的公示主義規定においては、むしろ、保護事由も帰責事由も、登記の有無によって定型的に取り扱うというのが、その理念型あるいは原則型だと見ることができる。ただ、その公簿の信頼度や、公示の対象たる権利の性質・内容、また、どの程度公簿中心の取引秩序を形成すべきかの法政策的考慮、当事者間の衡平をはかる必要性などによって、現実には、そのような抽象的・定型的取り扱いは多様な修正を受けざるをえない。それが、たとえば、わが国における不動産登記簿に関する民法177条と商業登記簿に関する商法12条の相違であり、商業登記簿に関する15条1項・2項HGBと日本商法典12条の、また、法人登記簿に関する68条および70条BGBと日本民法典46条の、さらには、夫婦財産制登記簿に関する1412条BGBと日本民法典759条の相違であると解される。

従来から、民法177条を第三者保護の側面から構成することは立法者意思に反するということがしばしば指摘されてきた。しかしながら、起草者たちの叙述を見れば、むしろ、彼らは第三者の観点からする取引保護機能という側面から同条を理解していたことがわかる。たとえば、穂積委員は177条を置いた趣旨について、「公示法ノ主義ヲ第三者ノ為メニ主ニ採ッタ」のであり、物権というのは「一般ニ対シテ効力ヲ生ズベキ権利」（いわゆる絶対権）で、176条（草案では177条）の原則よりすれば合意のみによって「既ニ物権ト云フモノハ全ク生キテ居ルト」思われるけれども、「之ヲ絶対的ニ用イルと或ハ夫レガ為メニ取引上非常ナル弊害ヲ生ズルヤウナコトがアリマスカラ本条並ニ次ノ条ノ規定ガ之ト共ニ入用ニナッテ来ルノデアリマス」と述べている[74]。また、同じく起草委員の一人であった富井政章は、「対抗スルコトヲ得ス」の意味に関して、「此ノ結果タルヤ法律ニ保護セントスル第三者ヨリ観察シタルモノナリ」と述べ、「第三者」の意義に関して、第三者の善意・悪意を区別しなかったのは「登記及ヒ引渡ヲ以テ（効力要件ではなく筆者）単純ナル公示方法ト為シタル趣旨ニ適合セサルモノト」言うべきであるが、それは、「其意思ノ善悪ニ関シテ争議ヲ生シ挙証ノ困難ナルカ為メニ……」という「実際上ノ便宜」を旨としたものであると説明している[75]。さらに、もう一人の起草委員であった梅謙次郎は、善意の第三者にのみ対抗できないとするのが、意思主義を前提とする以上最も穏当であると述べているが[76]、これは、彼が、177条は本来第三者の信頼保護を基本的な趣旨とするものであると解していたことを示している。

　たしかに、立法者意思が、第三者の個別具体的な善意・悪意を問題とするものではなかったことは明らかである。しかし、右に見たところに照らすならば、それは、積極的に「悪意者」であっても保護するのが規定の趣旨だという意味ではなく、民法177条は、一般的抽象的な信頼保護の規定として個々具体的な善意・悪意を問題としないということ、すなわち、第三者側は

---

(74) 法務大臣官房司法法制調査部監修『法典調査会民法典議事速記録　一』（商事法務研究会　1983年）264頁参照。同旨の内容は、広中俊雄編著『民法修正案（前三編）の理由書』（有斐閣　1987年）218頁以下にも収録されている。
(75) 富井政章『民法原論第二巻』（有斐閣　1922年）60頁、63頁。
(76) 梅謙次郎『民法要義巻之二物権篇〈一〇版〉』（明法堂　1900年）7頁以下。

登記に依拠しそれを信頼して取引をしたものとして、定型的画一的に処理するのだということであったと見るべきであると思われる。穂積委員は、「絶対的ノモノデナケレバ公示法ノ効ヲ奏スルコトハ出来ヌト考ヘマスルガ故ニ単に（善意・悪意を区別することなく　筆者）『第三者ニ対抗スルコトヲ得ス』ト書キ下シタノデアリマス」と述べているが[77]、それは、公示法は第三者の利益を図るという意味で「公益ニ基ク公示法」であるとの認識を前提とした発言である。先に引用した部分と併せて考えれば、そこで述べられているのは、177条を第三者保護と切り離すということではなく、個別的善意・悪意を問題としないということにおいて、抽象的・定型的取り扱いを——しかも徹底した形で——選択するということであることが理解される。そして、そこには、おそらく、当事者間の衡平よりも、不動産登記簿を中心とした取引秩序の早急な確立をはかるという当時における強い法政策的考慮が働いていたことが推測されるのである。

六　小括

　「公示」と「公信」の関係はきわめて微妙である。従来のわが国では、「公示」は公示をする側から見た公示の効力の問題であり、「公信」は公示方法に対する相手方もしくは第三者の信頼保護の問題であって、両者の性格は基本的に異なるものであると位置付けられてきた。しかしながら、ドイツ法では、「公示」も「公信」も、公示方法に対する信頼保護の問題であるというのが伝統的理解であり、近年では、特に商業登記簿に対する信頼保護に関して、わが国でいわゆる「公示の原則」を消極的公示主義、「公信の原則」を積極的公示主義として位置づけるのが通説的立場となっている。すなわち、「公示をしなければ第三者に対抗できない」という規定は公示方法に対する消極的信頼保護を定めものであり、「真の権利関係と合致しない公示を信じて取引をした場合にその公示内容に即した法律効果が認められる」という規定は公示方法に対する積極的信頼保護を定めたもの（いわゆる公信力規定）

---

　(77) 法務大臣官房司法法制調査部・前掲注（74）264頁。

であるという分類である。両者の相違は、「対抗スルコトヲ得ス」とされる既存の法律関係の不在を前提とした法律効果を認めるという形で信頼が保護されるのか、あるいは、公示どおりの法律関係があるとの信頼内容がストレートに実現されるかの点にある。本来、登記制度は、それに依拠して取引をなすべき者の取引の安全保護を意図したものであり、「対抗スルコトヲ得ス」というのもその一つの発現形態であるという観点に照らすと、このような構成は、きわめて論理的であり、説得力に富むように思われる。

　従来のわが国では、このような公示と公信の関係、あるいは、積極的公示主義と消極的公示主義の関係については、主として、商業登記簿に関する商法12条と14条をめぐって言及されてきた。しかも、そこでは、公示の原則（消極的公示主義）における信頼保護的要素と公信の原則（積極的公示主義）との関係については、必ずしも明確な位置づけはなされていない。消極的公示主義・積極的公示主義という用語は、かつてのドイツのそれにならって、「登記をしなかった場合に対抗力のないこと」・「登記をした場合に対抗力のあること」という意味に用いられている。民法の分野では、このような諸概念については、さらに触れられることが少ない。わずかに、公示の原則は公示方法に対する消極的信頼保護を認めたものであることが、舟橋教授などによって説かれており、また、177条がそのような機能を有していることは多くの論者によっても認められている。しかし、それらにあっても、177条が信頼保護規定の一環として認知されることはなかった。むしろ、それとは異質なものとして位置づけるのが通説であった。すなわち、同条は第三者保護の規定として構成されたものではなく、登記を備えることによって排他性ある物権を完全に取得しうることを定めたものにすぎないというのである。他方、いわゆる公信力説は、同条の信頼保護規定性を認知するものであるが、その内容とするところは、同条を、積極的公示主義規定である動産即時取得制度（192条以下）と同視しようとするものである。すなわち、「対抗スルコトヲ得ス」という規定形式を介した消極的信頼保護である点が、従来の公信力説では法律構成の上に示されてこなかったように思われる。

　本稿では、177条の「対抗」の法律構成をめぐる錯綜した理論状況を前提として、前半において、ドイツ法においては消極的公示主義規定は信頼保護

規定(レヒツシャイン規定)として位置づけられていること、その内容は日本民法典177条ときわめて類似していることを論証するよう試みた。次いで、177条と信頼保護構成とを結びつけるに際して最も大きな問題点は、同条が善意要件を定めていないことであるとの認識から、ドイツの消極的公示主義規定において具体的な善意・悪意がどのように取り扱われているかを分析した。その結果、次のような共通の特長を抽出するにいたった。すなわち、第一に、具体的な善意・悪意よりも公示の有無が優先するという現象が、程度の差はあれ共通して認められるということ、そして、帰責可能性についても同様の抽象的・定型的取り扱いが認められるということである。第二に、外観の認識とそれによる具体的な善意の形成および取引行為という、信頼保護本来の要件が、実際には大幅に修正されており、そのような取り扱いが、抽象的・定型的信頼保護概念によって説明されているということである。第三に、しかしながら、ドイツでは、善意要件のあるなしが、信頼保護規定か否かを判断するメルクマールとなっており、それに従うかぎり、まったく善意・悪意を問わないものとする取り扱いは信頼保護から除外されるのが通常であるということである。私見によれば、そのような実定法規定による形式的な区分は、実定法の具体的内容に照らしても、ドイツで説かれている抽象的・定型的信頼保護概念や「絶対的レヒツシャイン」概念に照らしても、決して満足の行くものではない。公簿に対する信頼保護においては、公簿の規範的性格が、保護事由に関しても帰責事由に関しても抽象的・定型的な取り扱いを要請するのであり、たとえ第三者の善意・悪意を問わない場合であっても、公簿に対する第三者の信頼と、登記をなすべき側の帰責事由という信頼保護の基本構造は実質的に維持されている。特に消極的公示主義においては、そのような抽象的・定型的取り扱いこそが、むしろ理念型もしくは原則型であり、それをいかに修正すべきかに関して、様々な立場がありうる。日本民法典の起草者達が、177条の第三者の善意・悪意を不問としたのは、同条と信頼保護との切断を意図したものではなく、むしろ、そのような理念型の修正を排除し、抽象的・定型的な取り扱いをそのまま貫く道を選択したものとして理解すべきであろう。

　このように、本稿における消極的公示主義の分析は、177条の「対抗」の

法律構成の試みの一環として行なわれたものである。この問題に関する従来の議論は、それを信頼保護法理とは切り離して構成するか、登記の公信力によって構成するか、既成の法原理のいずれにもあてはまらない法定のものと構成するかに分かれているが、私見は、公信力説と同様に信頼保護法理による構成を採りつつ、その内容として、登記に対する積極的信頼保護ではなく、消極的信頼保護として構成するものである。このような抽象的・定型的取り扱いをするものは、従来の通説的基準よりすれば、本来の信頼保護制度ではないということになろう。したがって、あくまでそのような形式的基準に従うならば、177条は、信頼保護規定に近い規定ではあるが、それを介して生じる法律関係は「法定」のものであると構成するほかないであろう。しかしながら、本稿では、ドイツ法における公示の原則の把握の仕方や公示方法に対する消極的信頼保護や積極的信頼保護を定めた規定等を参考にして、177条を消極的公示主義の規定として構成すべきことを論じた。

　なお、このような法律構成の試みが、解釈論として、177条においては第三者の善意もしくは善意無過失要件を不要と解すべきであるという結論と結びつくものでないことは言うまでもない。それは、また別途論じられるべき問題である。そして、その場合には、善意を要するか否かは、同条が信頼保護規定か否かの問題ではなく、起草者たちの採用した徹底した抽象的・定型的取り扱い（登記簿に対する消極的公示主義の理念型）を、今日修正すべきであるか否かの問題として論じられるべきことになるであろう。

Ⅲ 民法177条と信頼保護

一 はじめに

　物権には排他性・絶対性が認められるので、その所在や内容について外から認識できるようにしておかないと、人々が不測の不利益を被るおそれがある。そこで、物権関係はできるだけ公示すべきだという法原則が求められることになる。これを、一般的に、公示の原則という。この原則は、物権関係を、予め定めた一定の外形すなわち公示方法と結びつけ、物権変動の成否やその対外的な主張の可否をそのような外形の有無にかからしめる制度として、各国で採用され、具体化されている。たとえば日本民法典は、その177条と178条において、不動産については登記、動産については引渡しをしなければ、物権変動を第三者に対抗できないものと定めている。

　このように、公示の原則は、公示をしないことによる不利益負荷の形で制度化（あるいは実定法化）されているのであるが、その趣旨とするところは、人々が、公示に依拠して行動することができるようにという、法律生活の安全特に取引の安全を図る点にあることは、改めて指摘するまでもないであろう。公示という外観を手がかりに物権関係の内容を認識し、それを前提に法律生活を送ることができるという積極面にこそ、この原則の主要な趣旨・目的があるということである。その意味で、公示の原則は、第三者の立場から見れば、公示方法に対する信頼を保護すべきであるという、広い意味の公信の原則にほかならない。

　このような、公示の原則に含まれている信頼保護の要素については、従来からいろいろな形で指摘されてきた。しかし、それを177条の解釈論に反映させるべきかという点になると、従来の通説的立場は消極的であった。たとえば、物権法を離れるが、商業登記について、同じく登記をしなければ対抗できないと定めている商法9条1項前段について、それは消極的公示主義を

定めたものとされてはいても、信頼保護を定めたものであるという位置づけはなされていないようである。ところが、これに対して、民法177条の「対抗」問題に関しては、信頼保護の要素を見直し、解釈論にそれを生かそうとする動きが近年強くなってきた。たとえば、取消しと登記など従来限定的に説かれてきた94条2項類推適用を、より広範囲に拡げ物権変動一般に認めようとする見解が有力に説かれている。また、信頼保護というよりも正当性の問題とする学説が多いが、悪意の第三者を排除すべきことが有力に説かれている。判例の中にも、単純悪意と信義則違反を結びつけて結果的に悪意者排除の取り扱いをするものが現れている。もっとも、民法177条の「対抗」と信頼保護とを結びつけることに対しては、批判的な見解も少なくない。むしろ、登記の有無による画一的な取り扱いと登記しないことによる不利益負荷が同規定の本質的な特徴であって、それは信頼保護制度とは異なるものであると解するのがなお伝統的な通説といえよう。

しかし、公示の原則が広義の公信の原則であるという上に述べたような関係は、177条の解釈・運用にとって出発点ともいうべき基本的なものであることを振り返ると、対抗問題を信頼保護と結びつけて考えることは、それほど見当はずれなものとは思えない。後にみるように、民法典の立法段階では、そのような発想がかなり顕著に示されていたのである。また、登記の有無による画一的な取り扱いは、今日では、衡平の観点から修正を被ることが多くなっているが、それに伴って、その方向性を明らかにするために、規定の趣旨・目的や実質的要素に立ち返る必要性が強くなっている。その際最も中心的な位置を占めるべきなのは、信頼保護の要素であろう。

本稿は、このような問題意識にもとづいて、177条の信頼保護的要素が、どのように取り扱われてきたのかについて、立法者意思、判例、学説を展望し、今後の解釈・運用にそれをどのように生かすべきかについて考察を試みたものである。

二 立法者意思について

民法177条に第三者の善意要件を入れるか否かは立法に際して議論になっ

た論点のひとつであった[1]。起草委員であった穂積陳重は、その点について次のように説明している。「不動産ノ登記ハ公益ニ基ク公示法デアルガ為メニ権利ハ移転スルコトガ出来ルガ之ヲ対抗スルコトガ出来ヌト云フ即チ公示法ノ主義ヲ第三者ノ為メニ重モニ採ツタノデアリマス……絶対的ノモノデナケレバ公示法ノ効ヲ奏スルコトハ出来ヌト考ヘマスガ故ニ単ニ『第三者ニ対抗スルコトヲ得ス』ト書キ下シタノデアリマス第三者ノ善意トカ悪意トカ云フ形容詞ヲ付ケナカッタ訳デアリマス」[2]。177条は、主に第三者保護を趣旨とする規定であるが、第三者の善意・悪意を問わないのは、不動産登記が「公益ニ基ク」公示方法として十分な効果をあげるためには「絶対的」のものでなければならないからだというのである。「絶対的」というのは、第三者の善意・悪意に応じて取り扱いを分けるという相対的な取り扱いはしないということであり、物権変動原因を問わないという取り扱いも含めて、このような立場は、その後、「登記絶対主義」と呼ばれるようになった。

同じく起草委員であった富井政章は、「対抗スルコトヲ得ス」の意味に関して、「此ノ結果タルヤ法律ニ保護セントスル第三者ヨリ観察シタルモノナリ」と述べ、また、第三者の善意・悪意を区別しなかったのは「登記及ヒ引渡ヲ以テ（効力要件ではなく　筆者挿入）単純ナル公示方法ト為シタル趣旨ニ適合セサルモノト」言うべきであるが、それは、「其意思ノ善悪ニ関シテ争議ヲ生シ挙証ノ困難ナルカ為メニ善意者ニシテ悪意者ト認定セラルルコト往々コレナキヲ保セズ。故ニ法律ハ第三者ノ利益ト共ニ取引ノ安全ヲ保証スルタメニ上記ノ区別ヲ採用セザリシモノト謂ウベシ」と述べている[3]。規定の趣旨・目的は第三者の保護にあるが、善意を要件とすると、善意・悪意がしばしば争われて善意の立証が困難な結果、善意なのに悪意と認定されることが少なからず生じる事態を防げないので、「第三者ノ利益ト共ニ取引ノ安全ヲ保証スルタメ」に善意・悪意不問としたのだというのである。また、もう一人の起草委員であった梅謙次郎は、実際には善意・悪意の区別は困難

---

(1) 第三者の善意の要否をめぐる民法典制定当時の議論については、たとえば、鎌田薫「対抗問題と第三者」星野英一編『民法講座2』（有斐閣　1984年）74頁以下参照。

(2) 法務大臣官房司法法制調査部監修『法典調査会民法議事速記録　日本近代立法資料叢書1』（商事法務研究会　1983年）584頁（穂積発言）。

(3) 富井政章『民法原論　第二巻　物権』（有斐閣　1922年）60頁、63頁。

であって第三者によって物権変動を認めたり否定したりすると「頗ル法律関係ヲ錯雑ナラシムルモノニシテ実際ノ不便少カラス」、したがって、「第三者ノ善意悪意ヲ問ハス登記アレハ何人ト雖モ之ヲ知ラスト云フコトヲ得ス登記ナケレハ何人モ之ヲ知ラサルモノト看故シ畢竟第三者ニ対シテハ登記ノ有無ニ因リテ権利確定スヘキモノトセル」立場を採用したのだと説明している。実際上の理由にもとづいて、登記の有無により善意・悪意を擬制する（「みなす」）という立法主義を採用したというのである(4)。「みなす」という取り扱いを前提とすれば、177条によって保護される第三者は、形式的には善意の第三者であるということになる。

　このように、起草委員たちは、民法177条の趣旨・目的が第三者の取引の安全保護にあることと第三者の善意・悪意不問の取り扱いがどのような関係にあるのかを示すことに留意していた。そして、そこでは共通して、本来であれば善意の第三者のみを保護すべきであるが、公示制度の実効性を高めることや、善意・悪意をめぐる争いの弊害を防ぐなど、実際上あるいは便宜上の理由によって、具体的な善意要件は掲げなかったことが説かれているのである。

三　判例

　判例においても、たとえば第三者の範囲に関するリーディングケースとされる大連判明治41年12月15日民録14輯1276頁は、177条が第三者の取引の安全保護を趣旨・目的とするものであるという認識を基本として、第三者の保護価値性の観点から「登記欠缺ヲ主張スル正当ノ利益ヲ有スル者」という基準を導いている。もっとも、この判決において正当性が問われたのは、善意・悪意等の主観的要件ではなく、「同一ノ不動産ニ関シテ正当ノ権利若クハ利益ヲ有スル第三者」か否か、すなわち、「其規定シタル保障ヲ享受スルニ直セサル利害関係ヲ有スル」か否かであり、判決は、正権原なくして所有権を主張する者や不法行為者を排除すべき理由として「正当の利益」を持ち

---

(4)　梅謙次郎『民法要義　巻之二　物権篇』（明法堂　1908年）7頁以下。

出しているのであるから、本判決が法律構成の中に信頼保護の要素を取りいれているというわけではない。しかし、この中では、177条が第三者の信頼保護の制度であることが明記され、第三者保護の観点から「正当の利益」の法命題が導かれていることは留意してよいであろう[5]。

　また、登記がなければ対抗できない物権変動（「物権の得喪及び変更」）の範囲についてのリーディングケースとされる大連判明治41年12月15日民録14輯1301頁は、その理由として、177条が第三者保護の規定であることを掲げ、第三者からみれば「物権ノ得喪及ヒ変更カ当事者ノ意思表示ニ因リ生シタルト将タ之ニ因ラスシテ家督相続ノ如キ法律ノ規定ニ因リ生シタルトハ毫モ異ナル所ナキカ故ニ」物権変動原因について無制限説をとるべきであるとしている。第三者保護という規定の趣旨・目的と、物権変動原因無制限とすることが、このような形で結びついているのである[6]。このように登記に対する第三者の信頼に着目するのであれば、第三者の善意・悪意を区別して悪意者を対象外とするということも考えられるが、その後の判決も、善意・悪意不問を原則とする態度は変えていない。

　わが国の物権変動法にとってきわめて重要なこの二つの判決を振り返って確認できることは、その中では、177条が第三者の取引の安全を保護する規

---

(5) 参考までに、判決文の該当部分を引用しておく。「本条ノ規定ハ同一ノ不動産ニ関シテ正当ノ権利若クハ利益ヲ有スル第三者ヲシテ登記ニ依リテ物権ノ得喪及ヒ変更ノ事状ヲ知悉シ以テ不慮ノ損害ヲ免ルルコトヲ得セシメンカ為メニ存スルモノナレハ其条文ニハ特ニ第三者ノ意義ヲ制限スル文詞ナシト雖モ其自ラ多少ノ制限アルヘキコトハ之ヲ字句ノ外ニ求ムルコト豈難シト言フヘケンヤ何トナレハ対抗トハ彼此利害相反スル時ニ於テ始メテ発生スル事項ナルヲ以テ不動産ニ関スル物権ノ得喪及ヒ変更ニ付テ利害関係アラサル者ハ本条第三者ニ該当セサルコト尤著明ナリト謂ハサルヲ得ス又本条制定ノ理由ニ視テ其規定シタル保障ヲ享受スルニ直セサル利害関係ヲ有スル者ハ亦之ヲ除外スヘキハ蓋疑ヲ容ルヘキニ非ス由是之ヲ観レハ本条ニ所謂第三者トハ当事者若クハ其包括承継人ニ非スシテ不動産ニ関スル物権ノ得喪及ヒ変更ノ登記欠缺ヲ主張スル正当ノ利益ヲ有スル者ヲ指称スト論定スルヲ得ヘシ」。

(6) 参考までに、判決文の該当部分を引用しておく。「何トナレハ第百七十七条ノ規定ハ同一ノ不動産ニ関シテ正当ノ権利若クハ利益ヲ有スル第三者ヲシテ登記ニ依リテ物権ノ得喪及ヒ変更ノ事状ヲ知悉シ以テ不慮ノ損害ヲ免ルルコトヲ得セシメンカ為メニ存スルモノニシテ畢竟第三者保護ノ規定ナルコトハ其法意ニ徴シテ毫モ疑ヲ容レス而シテ右第三者ニ在リテハ物権ノ得喪及ヒ変更カ当事者ノ意思表示ニ因リ生シタルト将タ之ニ因ラスシテ家督相続ノ如キ法律ノ規定ニ因リ生シタルトハ毫モ異ナル所ナキカ故ニ其間区別ヲ設ケ前者ノ場合ニ於テハ之ニ対抗スルニハ登記ヲ要スルモノトシ後者ノ場合ニ於テハ登記ヲ要セサルモノトスル理由ナケレハナリ」。

定であることが明確に説かれており、それを直接・間接の根拠として、第三者の範囲については制限説、物権変動原因については無制限説が導かれているということである。しかし、これらの中では、善意・悪意不問という点については特に問題とされることなく、たとえば前者においては、正当な利益という場合の正当性は、善意とは別のものと考えられている。

周知のように、その後の判例においては、第三者の具体的要因に関して、背信的悪意者排除の法理が形成・定着するにいたる。これは、大連判明治41年12月15日民録14輯1276頁の明らかにした法命題と結びついて、背信的悪意者は「登記欠缺ヲ主張スル正当ノ利益ヲ有スル者」に当たらないのだとされている。たとえば、最判昭和43年8月2日民集22巻8号2頁は、「実体上物権変動があった事実を知る者において右物権変動についての登記の欠缺を主張することが信義に反するものと認められる事情がある場合には、かかる背信的悪意者は、登記の欠缺を主張するについて正当な利益を有しない者であって、民法177条にいう第三者に当たらないものと解すべき」であると述べている（その他、最判昭和44年1月16日民集23巻1号16頁、最判昭和62年11月12日判時1261号71頁、最判平成8年10月29日民集50巻9号2506頁）。ここでは、「正当性」は信義則（民法1条2項）の問題とされ、第三者の主観も含んで幅広くいろいろな事情に鑑みて「第三者」性を判断しうるものとされている。その意味では、第三者の善意・悪意を拾い上げる受け皿はこの法理によって準備されたということができよう。しかし、信義則という一般条項は信頼保護の考え方とは（間接的には関係があるとはいえ）異なるものであり、実際、この法理は、単純悪意であれば第三者性に反しないということを前提としているのであるから、信頼保護法理構成に接近したとみるわけにはゆかない。

これに対して、近年の最高裁判決の中には、背信的悪意者概念を用いることなく、第三者が悪意もしくは有過失である場合に、それ以外の要因を特に取り上げないで、登記の欠缺を主張するのは信義則違反であるとして、その者には登記なくして対抗できるとしたものがある。最判平成10年2月13日民集52巻1号65頁は、承役地が用益地の所有者によって継続的に通路として使用されていることが客観的に明らかであり、譲受人がそのことを認識していたか認識することが可能であったときは、通行地役権自体の存在を知らな

かったとしても、何らかの通行権の負担のあるものとしてこれを譲り受けたものというべきであり、地役権設定登記の欠缺を主張することは、通常は信義則に反するとした。また、最判平成25年2月26日民集67巻2号297頁は、通行地役権の承役地が担保不動産競売により売却された場合に、最先順位の抵当権の設定時にすでに通行地役権により承役地が要役地の所有者によって継続的に通路として使用されており、そのことが、その位置、形状、構造等の物理的状況から客観的に明らかであり、かつ、抵当権者がそのことを認識していたかまたは認識することが可能であったときは、特段の事情がないかぎり、抵当権者が通行地役権者に対して地役権設定登記の欠缺を主張することは信義に反するものであって、抵当権者は地役権設定登記の欠缺を主張するについて正当な利益を有する第三者に当たらず、通行地役権者は、抵当権者に対して、登記なくして通行地役権を対抗することができるとした。

これらは、いずれも、実際に通行の用に供されていることが客観的に明らかであった土地を、その事実を知りつつ、あるいは、不注意で知らないで買い受けながら、後になって登記の欠缺を理由に通行権を否定することが信義則に反して許されないとしたものであり、通行地役権ゆえの特殊な事例ということもできる。しかし、買主がその通行をいったん容認しながら後になって登記の欠缺を主張したというならばともかく、通行の事実が客観的に明らかであり、通行の用に供されていることを知っていた、あるいは、過失によって知らなかったにすぎない場合に、後に通行権を否定することは信義則違反であるというのであれば、その評価基準は従来の背信的悪意者概念に照らして緩やかなものである。このような考え方を敷衍すれば、二重譲渡のケースで、第一譲受人が所有者として現に利用している事実が客観的に明らかであり第二譲受人がそれについて知っていたり知らなかったことに過失があった場合には、第二譲受人が後に第一譲受人の登記の欠缺を主張するのは信義則に反するということになりそうである。悪意者排除に一歩近づいた判断ということになるであろう。もっとも、第三者性が認められない根拠はあくまで信義則であり、信頼保護における保護事由としての善意の欠如しているというのではないから、これをもって判例が信頼保護構成に接近したということはできない。実質的に両者の距離が縮まっているということであろう。

四　学説における取り扱い

1　規定の趣旨・目的と法律構成との区別（従来の通説）

　民法177条が、物権関係について第三者の取引の安全保護を目的とした規定であることについては、特に異論は存しない。しかし、その内容をなすべき第三者の信頼保護の要素を解釈論の中に反映させるべきなのか、反映させるのであればどのようにすべきなのかについては、見解が分かれている。具体的には、登記がなければ対抗できない物権変動や第三者の範囲という解釈上の論点にその違いが出てくるが、本稿では、より基本的な論点として、「対抗」関係の法律構成をめぐる学説状況を中心に考察を進めることにしよう。

　民法177条が、物権関係について公示方法に対する第三者の信頼を保護して取引の安全を保護する規定であるということと、同規定を信頼保護規範として法律構成することとは同じではない。信頼保護規範というのは信頼保護法理にもとづく規定という意味でそう言っているのであるが、信頼保護法理とは、実質的法律関係と外観が食い違っている場合に、①信頼の客観的基礎たり得る外観、②外観の作出あるいは存続に対する帰責事由、及び、③外観に対する信頼、を原則的な要件として、外観に即した権利変動を認める法原則であるといってよいであろう。177条が第三者の信頼を保護する規定であるというのは、通常は、単に、第三者は登記に依拠して取引することができるという意味であって、それが信頼保護法理によるものだという意味ではない。すなわち、登記されていない物権関係は第三者に対抗できないので、第三者は、登記されていない物権関係を後から持ち出されて取引を覆滅されることはないということにすぎない。従来の通説は、そのような第三者保護と法律構成としての信頼保護との違いに留意して、177条は独自の対抗規定であって信頼保護構成とは異なると解してきた。

　たとえば、星野英一博士は、「対抗要件主義とは、取引安全を目的とする制度ではあるが、そのための手段つまり法的構成としては、登記に信頼した第三者を保護するという形をとらず、物権を得たが登記を怠った者が敗れるという形をとっているのであり、登記を怠った怠慢を咎めるという意味を持

ち、その結果、譲渡人に登記のあるときは登記のない第一譲受人を無視しうることになる」と説かれている[7]。あるいは、鈴木祿弥博士は、177条には実質的には三つの要素が認められるとして、登記をしないことによる不利益負担と並んで第三者の信頼保護がそのひとつであること、それは公信の原則とは異なり「偏面的で、消極的」なものであることを指摘されながらも、同規定が信頼保護法理にもとづくものだとは解されていない[8]。あるいは、舟橋諄一博士は、公示の原則と信頼保護との関連にいち早く留意されて、それは消極的な信頼保護であることを指摘され、第三者の取引の安全保護という趣旨・目的に照らして悪意の第三者は排除されるべきことを説かれたが、177条を信頼保護の規定として法律構成すべきものとは考えられていなかった[9]。近時でも、内田貴教授が、悪意者排除について同様の趣旨を説かれているが、信頼保護構成をとられているわけではない[10]。

　また、近年の学説の中では、悪意者排除説が有力となっているが、その根拠については、信頼保護における保護事由の欠如とは別の構成を説くものが多い。たとえば、自由競争の限界論、第三者の不法行為構成（法定効果説）などである。前者は、善意・悪意不問の根拠として標榜されてきた自由競争論が、たとえば第一譲渡を、あるいは、第一譲受人の現実の利用を知りながら購入した悪意の第二譲受人には当てはまらないのではないかとして、悪意

---

(7) 星野英一「取得時効と登記」『民法論集四』（有斐閣　1978年）323頁、同旨、同「物権変動における『対抗』と『公信』問題」『民法論集六』（有斐閣　1986年）139頁以下、151頁、同『民法概論Ⅱ』（良書普及会　1994年）40頁。同旨、鈴木祿弥「法律行為の取消と対抗問題」林良平編集代表『谷口知平先生追悼論文集３　財産法補遺』（信山社　1993年）137頁、143頁など。
(8) 鈴木祿弥「民法177条の『対抗スルコトヲ得ス』の意味」『物権法の研究』（創文社　1976年）242頁、同『物権法講義〈５訂版〉』（創文社　2007年）131頁以下。
(9) 舟橋諄一『物権法』（有斐閣　1960年）63頁以下、154頁以下、同「登記の欠缺を主張しうべき『第三者』について」『加藤正治先生還暦祝賀論文集』（有斐閣1932年）639頁以下。
(10) 内田貴『民法Ⅰ〈３版〉』（東京大学出版会　2006年）454頁によれば、「なぜ公示するのかといえば、利害関係を持つ他人に権利の存在を知らせるためである。そうだとすれば、登記がなくとも、権利の存在を知っている（悪意の）第三者に対しては公示の必要はない。したがって、悪意者は177条の『第三者』にあたらないというべきである」と説かれている。それに続けて、宅地の場合には第一譲受人によって建物の敷地としての利用がなされていれば第二譲受人の悪意が推定されるとされる。第４版ではこれらの記述は削除され、代わりに悪意者排除の理由として自由競争論の限界が指摘されている。

者排除を導くものである。後者は、第二譲渡が悪意でなされた場合は第一譲受人に対する不法行為となりそれへの制裁として所有権を取得しえないとする考え方である。もっとも、第一譲受人の不法行為と構成する見解もあり（登記をしなかった第一譲受人は法律によって要請される公示義務の不遵守を理由とする不法行為が成立し、善意の第三者との関係で対抗可能性の失効という形で物権を喪失する。）、その中では、第三者の善意要件は買主保護という公示制度の目的から導かれるべきものとされている[11]。

2 対抗問題の信頼保護的構成

以上のような従来の通説的見解に対して、「対抗」の問題を信頼保護の問題として処理しようとする見解がある。この中には、177条自体を信頼保護の規定として法律構成するものと、177条の適用範囲を一定のものに限定し、それ以外の物権変動原因については信頼保護の問題として、特に、94条2項の類推適用によって処理しようとするものがある。前者は少数説にとどまっているが、後者は、今日では学説の大きな流れになっているといってよいであろう。以下では、対抗問題を信頼保護の問題として処理しようとする学説を、このような二つのグループに分けて、その内容を整理し展望することにしよう。

(1) 177条を信頼保護規定として構成するもの（内部化説）

(a) 公信力説

公信力説の内容には、論者によって若干の違いがあるが、次のような論理において共通している。すなわち、176条によりすでに所有権は第一譲受人に移転して譲渡人は無権利者となっているのであるから、二重譲渡における第二譲受人の所有権取得は、「無から有を生む」法理によるほかない。それは、動産即時取得に対応する不動産の善意取得ということになる。動産に関

---

[11] 第三者の善意・悪意に関する判例・学説の状況については、鎌田・前掲注(1)「対抗問題と第三者」67頁以下、舟橋諄一／徳本鎭編集『新版注釈民法(6)〈補訂版〉』（有斐閣　2009年）650頁以下（吉原節夫）、多田利隆「不動産取引における信頼保護——民法177条の二面性と信頼保護法理——」内田勝一／浦川道太郎／鎌田薫編『現代の都市と土地法』（有斐閣　2001年）83頁以下、滝沢聿代『物権変動の理論Ⅱ』（有斐閣　2009年）105頁以下など。

する192条のような規定はないが、177条自体がそのような権利変動を認めていると解される（そう解さなければ対抗問題は生じようがない）。したがって、第三者には善意無過失を要するし、登記をしなかったことが第一譲受人の帰責事由に相当する。公信力説は、こうした構成によって、一方で、第二譲渡による所有権取得を根拠づけるとともに、他方では、現地検分を前提とした善意無過失要件を通じて第二譲受人の所有権取得の可能性を絞り、目的不動産を現実に占有利用している第一譲受人を保護しようとするものである(12)。

この見解に対しては、悪意（有過失）者排除や保護事由と帰責事由の利益衡量という価値判断に対しては共感を示す見解が少なくないが、「公信」という法律構成や、規定の文言や配置から大きく外れてしまうことに対して批判が強い。たとえば、第一譲渡による前主の無権利を想定することは権利を実体化する誤った考え方であるとか、物権の排他性が絶対的なものと前提してそこから従来の物権の二重譲渡論の不都合を攻撃するのは順序が逆である、そもそも不動産登記に公信力がないわが国の登記制度と矛盾する、あるいは、善意・悪意不問という規定の文言に反しており、また、不動産については192条に相応する規定はないことと矛盾するなどと批判されている(13)。

---

(12) 篠塚昭次『民法セミナーⅡ』（敬文堂　1970年）148頁以下、同・「物権の二重譲渡」『論争民法学Ⅰ』（成文堂　1970年）14頁以下、篠塚昭次「対抗問題の原点（一）（二）」登記研究270号（1970年）1頁以下、271号（1970年）1頁以下、篠塚昭次／月岡利男「不動産登記における公信力説の形成と展開（一）（二）」登記研究272号（1970年）1頁以下、273号（1970年）1頁以下、半田正夫『不動産取引法の研究』（勁草書房　1980年）3頁以下、同・『不動産取引における登記と司法書士』（テイハン　1993年）69頁以下、石田喜久夫『物権変動論』（有斐閣　1979年）175頁以下、同・「二重譲渡と登記」谷口知平／加藤一郎編『新版民法演習(2)』（有斐閣　1979年）32頁、同・「不動産登記と公信力」法務省法務総合研究所編『不動産登記をめぐる今日的課題』（1987年）21頁以下、鎌田薫「『二重譲渡』の法的構成」ジュリスト増刊民法の争点（1985年）100頁以下。公信力説の提示する価値判断の正当性を説く見解として、同・「不動産二重売買における第二買主の悪意と取引の安全――フランスにおける判例の転換をめぐって――」比較法学9巻2号（1974年）31頁以下、同・『民法ノート①物権法〈第三版〉』（日本評論社　2007年）72頁以下。

(13) 公信力説に対する批判としては、たとえば、川井健「不動産物権変動における公示と公信――背信的悪意者論、民法94条2項類推適用論の位置づけ――」『我妻栄先生追悼論文集』（有斐閣　1975年）24頁以下、好美清光「物権変動論をめぐる現在の問題点」書斎の窓299号（1980年）11頁以下、鈴木禄弥『物権変動と対抗問題』（創文

(b) 消極的公示主義説

　私の説いてきた見解である。この説は、「対抗することができない」とされることで生じる権利変動を、私法上の諸原理に照らしていかに体系整合的に根拠づけるかということが解釈論にとってのひとつの課題であるとして、それは信頼保護の一態様である一般的・定型的な消極的信頼保護に求められることを説く。これによれば、所有権移転を例とすると、規定の解釈として、176条により所有権は第一譲受人に移転して譲渡人は無権利となっていることが177条の論理的な前提となっていると解さざるを得ず（そこに「対抗」規範が用いられる必然性がある）、第二譲受人の権利取得は、「無から有を生む」ものということにならざるをえない。もちろん、その権利取得が177条によって認められるものであるという意味では、第二譲受人の権利取得は法定のものである。しかし、そのような権利変動を「法定」として片付ける前に、それを根拠付け正当化する私法原理があれば、それによって、民法体系の中に整合的に位置づけるべきであろう（「対抗」の実質的整合性の問題）。それは、信頼保護法理に帰着するのではないか。ただ、それは、公信力説の説くような不動産の善意取得（積極的信頼保護）ではなく、「外観がない（動いていない）から実質もない（動いていない）」という信頼を保護する消極的信頼保護である。また、177条には善意要件がないが、公示方法に対する信頼保護には、保護事由の定型的取り扱いという特徴があり、それは、登記の外観としての規範的性格によって導かれる。すなわち、登記をしなかったならば帰責事由があり、登記が動いていなければ、権利関係も動いていないと信じたものとして取り扱われるということである。177条はそのような一般的・定型的な信頼保護の規定と解すべきである。

　消極的公示主義説は、そのような構成を前提として、①いわゆる登記絶対主義を導いた立法当時の強い法政策ベクトルは今日では消滅しており、登記の有無による画一的取り扱いは緩和・修正される必要があること、②悪意は

社　1999年）30頁以下、星野英一「日本民法の不動産物権変動制度」『民法論集第6巻』（有斐閣　1986年）92頁、同・『民法概論Ⅱ〈再訂版〉』（良書普及会　1994年）39頁以下、滝沢聿代『物権変動の理論』（有斐閣　1987年）219頁、同・前掲注（11）『理論Ⅱ』109頁以下など。

もともと信義則違反と同根であって、信頼保護の観点からの悪意者排除と、信義則違反構成あるいは背信的悪意者排除とは明確に区別できないこと、③登記の外観としての規範的性格をもってしても、一般的・定型的な信頼保護の貫徹には限界があること等を理由として、画一的取り扱いを緩和して、信頼保護の一般的な要件論に近づけるべきこと、具体的には、悪意の第三者を排除すべきことを説く(14)。

消極的公示主義説の詳しい内容とそれへの批判については、五において改めて取り上げることにしたい。

(c) 177条の中への94条2項の組み入れを説く見解

米倉明教授は、二重譲渡の法律構成について、第二譲受人の権利取得は公信力説が説くような登記の公信力によるものではなく94条2項の類推適用によるものであり、94条2項の内容に沿って、第一譲受人には帰責事由が必要であり、第二譲受人には善意かつ無重過失が必要であるとされている(15)。上述の(a)公信力説や(b)消極的公示主義説は、177条自体に信頼保護のメカニズムが組み込まれているとして、それとは別に他の規定（たとえば公信力説であれば192条ということになろうか）の類推適用を説くわけではないのに対して、この説は、177条の内容自体に関して94条2項の類推適用を説いている。しかし、両者が内容的に重なりうるとすれば、どちらか一方でよいは

---

(14) 消極的公示主義説については、多田利隆「民法177条の『対抗』問題における形式的整合性と実質的整合——消極的公示主義構成の試み——（一）（二）（三）」民商102巻1号（1990年）22頁以下、2号150頁以下、4号409頁以下、同・「公示方法に対する消極的信頼保護法理の分析——民法177条の対抗問題とドイツ法の消極的公示主義規定——」北九大法政論集18巻1号（1990年）111頁以下、同・「消極的公示主義と民法177条の適用範囲」『高島平蔵先生古稀記念 民法学の新たな展開』（成文堂 1993年）153頁以下、同・前掲注（11）「不動産取引における信頼保護」74頁以下、同・「不動産物権変動法制改正の方向性について——『民法改正研究会』案を手がかりに——(2)」西南学院大学法学論集44巻2号（2011年）1頁以下。

なお、自説の名称について、旧稿の中では特に定まったものはなく、暫定的に「消極的公示主義説」とすることが多かった。これは、ドイツにおける消極的公示主義の法律構成が私見と共通するところが大きいところから、そのような名称を用いたのである。「消極的公示主義」は、わが国では商業登記に関して信頼保護とは別の原則として説かれるのが通常であり、また、自説は、基本的な発想の点で私の指導教授である篠塚昭次教授の公信力説と共通であることに照らして、「消極的公信力説」と称することも考えられるが、本稿では従来どおり、消極的公示主義説と称することにした。

(15) 米倉明「債権譲渡禁止特約の効力に関する一疑問（三）」北大法学23巻3号（1973年）119頁以下。

ずであり、177条は94条2項に吸収されることになるであろうから、この見解は、二重譲渡の可能性を中心に、177条の内容が94条2項的な考え方にもとづくものであることを指摘することによって、そのことを177条の解釈に生かすべきことを説くものということになるであろう。

　そのような発想をさらに明確な形で展開するものとして、川井健博士の見解がある。すなわち、94条2項の類推適用として説かれている内容を、背信的悪意者排除法理と並んで、177条の対抗要件の中に正当性の考慮を導入する方法の一つとして把握し、「94条2項類推適用問題を民法177条のなかに位置づけ、177条の解釈として解決」するという見解である[16]。この見解は、177条の中に94条2項的な規範を読み込むという点で、177条の信頼保護的構成と重なりうるようにも思われるが、そうではない。この説は、その「正当性」の根拠を、背信的悪意者排除の法理と共に、最終的には権利濫用（民法1条3項）に求めており、94条2項については、「自ら登記名義を得る機会のあった権利者が、自らの権利行使を怠っていながら、第三者に対し権利主張をすることは、権利濫用のうえからみて許されない」という側面に注目している。したがって、この見解は、対抗問題の信頼保護的構成というわけではない。しかし、94条2項は、表意者の帰責性の内容が特殊で、また、その比重が重いという特徴を持ってはいるが、善意の第三者保護の規定であることには変わりはないのであるから、177条の中に正当性の考慮を導入する方法として94条2項類推適用を取り込むと、その正当性の内容には、第三者側の善意すなわち信頼保護の要素も含まれざるを得ないのではあるまいか。もしも、そのような要素も正当性の考慮の中で拾い上げたうえで、最終的に権利濫用によってそれを基礎づけるというのであれば、信頼保護の要素を内包する権利濫用構成ということになるであろう。

(2) 94条2項類推適用説（外部化説）

　以上のように信頼保護の要素を177条に内部化するのではなく、177条自体については（信義則等による修正の余地は残した）画一的取り扱いを維持し、物権変動原因によっては177条ではなく94条2項類推適用法理によるべきこ

---

[16] 川井・前掲注 (13) 15頁以下。

とを説く見解がある。このような、いわば信頼保護要素の外部化ともいうべき考え方（外部化説）は、取消しと登記について以前から有力に説かれていること、相続と登記（特に遺産分割と登記）についても、また、時効と登記についても、そのような構成があることは、周知のとおりである。このような動向について、鎌田薫教授は次のように集約されている。「最近では、無権利者からの譲受人を保護する法理として94条2項類推適用論が確立したため、第三者保護のために、あえて法律構成上の技巧をこらしてまでも177条に頼る（しかも結果的に悪意の第三者まで保護する）必要がなくなった。こうした展開を背景として、従来便宜的に対抗問題として処理されてきた問題を、94条2項類推適用等による公信問題としての処理の場面に引き戻そうとする動きが顕著にみられるところに最近の学説の特色があるということができる。」(17)。

このような動向は、加藤雅信教授が代表を務められている「民法改正研究会」の改正草案では、より徹底した形で示されている。すなわち、177条の適用対象を意思表示による物権変動に限定し、それ以外の物権変動原因については、94条2項による処理を行うという提案である。その理由としては次のように説かれている。従来の判例は、わが国で登記の公信力が認められていない状況下で、登記に対する信頼保護という実際上の要請に応えるために、あえて立法者意思に反して177条の適用範囲を拡張してきたのであるが、94条2項の類推適用法理によってそのような要請に応えられるようになった今日では、適用範囲拡張の必要はもはや認められず、意思表示（法律行為）による物権変動についてのみ登記を必要とするという本来の内容に立ち戻るべきであり、それ以外の物権変動原因については登記対抗要件主義はとらず、94条2項の類推適用法理で対応すべきであるというのである(18)。このような見解は、加藤教授によって以前から説かれていたものである

---

(17) 鎌田・前掲注（12）「不動産二重売買における第二買主の悪意と取引の安全」58頁以下。

(18) 松岡久和「物権変動法制のあり方」ジュリスト1362号（2008年）45頁以下。同旨として、加藤雅信「『日本民法改正試案』の基本枠組」ジュリスト1362号（2008年）16頁、同・民法改正研究会『民法改正と世界の民法典』（信山社　2009年）26頁等。なお、この研究会案の不動産物権変動に関する部分については、多田・前掲注（14）「不動産物権変動法制改正の方向性」参照。

が(19)、上記の改正案の解説によれば、登記を要する物権変動についてこのような制限説に立ち返るべきであるという点で、民法改正研究会参加者の意見が一致したとされているので、現在少なからぬ民法研究者が、立法論として、このような見解をとっているということになろう。これに従えば、取消、解除、時効、相続などの物権変動原因については、177条ではなく94条2項の類推適用によって、物権変動当事者と第三者との利益が調整されることになる(20)。

五　信頼保護構成の可能性──消極的公示主義説に即して──

以上のような判例・学説の状況を展望してみると、「対抗」の法律構成について、われわれは現在次のような課題に直面しているように思われる。そのひとつは、「対抗」と信頼保護との関係について明らかにすることである。両者が根底において結びついていることは異論のないところであるとしても、その結び付きを法律構成レベルに浮上させるべきなのか否かを、再度見直してみる必要があるであろう。もう一つは、94条2項の類推適用という方法をどのように受け止めるべきかである。以下、第一の点から検討を進めることにする。検討の仕方として、便宜上、私見の消極的公示主義説の論拠に即して論じることを予めお断りしておく。

1　公示と公信

公示の原則は、民法177条も含めて、直接的には、公示をしなければ物権者あるいは物権変動の当事者が不利益を被るという形をとるが、それを通じて実現されるべきは、物権関係については公示に依拠して行動することができるという、法律生活における安全・安心である。公示という外観を手がかりに物権関係がどうなっているのかを認識し、それを前提に法律生活を送ることができるということである。すなわち、この原則は、形の上では不利益

---

(19) 加藤雅信『新民法体系Ⅱ　物権法〈第2版〉』125頁以下（有斐閣　2005年）。
(20) もっとも、同試案についての松岡教授の説明の中では、時効については特に言及されておらず、また、相続については、研究会としての明確な方針は固まっていないとされている。松岡・前掲注（18）46頁。

負荷であるが、実質は、上記のような意味での信頼保護の作用を担う原則である。その意味で、公示の原則は、広い意味の公信の原則にほかならない（下図参照）。

【公示と公信の関係】

	〈権利者の側から〉	〈取引の相手方・第三者の側から〉	
公示の原則	公示方法を備えなければ物権変動の効力あるいは第三者への対抗力を認めない。	公示がなければ物権変動はないものとしてかまわない。＝公示方法に対する一般的・抽象的な消極的信頼保護	広義の公信の原則
		公示があるので物権変動があると信じてかまわない。＝公示方法に対する個別・具体的な積極的信頼保護(21) ← 狭義の公信の原則	物権関係については公示方法に依拠して取引をすることができる

　もっとも、わが国では、「公信」というとドイツ法の公信制度（öffentlche Glaube ドイツ民法典892条、932条）を観念して、それとは異なるということから、公示と公信とのこのような結びつきが軽視されることが多い。たしかに、ドイツ法で登記の公信力として説かれているのは積極的信頼保護であり、日本民法の177条や178条とは異なる。しかし、それは、効力要件主義の下では、物権変動が登記を伴わないという意味での実質と外観の不一致は生

---

(21) 理念的には、公示方法があるのでそれに対応する物権変動があるという信頼を一般的に保護することも観念しうる（公示方法に対する一般的・定型的な積極的信頼保護）。しかし、公示の原則においては、公示をしないという不作為に対するマイナス評価が信頼保護における帰責事由として一般的に想定できるのに対して、公示方法に対する積極的信頼保護の場面では——他人が勝手に登記申請書類を偽造して不実の登記がなされた場合を想定すればわかるように——不実登記の現出と権利者の帰責事由との間に一般的・定型的な結びつきを認めるのは困難な場合が多い。したがって、現実には、公示方法に対する積極的信頼保護は、公示の存否による画一的な判断によるものとはなりえず、個別具体的に帰責事由・保護事由を判断する通常の信頼保護法理によるものとならざるをえないと考えられる。

じないので、信頼保護法理が問題となるのは積極的信頼保護の場面に限られてくるからである(22)。

ドイツ法でも、実質的な法律関係を登記していなかった場合には当該法律関係を「第三者に対抗できない」とするいわゆる消極的公示主義（negatives Publizitätsprinzip）にもとづく規定がある（法人登記簿に関するドイツ民法典68条、夫婦財産制登記簿に関する同1412条1項、商業登記簿に関するドイツ商法典15条など）。わが国では、商業登記簿に関して、消極的公示主義を信頼保護の観点から説明することは一般的でないようであるが、ドイツでは、積極的公示主義（positves Publizitätsprinzip）と合わせて、公信力制度とは異なる、登記を権利外観すなわちレヒツシャイン（Rechtsschein）とする信頼保護の原則にもとづく規定であると一般に解されている。すなわち、消極的公示主義は、その実際上の作用に即して、「公示内容に即した実質がある」との信頼をストレートに保護するのではなく、公示内容に現れていないので実質もないという主張を退けうるかぎりで第三者の信頼を保護するものであるとされているのである(23)。

ドイツ法的な消極的公示主義概念をフランス法から継受した177条に当てはめることに対しては、意思主義と対抗要件主義のシステムに効力要件主義下の法概念はそぐわないという批判があるが(24)、ドイツの消極的公示主義は、効力要件主義をとる不動産登記に関して説かれているわけではなく、商業登記簿などの対抗要件主義をとっている規定について説かれているものであり、公簿あるいは公示方法に対する信頼保護には積極と消極の二つの態様があるものとされている。公示の原則とそのようなタイプの信頼保護とが結びつきうることは、意思主義か効力要件主義かとは関係なく、共通に認めうるのである。

---

(22) この点については、多田・前掲注(14)「形式的整合性と実質的整合性（二）」170頁参照。
(23) 多田・前掲注(14)「形式的整合性と実質的整合性（三）」410頁以下、同・前掲注(14)「分析」117頁以下、140頁以下、同・『信頼保護における帰責の理論』（信山社1996年）236頁以下参照。その後のドイツの文献としては、たとえば、Oliver Fehrenbacher, Registerpublizität und Haftung im Zivilrecht (Nomos 2004) S.149ff.。
(24) 滝沢・前掲注(11)『物権変動の理論Ⅱ』139頁以下。

2 「対抗することができない」という規定形式

先に述べたように、伝統的な通説は、177条が、信頼保護ではなく「対抗することができない」という、登記を怠った怠慢を咎めるという制裁あるいは不利益負荷の形をとっていることを、信頼保護的構成との不整合の理由のひとつとしている。しかし、「対抗」の規定形式が信頼保護的構成と矛盾しないことは、94条2項や96条3項に示されているとおりである。「対抗」は、特定の者に実質的法律関係を主張できないとすることによって、既存の法律関係の不在を前提とする別異の法律関係を導く規定形式であり、その規定が信頼保護規定かそうでないのかとは関係がない(25)。

また、不利益負荷と信頼保護とは相容れないものではない。177条は、登記に依拠して取引した第三者の保護と登記を怠った真の権利者への不利益負荷という二面性を備えているのであり、信頼保護法理はその両者を統合的に構成しうる。従来のわが国では、信頼保護に関して、取引の安全重視の理念と結びついてその保護の側面が注目される反面、不利益負荷すなわち帰責――たとえば意思にもとづかないで権利を失うこと――の側面が軽視されてきた。しかし、信頼保護法理は不利益負荷の法理でもあって、大陸法、英米法を問わず、信頼保護法理の最大の課題とされてきたのは、実質的法律関係に依拠すべき立場にある者の不利益負荷をいかに根拠付けうるのかであった。このような関係に留意すれば、177条の対抗できないという不利益負荷の側面についても、単なる制裁としてではなく、信頼保護における帰責として位置づけことができるであろう(26)。

「対抗することができない」という規定形式が、常に信頼保護法理と結びついているわけではない。たとえば、対抗できないものが権利関係ではなく

---

(25) 対抗規定のメカニズムについては、多田・前掲注(14)「形式的整合性と実質的整合性(1)」22頁以下参照。同・「『対抗する』『対抗要件を備える』ということ」法学セミナー481号(1995年)58頁以下。日本民法典における「対抗」規定の一覧として、七戸克彦『基本講義 物権法Ⅰ』(新世社 2013年)108頁参照。

(26) わが国における帰責軽視の傾向と、ドイツのレヒツシャイン法理の展開については、多田・前掲注(23)『帰責の理論』参照。なお、信頼保護における帰責については、中舎寛喜『表見法理の帰責構造』(日本評論社 2014年)がある。レヒツシャイン法理の展開過程を展望したその後のドイツの文献として、Wolfgang Selter, Die Entstehung und Entwicklung des Rechtsscheinsprinzips im DeutschenZivilrecht (Verlag Dr. Kovac 2006) をあげておく。

単なる事実である場合には、第三者との関係について信頼保護法理を説く必要はないであろう。その点、177条は176条を前提としている。両者を一体として、そのもたらす効果を権利関係とする考え方もある（並列構成）が、これでは、対抗規定のメカニズムすなわち既存の法律関係を前提としてそれを特定の者には主張できないものとするという取り扱いに抵触してしまう。意思表示のみによって、たとえば所有権はすでに移転しており譲渡人の下にはないということを論理的な前提とすべきである。そこでは、実質的法律関係と外観との食い違いという状況を認めざるをえないのである。第三者の権利取得を根拠づけるものとしては、第一譲受人の不法行為という構成もありうるが、それを別とすれば、「法定」か「信頼保護」しかないであろう。

3　消極的信頼保護

　信頼保護構成にとって障害となりうるもののひとつは、この場合に認められる信頼保護は、公示がないので物権変動はない、すなわち、「外観がないので実質もない」という、消極的信頼保護だということである。この点で、動産即時取得やドイツ法における登記の公信力のように、「公示があるので権利もある」という信頼を端的に保護する積極的信頼保護の制度とは明らかに異なっている。

　公示の原則が消極的信頼保護を含むことについては、わが国でも、舟橋博士、我妻博士などによって早くから指摘されていた。その後も鈴木博士によって177条を構成している実質的要因のひとつとしてこれが指摘されていたことは、先に述べたとおりである（四1）。けれども、それが177条の信頼保護的構成へとつながることはなかった。通説は、二重譲渡の法律構成について——無権利者からの取得というプロセスを介在させる必要はないと解していたのであるから——信頼保護を持ち出す必要を認めていなかったし、公信力とは異なる信頼保護のタイプをわざわざ認めることはないと考えられていたからであろう。しかし、消極的信頼保護がドイツでは消極的公示主義の形で公示方法に対する信頼保護の一翼を担っていることは、すでにみたとおりである。それは公信力とは違う形で、公示方法に対する信頼を保護する作用を認められているのである。

注意すべきなのは、この区別が信頼の主観的内容による区別ではないという点である。たとえば、177条の第三者は、主観的には「登記名義人であるから相手方は所有者だ」（登記があるから権利もある）と信じるのが通常であろうが、この規定によって保護されるのは、「登記が移っていないので権利も移っていない」という信頼である。積極・消極の区別は、主観的にどう信じたかによるものではなく、どのような信頼が保護されるのかという作用によるものなのである[27]。

4　具体的な善意・悪意不問について

信頼保護構成にとって重大な障害たりうるのは、177条によれば第三者の善意・悪意と保護の認否が一致しないということであろう。登記していれば、善意の第三者にも対抗できるし、していなければ悪意の第三者にも対抗できない。公示の原則においては、決め手は登記をしたか否かであって、第三者が信じたか否かではない。善意を要件としない善意者保護すなわち信頼保護というのはナンセンスではないかということである。

この点について、私見は、この場合には、登記の有無という客観的事実によって善意・悪意を判定する一般的あるいは抽象的・定型的な信頼保護が採用されているものと解している。信頼保護制度には多様なものがあるが、帰責事由については一般的・定型的な取り扱いがなされるのが通常であるのに対して、保護事由については個別具体的に善意あるいは無過失の有無が認定されるのが通常である[28]。しかし、公簿に対する信頼保護においては、積極・消極を問わず、程度には制度によって違いがあるが、保護事由について同じように一般的・定型的な取り扱いがなされるという特徴を認めることができる。ドイツ法の不動産登記の公信制度においても同様である[29]。その

---

(27)　多田・前掲注（14）「形式的整合性と実質的整合性（2）」175頁以下参照。
(28)　帰責の定型的取り扱いについて、ドイツの信頼保護理論でどのように論じられてきたか、また、わが国ではどのような状況であるのかについては、多田・前掲注（23）『帰責の理論』284頁以下参照。
(29)　ドイツ法では、公示方法に対する信頼保護における信頼が、個々具体的な信頼ではなく、たとえば登記の特別の信頼性にもとづく抽象的な可能性としての信頼として把握されており、客観化され形式化された信頼保護あるいは取引保護（ein objektivierter und formalisierter Vertrauens- bzw.Verkehrsschutz）であると一般的に解さ

理由について、私見は、公簿の外観としての規範的性格にあると考えている。すなわち、不動産登記に話をもどせば、登記という外観には、登記すべきである、また、登記に依拠して取引をすべきであるという社会的要請が伴っており、そこから、「登記しなければそれによって生じうる取引事故の危険を負担させられてもやむをえない」、「登記の不知はこれを許さず」あるいは「登記の不在は具体的悪意もしくは過失の抗弁を排除する」という、帰責事由と保護事由の一般的・定型的な取り扱いが導かれるのではないかということである[30]。

消極的公示主義説が信頼保護構成を説きながらそこから善意要件を導くわけでもないという点については、このような構成を説く実際上の解釈論上の意味があるのかという疑問が提示されている[31]。また、抽象的・定型的な信頼保護という概念を持ち出すことについて、信頼保護構成の不都合を示すもの、あるいは、「信頼保護法理の自己矛盾」であるとの批判がある[32]。そのような無理をしてまで信頼保護という構成を説く必要があるのかということであろう。まず、このような構成の可能性については、上記のように、外観としての登記（人為的な権利外観である公簿）の規範的性格から導かれる、保護事由の定型的取り扱いの徹底したものと解することで、それは肯定できるものと考える。177条の中には、(a)信頼の客観的基礎たりうる外観、(b)外観の作出・存続についての帰責性、(c)外観に対する信頼、(d)その効果として、既存の法律関係が破られて信頼内容に即した法律関係の形成が認められる（あるいは、履行利益の賠償請求ができる）ことという、信頼保護制度の基本的な枠組は維持されているからである。次に、このような構成の必要

れていることも参考になるであろう。
(30) 登記の外観としての規範的性格による定型的処理については、多田・前掲注(14)「形式的整合性と実質的整合性(3)」414頁以下、同・前掲注(14)「消極的信頼保護法理の分析」156頁以下、同・前掲注(23)『帰責の理論』291頁以下において、ドイツ法の状況も合わせて検討されている。なお、多田・前掲注(11)「不動産取引における信頼保護」では、フランス法でも、同様の考え方にもとづいて「対抗」を信頼保護的に構成しようとする動きが強くなっていることに言及している。
(31) たとえば、松岡久和＜書評＞法時63巻2号（1991年）88頁において、研究会でそのような指摘がなされたことが紹介されている。
(32) 滝沢・前掲注(11)140頁、153頁、七戸克彦「対抗要件主義に関するボアソナード理論」法研64巻12号（1991年）272頁。

性あるいは有用性という点については次のように考えている。第一に、それは、同規定の画一的な取り扱いの緩和・修正の方向を指し示すという解釈論上の意味を持っている。「法定」とするのみでは、その方向は示されない。たとえば、対抗問題を94条2項の類推適用に置き換えようとするのが近時の学説の中で有力な流れとなっているのは、177条がその核心部分に信頼保護法理にもとづくメカニズムを持っていることが認識されているからであろう。第二に、フランス法から継受されたわが国の物権変動規範に、民法典中の体系的な整合性を付与する意味を持つということである。一般的・定型的な信頼保護という考え方は、ドイツ法的な発想であって、おそらくフランス法的発想からは出てこないであろう。一般的・定型的な信頼保護というのか「法定」というのか、その差は紙一重であって、どちらにも転びうる。前者は、登記の有無による善意・悪意の擬制という梅博士の説明（二参照）とも重なるもので、擬制という概念を持ち出すこと自体、その法律構成の不自然さを示すものかもしれない。しかし、フランスから継受した制度であるからフランス法的な考え方でゆけばよいというわけにもゆかないのであって、ドイツ法的な基本構造を採用した日本民法典の中でそれを体系整合的に位置付ける必要がある。そのような見地からは、177条はドイツ法の消極的公示主義に対応するものとして信頼保護的な構成をあてはめることには少なからぬ意義があると考える。

5　177条の適用範囲についての指針

いわゆる登記絶対主義の緩和が現在必要であると考えられる点については、四2 (b)の末尾で述べたところであるが、信頼保護構成は、緩和の内容について、適用範囲の画定に関する次のような指針を提供することになる。

まず、信頼保護は、真の権利者側の帰責可能性を基本的な要件としている。したがって、類型的にみて、登記をしなかったことについて帰責可能性が認められないような場合には、登記絶対主義はその正当性の基礎を欠き、修正を迫られる。帰責の内容をどう考えるかについては、ドイツ法を例にとれば、与因主義（Veranlassungsprinzip）、過失主義（Verschuldensprinzip）および危険主義（Risikoprinzip）という異なった考え方があるが、177条におい

ては、それらとは別に、物権変動に応じた登記をすべき社会的義務があるのにそれを果たさず、真の権利関係とは異なる登記に依拠した取引が行われる危険を作り出したという点に求めるべきであろう[33]。したがって、登記しなかったことについてそのような帰責事由が認められない場合には、177条は適用すべきではない。この帰責事由の有無は、公示方法に対する信頼保護の特性に照らして、定型的に判断される（いかなるケースについても登記の有無のみによって決まるという登記絶対主義が緩和される）。すなわち、類型的にみて登記をしなかったことがそのような義務違反とは判断できないような場合が適用範囲から外されるということになる。時効による所有権取得や共同相続の場合がそれに該当するであろう。

　また、信頼保護は、保護される側が、真の権利関係とは異なる外観に依拠すべき立場にあることを前提としている。177条についていえば、第三者は、既存の法律関係である物権変動の不在に依拠する法的立場にある者だということである。この点は、従来、「対抗」の関係として取り上げられており、「食うか食われるかの関係」などと表現されてきたが（いわゆる対抗問題説）、信頼保護法理からも、対抗関係にある第三者でなければならないということが根拠づけられる。このような見地からは、たとえば、新地主による借地人に対する賃料請求の可否は、177条本来の適用範囲外の問題であることが導かれるであろう。さらに、第三者の善意要件も、一般的・定型的な信頼保護という画一的な取り扱いが緩和されて原則的な信頼保護に接近すべきであるという文脈で根拠づけることになる。この適用範囲の問題は、近年では94条2項類推適用との関係を考慮に入れざるをえないので、次の**六2**において改めて取り上げることにしたい。

六　内部化か外部化か

　対抗と信頼保護の関係をめぐる今日的課題のひとつは、177条自体を信頼

---

[33] 多田・前掲注（14）「公示方法に対する消極的信頼保護法理の分析」137頁以下。信頼保護における帰責理論の総合的研究としては、多田・前掲注（23）『帰責の理論』参照。

保護規範として構成し、解釈適用にそれを生かす方向に進むのか（内部化）、それとも、物権変動原因によって177条の適否を分け、適用しない物権変動については94条2項等の信頼保護規定を当てはめるべきか（外部化）ということである。公信力説等は内部化構成であり、これに対して、外部化構成として、取消しや解除、取得時効、遺産分割等の物権変動原因について94条2項の類推適用によるべきことが有力に説かれており、また、近時では意思表示による物権変動以外に広く94条2項を類推適用すべきことが提案されている（四2(2)参照）。

1 立法者意思との関係

外部化の根拠として、立法者意思が説かれることがある。たとえば、先に取り上げた「民法改正研究会」の改正案の説明の中では、177条は176条を受けて意思表示による物権変動について定めたものであるが、その後の判例によって他の物権変動原因にまで拡げられたのだとされ、それが、意思表示以外の物権変動原因については177条を適用しないとする理由のひとつとされている。しかし、起草委員の立法過程における説明やその後の著作をみるかぎり、物権変動原因については無制限の立場をとる旨が明言されており、むしろ、立法者は意識的に無制限説すなわち登記絶対主義をとっていたと解される。その点よりすれば、外部化の根拠として立法者意思をあげることはできないのではないかと思われる。むしろ、先に紹介した富井委員や梅委員の見解からは、177条自体が、その体裁とは異なり本来は信頼保護を旨とする規定であると考えられていたことが窺えるのであり、立法者意思は内部化説と親和性を持つものであったと考えるべきであろう[34]。

2 94条2項の類推適用

登記絶対主義は、周知のように、その後の判例・学説によって修正されざるをえなかった。民法典があえて登記絶対主義を採用したのは、日本社会に早急に不動産登記制度を浸透定着させ、登記を軸にした不動産取引秩序を形

---

(34) この点については、多田・前掲注（14）「不動産物権変動法制改正の方向性（二）」西南学院大学法学論集44巻2号（2011年）6頁以下。

成すべきだという当時の強い法政策的ベクトルが働いたものと推測されるが、その後、そのような目的がある程度達成されるとともに、登記制度の理想が実際には実現困難であるという状況の下で、私人間の正義衡平に適った取り扱いを実現するために、判例・学説は、画一的取り扱いを修正せざるをえなかったのである。その方法として、信義則や権利濫用禁止法理、公序良俗などの一般条項が活用されたのはいわば必然であったというべきであろうが、学説の有力説は、そのような微調整を超えて、対抗的処理の中に登記をしなかったことについての具体的な事情への配慮を含ませたり（いわゆる対抗問題徹底説）、具体的事情を拾い上げる法律構成として94条2項に注目し、物権変動原因によっては177条ではなく94条2項による処理を提案してきた[35]。

　なぜ、対抗問題に関して94条2項が注目されてきたのであろうか。それは、94条2項が、物権が移ったにもかかわらず登記名義をそのままにしておいたという真の権利者側の事情と、第三者がその登記を信じて取引をしたという事情の双方を拾い上げるに適した構造を持っているからであろう。177条の内容が実質的に94条2項と重なり合う部分が大きいということであり、この点は、米倉教授が早くから指摘されていたところである（四2(1)(c)）。公信力説が、その価値判断に関しては魅力的であるが解釈論としては大きな無理があるとすれば、その問題点を避けつつ同様の価値判断を生かせる構成として、94条2項類推適用法理の展開を背景に、対抗問題への94条2項の類推適用を説く見解が多くの支持を集めてきたのは、むしろ、当然の経緯であったということができるであろう。

　ただ、ここに類推適用法理を当てはめ、その一環として位置付けることには慎重でなければならないと考える。94条2項の類推適用法理は、不動産登記に公信力のないことを事実上補う、・積・極・的信頼保護の法理として展開されてきた。しかし、積極・消極というのは信頼保護の作用の違いであるから、要件に関しては、この区別は決定的な意味を持ち得ない。特に、94条2項の

---

(35) 画一的取り扱いの緩和の仕方について現在様々な考え方が提示されていることについては、多田・前掲注（14）「不動産物権変動法制改正の方向性について（二）」13頁以下参照。

類推適用法理が、外観への意思的関与と相手方の善意あるいは善意無過失があれば相手方の信頼を保護するというに近い広い内容となっている今日ではそうである。したがって、この法理は対抗問題にも適用できることになるが、その結果、この法理は、積極・消極の両方を通じる登記に対する信頼保護の法原則となり、それは、94条2項の類推適用法理という信頼保護の一般規範の一適用領域ということになる。しかし、この法理がその適用範囲を拡大し、信頼保護の一般規範化することに対しては、私は消極的な受け止め方をしており(36)、177条における信頼保護的要素の外部化をこの類推適用法理の拡張として位置付けるべきではないと考えている。

3 信頼保護的構成の内容と177条の適用範囲
(1) 第三者の範囲について

私見である消極的公示主義説は、177条を信頼保護規範として構成するのであるから、内部化説（四2(1)）ということになる。その内容については、大筋において以下のようになるであろう。

まず、第三者の範囲についてであるが、公信力説が、「善意取得」という構成からただちに善意無過失要件を導くのに対して、消極的公示主義説は、画一的取り扱いの緩和によって、177条が一般的・定型的に認定していた第三者の善意が個別具体的に判定されるようになるという文脈で、善意要件の必要性および悪意者排除を導く。この場合の善意・悪意の意味は、すでに所有権が移転しているなど、物権変動の事実の不知・知を意味する。先行する契約の存在の知・不知と把握する余地もあるが、176条を前提とした「対抗」であるから、物権関係レベルの問題として考えるべきであろう。もっとも、債権段階にとどまっている先行する取引を知りながらそれを覆すという認識の下に取引を行った場合に、信義則によって後行の取引にもとづく主張を否定しうる場合もあることは否定しない。

無過失については、公示主義の価値判断、すなわち、登記をしなかったという事実が社会的義務に反するものとされ、登記を信じたことは正当な理由

---

(36) 多田・前掲注(14)「改正の方向性について」26頁以下参照。

があるとされるという、外観としての登記の規範的性格と結びついた価値判断よりして、無過失は不要とすべきであろう。ただ、わが国では現地検分が行われるのが通常であるという事情を考慮すると、少し注意をはらえば真の権利関係が認識でき取引事故を防げたのにそのような注意を怠ったという重過失が認められる場合には、177条の第三者から排除すべきものと考える。

第三者の客観的要件としては、**五5**で述べたように、第三者は、真の権利関係の不在（当該物権変動がないこと）に依拠する立場にあることが必要であり、そのような立場にない第三者については177条は適用されない。この要件は、「対抗」のメカニズムからも導かれるが、信頼保護構成によってもそれを根拠づけることができる。判例・学説の中には、そのような関係にない者、たとえば土地の新所有者が賃料請求をする場合の賃借人との関係についても、同規定を適用するものがあり、権利保護資格要件としての登記という概念が説かれることもある。これは、177条の適用ではなく借用にすぎず、便宜に照らしてそれが容認されるということにすぎない。

(2) 物権変動の範囲について

信頼保護的構成からは、登記がなければ対抗できないとされる物権変動の範囲についても、一定の判断基準が導かれる。それは、帰責事由が認められないものは除外されるということである。そして、この帰責事由は、信頼保護制度の中ではその有無が定型的に判断されるのが通常であり、公示の原則においてもそれは維持されるべきである。したがって、類型的にみて、登記をしなかったことに帰責事由が認められないような物権変動原因は、適用範囲から除外すべきことになる。

この区別は、結局、意思表示による物権変動とそれ以外ということになるであろう。登記をしなければ対抗できない物権変動の範囲という問題は、実質的には、物権変動当事者の帰責に関わるものである。登記をしなかったならば「対抗できない」という不利益を課されるのは、不登記の事実の中にそれを正当化すべき帰責根拠があるものとされるからである。自らの意思にもとづいて物権変動を生じさせた場合には、公示制度の作用を維持し第三者の誤信にもとづく取引の危険を避けるために、登記内容をそれに合わせるべきことをその者に期待できるのであるから、登記をしなかった場合には定型的

に帰責性ありとして「対抗できない」という不利益を課されてもやむをえない。信頼保護における帰責の原理という観点からは、危険主義（Risikoprinzip）によるか、あるいは、登記の外観としての規範的性質に対応する社会的義務違反の考え方によって根拠づけられることになるであろう(37)。そのような状況が認められるか否かについて、意思表示による物権変動とそれ以外の原因との間には顕著な違いがある。

具体的には、売買、贈与、交換などの契約による物権変動がこれに含まれることは特に問題がない。取消しや解除による物権変動はこれに含まれず、それらについては94条2項の類推適用によるという有力な見解があるが（四2(2)）、それらも意思表示による物権変動であることには変わりはなく、登記しなかったということについては、上に述べたような帰責の状況が認められるのであるから、信頼保護構成を前提として、売買等と同じく177条を適用すべきではないであろうか。また、遺産分割による物権変動は、意思表示による物権変動ではないが、意思にもとづくという点では共通しており、登記をしなかったことについての帰責性についても意思表示の場合と同じ状況を認めることができるのであるから、これに準じるものとして、177条を適用すべきものと考える。

これに対して、取得時効による物権変動や、相続による物権変動については、そのような帰責事由が欠けているのが通常であろう。したがってそれらについては177条の適用を否定して、それ以外の制度を用いて解決が図られることになる。結果としては、94条2項の類推適用が多いであろうが、事案に応じて93条や96条3項、表見代理規定などの適用あるいは類推適用も考えられる。

七　おわりに

公示の原則は、公示方法を備えたか否かによる画一的な取り扱いを特徴と

---

(37) 信頼保護の帰責の原理としての危険主義については、多田・前掲注（23）『帰責の理論』149頁以下。社会的義務としての登記義務という考え方については、同書・299頁以下。

している。それは、公示制度の本質に関わる基本的な特徴であろう。ただ、画一的な取り扱いには、第三者の善意・悪意を考慮するか、公示方法を備えなかった事情を考慮するかという点など、それをどの程度まで認めるかについては、法政策的な判断の幅がある。民法177条は、第三者についても、また、物権変動原因についても、その範囲を一切制限しないという、徹底した画一的取り扱いを採用した。しかし、それは、不動産登記の実状と私人間の具体的な正義衡平の要請の前で、修正を余儀なくされてきた。そして、それに伴って、規定形式という表層部分には示されていない基層部分が解釈の場で留意されざるをえなくなってきたということができるであろう。その核心部分をなしているのは、信頼保護の要素であり、これは、公示と公信（広義）との裏表の関係に由来する、公示の原則にとって本質的な要素である。

　本稿は、そのような認識を踏まえて、信頼保護の要素をどのような形で解釈論に拾い上げるべきかについて考察を試みた。手がかりとなる視座としては、信頼保護の要素を177条の法的構成まで浮かび上げさせるべきか否かについて再検討することと、物権変動原因に応じて信頼保護的要素を177条の外に出して、たとえば94条2項の類推適用によって対応するという方法をとるべきか否かの二つを設定した。

　第一の点については、私見は消極的公示主義説であって、信頼保護的構成を採ることに積極的である。いくつかの論点が検討の対象となるが、「対抗することができない」とされることで生じる権利変動を、私法上の諸原理に照らしていかに体系整合的に根拠づけるかということが解釈論にとってのひとつの課題であるという私の問題関心から、「法定」とするにとどまらずこのような法原理に即した分析が必要であり、また、可能であると考える。そのような問題関心にあまり意味を認めず、法規定に即してそれを「法定」と位置付けることはもちろん可能であり、信頼保護的な構成からみても、その違いはいわば「紙一重」にすぎないであろう。ただ、画一的な取り扱いを緩和・修正する方向付けをする際に、177条が信頼保護の規定と解しうること（ドイツ法の消極的公示主義の位置付けに対応）がその手がかりとなるという点で、実際上の意味を持ちうるのではないかと考える。

　第二の点については、私見は二段構えの構成をとる。すなわち、まず、

177条自体について、信頼保護的要素を組み込んで解釈・運用すべきである。しかし、類型的にみて帰責事由の観点からそれに当てはまらない場合は、適用範囲から外し、民法上の別の制度を適用して処理すべきである。具体的には、177条は意思表示による物権変動にかぎって適用するものとする。取消や解除による物権変動もこれに含むべきであり、遺産分割もそれに準じて考えればよい。これに対して、取得時効や相続による物権変動はそれから除外すべきであろう。このような取り扱いは、第一の点も含めて、最終的には民法典の改正によって明らかにすべきであるが、現行法の下でも、解釈によって同様の取扱をすべきであろう。

第二部　民法177条の適用範囲について
——消極的公示主義構成からのアプローチ——

一　はじめに

　民法177条は、登記がなければ対抗できない物権変動の範囲や第三者の範囲については、特に限定を付してしない。そのいずれについても制限することなく、「対抗」については登記の有無のみによる画一的判断を行うというのが立法者の見解であった。いわゆる登記絶対主義といわれるものである。しかし、このような登記絶対主義は、その後の判例・学説の中で少なからぬ修正を被ってきた。物権変動原因の範囲についてみると、大連判明治41年12月15日民録14輯1301頁以来、判例は無制限説を基本的立場としているが、たとえば取消や取得時効について、第三者の登場時期による区別的取り扱いを行う中で、登記ができたのにそれをしなかったという事情が配慮されており、学説においては、さらに、いろいろな形で、物権者側の事情や第三者側の事情あるいは衝突利益の内容を考慮すべきことが説かれている。第三者の範囲については、判例は、大連判明治41年12月15日民録14輯1276頁で、それまでの無制限説から、「当事者若クハ其包括承継人ニ非スシテ不動産ニ関スル物権ノ得喪及ヒ変更ノ登記欠缺ヲ主張スル正当ノ利益ヲ有スル者」に限られるとする制限説に変わり、その正当性の中身は、客観面とともに主観面も及ぶものとしていわゆる背信的悪意者排除の法理が採用されている。学説では、「当該不動産に関して有効な取引関係に立てる第三者」のような一般的基準の下で具体的事案に応じて柔軟に対応すべきことや、そもそも「対抗」関係にない者は第三者たりえないことが従来から説かれてきたが、近年では、背信的悪意者排除にとどまらず悪意者は排除すべきであるとする見解が

有力に説かれている。

　このような流れを全体として見るならば、もっぱら登記の有無のみによって画一的に「対抗」関係を処理すべきであるという立法者の選択は、その後の判例・学説によって修正を被り、具体的な事情への配慮が重要性を増してきたといえるであろう。登記の有無が「絶対的」なものであるようなシステムの採用は、立法当時のわが国においてはそれなりの合理性と必然性を持っていたものと推測されるが、それは、その後の実際の法的争訟を通じて、具体的妥当性の観点から修正を被らざるを得なかったのである。注目されるのは、そこで取り上げられている事情や価値判断が、信頼保護法理の内容と実質的に大幅に重なっているということである。信頼保護法理は、信頼の客観的基礎たりうる外観の存在を軸として、そのような外観の作出・存続についての真の権利者の帰責事由と、その外観に依拠して取引きを行った者の保護事由とを要件として、信頼の内容に即した法律効果を認める法理である。これに対して、177条の「対抗」は、信頼保護とは異質の法理であるというのが従来からの通説的理解であった。そのような立場からは、このような接近現象は特別な意味は持たず、あくまで「対抗」の枠内での変化にすぎないということになるかもしれない。しかし、私見は、177条は信頼保護規範の一環に位置づけるべきものと考えており、そのような観点よりすると、上記のような接近あるいは重複現象は、きわめて興味深いものである。見方によっては、このような現象は当然のことといえよう。公示の原則は、登記に対する信頼を保護して第三者の取引の安全を保護することを趣旨とするものであり、177条もそのことと無縁ではありえない。このつながりは、実定法化の段階で排除されたようにも見えるが、それは単に条文には現れずに潜在化したのみであって、極端な登記絶対主義を導いた要因、たとえばわが国に早急に登記を軸とした不動産取引き秩序を確立しようという法政策的ベクトルが後退し、私人間の衡平に適った取り扱いの要請が相対的に強くなるにつれて、このような「対抗」と信頼保護との内的関連性が次第に顕在化してきたものと見るべきであろう。

　筆者は、主にドイツ法における信頼保護法理（レヒツシャイン（Rechtsschein）法理）と対抗要件主義規定（法人登記簿に関するドイツ民法典

68条、70条、夫婦財産性登記簿に関する同1412条、商業登記簿に関するドイツ商法典15条等）をめぐる学説・判例を手がかりに、177条は不動産登記に対する消極的信頼保護を定めた規定として法律構成すべきではないかと考えるにいたり、消極的公示主義構成を唱えてきた[1]。しかし、このような構成は、フランス法継受という規定の沿革に沿ったものではないということもあり、広く受け入れられるところとはならなかったようである。具体的な解釈論への本格的な当てはめにまで及んでいなかったこと、たとえば、従来の公信力説と基本的な発想をともにしながら、第三者の善意無過失要件をそこから導くわけではないという点でインパクトに欠けていたということもあったであろう[2]。本稿は、その手薄な部分を少しでも埋めるべく、判例・学説の動向についての上記のような理解を基本的な視座として、177条の適用範囲の問題について考察を試みたものである。

二 登記がなければ対抗できない第三者の範囲について

1 対抗規定のメカニズム（形式的整合性論）から導かれる判断基準

私見の消極的公示主義構成は、177条の「対抗」の意味如何という問題には、対抗のメカニズム論（形式的整合性の問題）と、それを介して生じる権利変動を民法体系もしくは民法上の諸原理に照らしてどのようなものとして位置づけるべきかという権利変動の性質論（実質的整合性の問題）という性質の異なる二つの論点が含まれており、この二つを分けて考える必要があるという認識を踏まえて、まず、対抗のメカニズムについては次のように定式化する。すなわち、対抗規定においては、既存の法律関係とその主張関係とが区別され、一定の場合には既存の法律関係を特定の者（相手方や第三者な

---

[1] 多田利隆「民法177条の「対抗」問題における形式的整合性と実質的整合性──消極的公示主義構成の試み──（1）(2)(3)」民商法雑誌102巻1号22頁以下、2号150頁以下、4号409頁以下（1990年）（以下、「形式的整合性と実質的整合性」と表記する）。特に、民商法雑誌102巻1号27頁以下。同・「公示方法に対する消極の信頼保護法理の分析──民法177条の対抗問題とドイツ法における消極的公示主義規定──」北九大法政論集18巻1号（1990年）126頁以下（以下、「分析」と表記する）。
[2] たとえば、松岡久和〈書評〉法時63巻2号（1991年）88頁。

ど）には主張しえないものとされる。つまり、その特定の者が既存の法律関係を否定しうるものとされる（「対抗することができない」の消極的側面）。176条によって「排他性あるべき物権」をすでに取得しているとしても、既存の権利関係の否定可能性を認めるのが対抗規定なのであるから、177条によってそれを第三者に主張できないものとされることは矛盾ではない。むしろ、176条によってすでに完全に物権が移転しているからこそ、登記がない場合にその（真の権利関係にもとづく）主張を封じるとする対抗規定の出番があるのである。また、対抗のメカニズムにおいては、対抗できないものとされる相手方から当該法律関係が否定されると、その法律関係はあたかも当初からなかったかのように取り扱われ、その不在を前提とする別個の法律関係がその相手方との間にあったかのように処理される。主張関係が権利関係に反映して、新たな権利関係を生じさせることになるのである（「対抗」の積極的側面）[3]。

　このような対抗のメカニズムに照らして、その適用範囲に関しては、次のような判断基準が導かれる。すなわち、同規定の「第三者」は、既存の法律関係すなわち真の法律関係の不存在に依拠すべき法的立場にある者であるということである。対抗規定の予想している問題場面は、既存の権利関係に依拠すべき者とその不存在に依拠すべき者との利益衝突の場面であり、前者が一定の要件（たとえば登記）を欠いた場合に、例外的に真の権利関係が破られて後者の利益が優越すべきことを認めるところに対抗規定の独自性があるからである。不法占拠者や無権利者から権利の設定を受けた者、あるいは転々譲渡における前々主などは、このような基準に照らしても第三者性が否定されることになる。

　もっとも、177条の「対抗」は、このような場合だけに当てはまるものではない。たとえば、二重売買における第二買主が所有権取得（承継取得と構成するか善意者保護による取得と構成するかについては議論の余地があるが）を第一買主に対抗するという場合には、「第三者」に相当する第一買主は、既存の法律関係の不在に依拠して所有権を取得したわけではなく、真の法律関

---

[3] 多田・前掲注（1）「形式的整合性と実質的整合性」、特に、民商法雑誌102巻1号27頁以下。

係にもとづいて所有権を承継取得したのであるから、上記のような対抗のメカニズムは当てはまらない。この場合には、「対抗」は、お互いに相容れない物的地位を相争う関係にある者の間における優劣の問題であり、登記の有無によってそれが決定されるというにすぎない。従来からの賃借人に対する新所有者の明渡請求も同様であり、いわゆる不動産賃借権の物権化によって物権相互の対抗関係に類するとして177条を適用するのが判例であり、学説にも特に異論はないところである(4)。これらにおいては、第三者の地位取得が信頼保護によると考える余地はなく、「対抗」は、「物権変動を認めるとすれば内容が之と両立せざるが為め論理上当然に否認されねばならぬ権利を有する者」（末弘）とか「物的支配を相争う相互関係に立ち、かつ登記に信頼して行動すべきものと認められる者」（舟橋）の間における優劣の関係にすぎないことになる(5)。このことよりすると、対抗問題説の述べるところが両方の場合を包摂しうる第三者の意味であり、私見の消極的公示主義構成は、物権変動よりも後に第三者が出てきたときの第三者の権利取得のメカニ

---

(4) 第三者の範囲について制限説の立場を明らかにした明治41年連合部判決も、「第三者」の例示として、賃借権を正当な権原にもとづいて取得した者を挙げている。

賃料請求等や賃料不払いを理由とする解除請求あるいは解約申し入れについても、同様に177条の適用（あるいは転用）を認めるのが判例および多数説であるが、それらが賃借権の存在を認めたうえでの請求であり、本来は契約上の地位の移転の問題であることから、反対説も強いことは周知のとおりである（近時の不要説として、加藤雅信『新民法体系Ⅱ 物権法〈第2版〉』（有斐閣 2005年）84頁以下、松岡久和『物権法』（成文堂 2017年）129頁）。土地建物の賃貸借契約が信頼関係に基づく継続的契約であるところから、だれが賃貸人であるかは賃借人にとってきわめて重要であり、実際にも正当事由の有無など法的利害関係が生じること（その具体的内容については、たとえば、松尾弘／古積健三郎『物権法』（弘文堂 2005年）89頁、山野目章夫『物権法〈第5版〉』（日本評論社 2012年）43頁以下参照）、また、不動産移転登記によって賃貸人の地位の移転が賃借人に明らかにされうることに照らして、判例及び多数説を支持すべきであろう。この場合の登記は、その機能に照らして、「賃料請求権行使の資格要件としての登記」（河上正二『物権法講義』（日本評論社 2012年）137頁）ということになろうか。なお、この問題は、今回の債権法改正で判例および多数説の立場に沿って立法的解決が図られ、賃貸人たる地位の移転は、賃貸物である不動産について所有権の移転の登記をしなければ賃借人に対抗することができないとする規定が置かれた（605条の2第3項）。

(5) 末弘厳太郎『物権法 上』（有斐閣 1921年）166頁以下、舟橋諄一『物権法』（有斐閣 1960年）182頁。また、鈴木禄弥博士によれば、「もし、物権変動の前主（甲）自身が目的物につきある請求をしたならば、この請求に屈服しなければならないような者（丙ないし丁）は、177条の第三者ではなく、かかる者に対しては、物権変動の後主（乙）は、登記なくして、同じ請求をなしうる」とされている（鈴木禄弥『物権法講義〈第3版〉』（創文社 1985年）109頁）。

ズムを説明するものということになろう。そして、それに適っていることは、無権限者ではなく判例のいう「登記の欠缺を主張する正当の利益」を認めうる者であるというレベルの問題だといえるかもしれない。しかし、177条が対抗関係として主に想定しているのは——176条と177条の位置関係にも示されているように——物権変動が生じた後で出てきた第三者との関係であり、実際にも、適用範囲の問題が論じられているのはこちらのタイプである。したがって、これを対抗問題の典型タイプとしてその法的メカニズムを適用範囲の問題に当てはめて考察することが許されるであろう。

2 消極的公示主義構成（実質的整合性論）から導かれる判断基準
　　——悪意者排除について——

　177条の解釈をめぐっては、悪意の第三者は排除すべきか否かが重要な論点のひとつとされてきた。消極的公示主義の観点からはどのように考えられるのであろうか。最初に、立法者意思と判例・学説の状況を展望してみよう。

(1) 立法者意思、判例・学説の概況

　177条の第三者については、具体的な善意・悪意は問わないというのが立法者意思であった。この規定担当の起草委員であった穂積陳重によれば、登記制度は、私人相互の個々の利益調節よりも、人々が登記に依拠して安心して不動産取引ができるようにという社会公共の利益を図る制度であるから、諸外国の法典とは異なり、第三者の善意・悪意は問題とせず、登記の有無が「絶対的」なものとなるような物権変動のシステムを選択したのだと説明されている[6]。

　しかし、その後、判例・通説は、単なる悪意者は177条の「第三者」から排除されないが、その悪意者が登記の欠缺を主張することが信義則に反する

---

(6) 同じく起草者の一人であった富井政章は、後の教科書の中で、善意を要件としなかった理由について、もしも善意を要件とするならば善意・悪意についてしばしば争議が生じ、立証の困難さによって善意者が悪意者と認定されることが避けられず、結果的に取引の安全が害されてしまうという「実際上の便宜」を指摘している（富井政章『民法原論　第2巻　物権　上〈訂正5版〉』（有斐閣　1914年）63頁）。なお、ボアソナードは、登記制度が善意の第三者保護を趣旨とするものであるとし、また、原則として登記の有無によって第三者の善意・悪意が推定されるものと解していた。

ような事情が認められる場合には、その者には登記の欠缺を主張する正当な利益は認められないという、いわゆる背信的悪意者排除の法理を採用するようになり、これがわが国の判例として定着してきた（最判昭和40年12月21日民集19巻9号2221頁、最判昭和43年8月2日民集22巻8号2頁、最判昭和44年1月16日民集23巻1号16頁、最判昭和62年11月12日判時1261号71頁、最判平成8年10月29日民集50巻9号2506頁等）。また、近時の判例の中には、他人の権利の存在を認識しながら所有権を譲り受けたり抵当権を設定した者が、登記の欠缺を理由にその権利が対抗できないことを主張するのは信義則に反して有されないと判示した最高裁判決があり（最判平成10年2月13日民集52巻1号65頁、最判平成25年2月26日民集67巻2号297頁）[7]、これらにおいては、悪意であること自体が信義則違反と評価されうる場合があることを認めた点で注目される。

　学説は判例と同じく、原則として第三者の善意・悪意は問題としないが例外的に背信的悪意者は排除されるとするのが多数説であるといえよう。もっとも、その根拠を信義則ではなく広く権利濫用や公序良俗も含めた一般法理あるいは「民法の基本精神」（近江）に求めるべきか、この法理を用いて微調整にとどまらず幅広く利益調節の受け皿として生かすべきかについては、見解が分かれている[8]。これに対して、単純悪意者さらには有過失者も177条の「第三者」から除外すべきであるという見解（悪意者排除説）も有力に

---

[7] 最判平成10年2月13日民集52巻1号65頁は、譲受人が、通行地役権自体の存在を知らなかったとしても、何らかの通行権の存在を認識していた場合あるいは認識可能であった場合には、何らかの通行権の負担のあるものとしてこれを譲り受けたものというべきであり、地役権設定登記の欠缺を主張することは、通常は信義則違反にあたるとして、何らかの通行権の存在についての悪意あるいは有過失でありながら抵当権を設定した者は177条の第三者から排除されるものとしている。また、最判平成25年2月26日民集67巻2号297頁は、抵当権設定時に、抵当権者が、継続的に通路として使用されていることを認識していたか又は認識することが可能であったときは、抵当権者が通行地役権者に対して地役権設定登記の欠缺を主張することは信義に反する。したがって、抵当権者は地役権設定登記の欠缺を主張するについて正当な利益を有する第三者に当たらないとしている。

[8] 後者の可能性に注目するものとして、加藤（雅）・前掲注（4）121頁、近江幸治『民法講義Ⅱ　物権法〈第3版〉』（成文堂　2006年）83頁以下、佐久間毅『民法の基礎2　物権』（有斐閣　2006年）82頁、山野目・前掲注（4）51頁以下。

[9] 悪意者排除説が多数説であると説かれることもある。たとえば、民法改正研究会の改正案参照。改正案の内容と趣旨については、松岡久和「物権変動法制のあり方」ジュリスト1362号（2008年）39頁以下など。

唱えられている(9)。その根拠として説かれているところは一様ではない。公信力説や94条2項類推適用説は、善意あるいは無（重）過失は信頼保護構成から導かれる当然の要件であるとする。177条が取引の安全保護を趣旨とする制度であることに照らして悪意者は保護の範囲外である説く見解も(10)これに近いであろう。

これに対して、悪意者は保護に値する正当性を欠いているという観点から悪意者排除を導く立場がある。すでに川井健博士は、背信的悪意者排除の立場をとりながら、この法理を、善意・悪意をひとつの要素として包摂する正当性（正当な取引関係に立っているか否か）の判断枠組みとして評価し、ほとんどすべての悪意者はこの正当性を満たさず、また、場合によっては善意有過失者も背信的悪意者に入りうるとして、悪意者排除に近い見解を述べられていた(11)。また、悪意の第三者の物権取得行為は自由競争の範囲を逸脱しており正当性を欠くという観点から悪意者排除を説く見解も有力である。たとえば、所有権が譲渡人以外の第一譲受人に属すること知り、または、不注意でそれを知らずに譲り受けた者は、第一譲受人の所有権を違法に侵害するものと評価され、第二譲受人の買い受けが第一譲受人に対する不法行為となるので、それへの制裁として、第二譲受人は所有権を取得しえないとするものがある（不法行為構成)(12)。あるいは、第一買主は、第二買主の特定物債権取得とその履行の受領により、自己の債権の実現が侵害されるのであるから、債権段階でも、第二売買契約そのものを詐害行為として取り消しうる可

---

(10) 内田貴『民法Ⅰ　総則・物権総論〈第3版〉』（東京大学出版会　2005年）454頁。第4版ではこの箇所は削除され、代わって、悪意者排除の理由として自由競争論の限界が指摘されている。

(11) 川井健「不動産物権変動における公示と公信」『我妻追悼　私法学の新たな展開』（有斐閣　1975年）306頁以下等。

(12) 松岡久和「不動産二重譲渡紛争について（1)」龍谷法学17巻1号（1984年）14頁。同・前掲注（3）135頁以下では、二重譲渡をめぐる状況に照らして第三者の善意無過失要件が説かれているが、本文に掲げたような不法行為構成は掲げられていない。

(13) たとえば、磯村保「二重売買と債権侵害――『自由競争論の神話』――（1)」神戸法学雑誌35巻2号（1985年）403頁以下によれば、「第一買主は、所有権取得の如何を問わず、第二買主の特定物債権取得とその履行の受領により、自己の債権の実現が侵害される点で、同じ保護を受けうる。また、第二売買契約そのものを詐害行為として取り消しうる可能性が生ずる。取消の結果、少なくとも第一買主との関係においては、第二買主の所有権取得が遡及的に否定されることになるから、第一買主は改めて売主に対して本来の債務の履行を求めることになろう。第二買主からの転得者につい

能性が生ずるとか(13)、悪意による第二契約は原則として債権侵害として不法行為を構成する等と説かれている。(14)

(2) 悪意者排除の理由

　私見の消極的公示主義構成は、従来の公信力説とは異なり、177条が信頼保護規範であることの当然の結果として善意(無過失)要件すなわち悪意者排除を導くものではない。不動産登記に対する信頼保護については、善意が実際に当該取引行為の要因となったか否かを問わないドイツ法における一般的・抽象的信頼保護があてはまると考えるからである。177条については、このような取り扱いの根拠については以下のように考えることができるであろう。すなわち、信頼度の高い人為的な外観である不動産登記が公示方法として制度化されたということの中には、それを権利関係の最優先の徴表と定め、それに即した取引秩序を形成維持するという方針あるいは社会的要請が含まれている。人々は、登記によって権利関係を正確に公示すべきこと、および、公示方法に依拠して取引をなすべきことが求められる。権利関係が変化すればそれを公示すべきなのであり、それをしなかったならば、それだけで法的不利益を被ってもやむをえない。他方、公示方法は信頼されるべきであり、取引者はそれに依拠して取引をなすべきであるので、登記があればそれを認識しそれに依拠して取引をしたものとして取り扱われてもやむをえないし、反対に、登記がない場合には、登記されるべき実質はないものと判断してその者が取引に入ったものと取り扱われる。つまり、登記が外観としての規範的性格を帯びているところから、登記の有無の中に、定型的に、第三者側の保護事由と物権者側の帰責事由が読み込まれているということである(15)。

　しかし、善意・悪意を一切問わない(反証による推定の排除も認めない)という一般的・抽象的信頼保護としても極端な取り扱いは、維持すべきではな

　　ては424条１項但書の適用があるから、その保護も必要な範囲で確保されうる。」とされる。
(14)　吉田邦彦『債権侵害論再考』(有斐閣　1991年) 579頁。
(15)　多田・前掲注(3)民商法雑誌102巻４号413頁以下、同・「公示方法に対する消極的信頼保護法理の分析——民法177条の対抗問題とドイツ法における消極的公示主義規定——」北九大法政論集18巻１号(1990年) 126頁以下。

く、悪意の第三者は177条の「第三者」から除外すべきであると考える。たとえば、所有権が第一譲受人に移転した後で、そのことを知りながら重ねて譲り受けた悪意の第二譲受人は、自分の行為によって第一買主の所有権が侵害されることを知りつつあえて譲り受けたのであるが、このような行為は、故意の不法行為に比すべき悪質性が認められるとともに、取引者に求められるべき広い意味の信義則に反しており、そのような行為を、真の権利者の犠牲において保護すべきではないからである。すなわち、所有権がすでに移転していることを知りながら登記がないことを奇貨として重ねて譲り受けて先に登記をした第二譲受人には、所有権侵害の故意と違法性の意識が認められ、そのような行為は不法行為に相当する。また、取引きに臨んでは、譲渡人以外の他人の物であることを認識したときはそれを取得するのをやめるべきであって、そうしなかったならば、悪意（mala fides）の本来の意味である「その者の置かれた場において求められる誠実性を欠いていること」と評価されてもやむを得ない。善意の原型である古代ローマ法の bona fides は、同時に信義則の原型でもあって、取引き倫理あるいは社会道徳的観念であった。今日でも、悪意にはそのような要素が包含されており、そのことを再認識すべきであろう。登記に即した不動産取引き秩序の早急な確立という強い法政策的ベクトルが作用するなど、極端な一般的・抽象的信頼保護を導いた立法当時の特別の事情は、今日ではもはや存在していないのである[16]。

このような事情は、たとえば第一譲渡契約が締結されたがまだ所有権移転は生じていない場合には認められない。その場合には、たとえ債権侵害が生

---

[16] 善意・悪意要件のルーツである古代ローマ法の bona fides・mala fides はもともとそのような道徳的観念であって、取引安全との関係では「不知」という心理的事象へ、また、他方では債権法あるいは法全体を通じた原則である信義則へと分化発展した。善意・悪意の本来の意味、信義則と善意との結び付き、知・不知という心理的事象と善悪という道徳的評価概念との関係等については、多田利隆「善意要件の二面性（上）・（下）」北九大法政論集21巻1号（1993年）23頁以下、同21巻2号49頁以下（1993年）参照。

なお、私見は、悪意の第三者の行為態様が不法行為に近いような悪質なものであるとする点で本文に挙げた不法行為構成と共通であるが、不法行為の効果として所有権を失うと構成する必要はなく、177条自体の内容として、対抗できないとされる根拠が不法行為に比すような悪質なものであることを明らかにすればよいのではないかと考える。

じるとしても、自由競争の範囲内としてそのような行為は容認されると解すべきであろう。もちろん、債権侵害であっても不法行為となる場合はあるし、要件を満たせば詐害行為取消権が認められるのは当然であるが、それは177条とは別の問題である。

三　登記がなければ対抗できない物権変動原因について

次に、登記がなければ対抗できない物権変動原因か否かについて、いくつかを取り上げて考察を試みることにしよう。周知のようにこのテーマについてはすでに膨大な判例・学説が蓄積しており、それを網羅的に紹介・検討することは残念ながら私の能力を超えている。学説の整理紹介については、大筋の展望にとどまっていることをあらかじめお断りしておきたい。

1　意思表示による物権変動

意思表示による物権変動に177条が適用されることについては、学説に異論はないところであり、私見も同様である。176条が意思表示による物権変動について意思主義を定め、その直後の177条で対抗要件主義を定めているという規定の配置にもそれは示されているが、自らの意思にもとづいて主体的に物権関係を変動させたならば、取引の安全のためにそれを公示すべきであって、それを怠った場合には第三者に当該物権変動を「対抗できない」という不利益を被ってもやむをえないという判断が、この組み合わせの基礎をなしているからである[17]。

売買、贈与による所有権の移転や、地上権、地役権、質権、抵当権の設定のような物権設定契約がその例であることは特に問題はない。これに対して、遺贈については、それが遺言という単独行為を介して行われる処分行為であり意思表示の一種であることは確かであるが、177条の適用がある物権

---

[17]　意思主義の理念と沿革については、たとえば、滝沢聿代『物権変動の理論』（有斐閣　1987年）95頁以下、松尾弘「不動産物権変動について、意思主義・対抗要件主義と形式主義・成立要件主義のいずれが採用されるべきか」椿寿夫／新見育文／平野裕之／河野玄逸編『民法改正を考える』（日本評論社　2008年）119頁以下。

[18]　判例・学説の詳細については、たとえば、舟橋諄一／徳本鎭編『新版注釈民法

変動原因なのか否かについて議論がある(18)。特定遺贈について、判例は、最判昭和39年3月6日民集18巻3号437頁において、「遺贈は遺言によって受遺者に財産権を与える遺言者の意思表示にほかならず、遺言者の死亡を不確定期限とするものではあるが、意思表示によって物権変動の効果を生ずる点においては贈与と異なるところはないのであるから……」として177条を適用している。その後も、同一不動産を被相続人がAに生前贈与し、重ねてBに特定遺贈したという事案において、「贈与および遺贈による物権変動の優劣は、対抗要件たる登記の具備の有無をもって決するのが相当であり、この場合、受贈者および受遺者が、相続人として、被相続人の権利義務を包括的に承継し、受贈者が遺贈の履行義務を、受遺者が贈与契約上の履行義務を承継することがあっても、このことは右の理を左右するに足りない」として同様に適用を肯定している（最判昭和46年11月16日民集25巻8号1182頁）。これに対して、学説は、登記必要説と不要説に分かれており、必要説は判例と同様に177条の適用場面であると考えるのであるが、不要説は、遺贈が取引行為とは異なり実質的には相続財産の分配の問題である点を重視し、また、受遺者は遺贈の存在を知らないことが多く登記具備を要求するのは酷であること、第三者については別途94条2項の類推適用等によって保護が可能であること等から、登記がなくても第三者に対抗できるとすべきであると説いている。

特定遺贈は意思表示の一種であり、受遺者による遺贈の承認を経て物権変動が生じるのであるから、贈与と似ている。ただ、受遺者による承認は、相続の承認と同じく、受贈者の承諾のように物権変動自体に対する主体的な関わりが明確なわけではない。しかし、それは、遺贈による物権変動が意思表示による主体的なものであるということまで否定するものではない。問題は、遺贈による物権変動を直ちに登記しなかったことを以て、一律に、「対抗できない」という不利益を課すべき事由ありといえるかである。その点に

---

(6)』（有斐閣　2009年）477頁以下（原島重義＝児玉寛）、七戸克彦「遺贈と登記」鎌田薫ほか編『新不動産登記講座（2）総論II』（日本評論社　1997年）93頁、米倉明「遺贈と登記（1）（2）」早稲田法学79巻2号（2004年）21頁、3号（2004年）1頁参照。

関しては、遺贈による物権変動は相続開始と同時に生じること、相続開始時には、遺贈がなされた事実を受遺者が知らず、したがって登記を期待できない場合が少なくないことに留意すべきであろう。しかし、逆に一律に登記不要とすると、登記を期待できた場合には、たとえば遺贈前に同一不動産の贈与を受けた者が、遺贈の事実を知らなかった場合には受遺者の保護に偏ることになる。したがって、特定遺贈においては、登記の有無即帰責事由の有無とする画一的な取り扱いを修正して、具体的に帰責事由の有無を判断するという方法をとるべきであろう（画一的取扱いの緩和については後述する）。

2　共同相続人の登記冒用

　相続と登記をめぐっては、遺贈と登記のほかにも、相続放棄と登記、遺産分割協議と登記、遺産分割方法の指定と登記、共同相続人の登記冒用と持分取得の登記などがをめぐって議論がなされているが、相続による物権変動が登記をしなければ対抗できない物権変動なのかが直接問題となりうるのは、共同相続人の登記冒用の場合である。すなわち、共同相続において、特定の不動産について相続によって取得した持分の登記をしない間に、他の共同相続人が書類を偽造して自分が単独相続したように登記し、それを他人に譲渡した場合、当該共同相続人は相続による持分取得を登記なくしてその第三者に対抗できるかという問題である。

　大判大正9年5月11日民録26輯640頁は、共同相続人の登記冒用の事例で、明治41年12月15日の大審院連合部判決にならって、177条は物権の得喪変更原因を制限するものではなく、その原因が意思表示であろうと相続であろうと、相続の原因が隠居であろうと死亡であろうと区別せずに同条を適用すべきであるとして、登記必要と解した。ところか、最判昭和38年2月22日民集17巻1号235頁は、同じく共同相続人の登記冒用の事例で、共同相続人がほしいままにした登記は、その者の持分を越える部分については無効であり、登記に公信力がない以上、第三者はその部分について権利を取得するいわれはないとして、当該相続人は、相続による法定相続分や指定相続分の相続財産の取得について、登記がなくても、無権利者である第三者に対抗しうるとした。その後もこのような立場が踏襲されているといえよう（最判平成

5年7月19日裁判集民事169号243頁、最判平成14年6月10日判タ1102号158頁）。学説も、最高裁判決と同様にいわゆる無権利説の立場から登記不要を導くのが通説的立場である。登記を信頼した第三者の保護については、94条2項あるいは110条等の適用あるいは類推適用によって対応すべきものとされている[19]。

　共同相続人による登記冒用という問題場面には、相続によって権利を取得したのに登記をしなかったという共同相続人側の「対抗」の問題と、不実登記を信頼して取引をしたという第三者側の信頼保護の問題が含まれている。大正9年判決は前者の側面に注目して対抗の問題として取り扱い、昭和38年判決は後者の側面に注目して信頼保護の問題として取り扱った。私見の消極的公示主義構成によれば、両者とも登記に対する信頼保護の問題であることには変わりなく、その違いは、消極的信頼保護か積極的信頼保護かにある。この場合には、他の共同相続人が真の権利関係とは異なる物権変動を示す不実の登記を新たに作出し、第三者はその外形を信じて譲り受けたのであるから、積極的信頼保護の事例である。したがって、177条は適用すべきではなく、登記の公信力の問題として取り扱っている昭和35年判決以降の判例の対応は適切である。

　ここで留意すべきなのは、この判例の変化によっても、明治41年大審院判決で示された無制限説の立場には変わりはないということである。共同相続人による登記冒用の事例においては、相続が登記しなければ対抗できない物権変動原因かという問題は顕在化することはない。学説も、共同相続人の登記冒用は公信力あるいは善意の第三者保護の問題であること、共同相続登記を怠ったことは相続登記の実状に照らして帰責事由とはなりえないこと、第三者保護については94条2項の類推適用その他で対応が可能であることなどを理由に、この場合は登記不要と解しているのであって、相続は登記の必要

---

[19] 近江・前掲注（4）115頁、河上・前掲注（4）108頁等。これに対しては、共有の弾力性論にもとづいて、共有者の一人のために単独登記がなされ他の共有者の持分権の登記がないときは、対第三者関係においてはその者の持分権が拡張していると考えてよいとして、登記必要と解する見解があるが、少数説である。我妻栄『物権法（民法講義Ⅱ）』（岩波書店　1952年）75頁以下、我妻栄＝有泉亨『新訂　物権法（民法講義Ⅱ）』（岩波書店　1983年）111頁以下（第三者の善意が必要とされている）、舟橋・前掲注（4）168頁等。

な物権変動原因かという問題は依然として残されている。

この点に関しては、177条の適用は意思表示による物権変動に限定すべきであり、意思表示以外の物権変動については177条ではなく94条2項の類推適用によって対応すべきだとする加藤雅信教授による反対説があり[20]、同教授の主催になる「民法改正研究会」の改正案もそれに沿った内容になっている[21]。この立場からは、相続は登記の必要な物権変動原因からははずすべきだということになるが、相続にかぎらず時効取得など他の物権変動原因にも共通する問題なので、後に改めてとりあげることにしよう。

3 取消しと登記
(1) 判例・学説の状況

取消権を行使した者は、物権変動の遡及的消滅（121条）に伴う物権関係の変化を、登記をしなければ第三者に対抗できないかという問題である。たとえば、甲土地がA→Bと売買されて移転登記がなされたが、AがBの詐欺を理由にAB間の売買を取り消した（96条1項）。Aが抹消登記をしないでいる間に、Bが甲土地をCに転売して移転登記がなされたとすると、Aは、取消しの結果所有権が回復したことをCに対抗できるだろうか。これとは異なりAの取消し前にBがCに転売して移転登記がなされていた場合はどうか[22]。

判例は、古くは、いわゆる無権利構成をとっており、上の例でいえば、取

---

[20] たとえば、加藤（雅）・前掲注（4）144頁以下。
[21] 民法改正研究会編『法律時報増刊 民法改正 国民・法曹・学界有志案』（日本評論社 2009年）140頁以下、民法改正研究会起草『日本民法改正試案（民法改正研究会・仮案［平成20年10月13日案］）』（有斐閣 2008年）94頁以下。
[22] 判例および学説状況の詳細については、たとえば、舟橋諄一／徳本鎭編『新版注釈民法（6）〈補訂版〉』（有斐閣 2009年）572頁以下（原島重義＝児玉寛）、滝沢聿代「物権変動の遡及的消滅と登記（1）（2）」成城法学57号（1998年）79頁、58号（1998年）39頁、本田純一「法律行為の取消・解除と登記」鎌田薫等編『新不実登記講座I 総論I』（日本評論社 1998年）を参照していただきたい。判例・学説の状況を要領よく展望した論稿は多いが、とりあえず、鎌田薫『民法ノート 物権法①〈第3版〉』（日本評論社 2007年）116頁以下、松岡・前掲注（4）154頁以下を挙げておく。
　なお、平成29年の民法改正によって錯誤の効果が無効から取消しに変わり（95条1項）、善意無過失の第三者には錯誤による取消しを対抗できないとする規定が付け加わったので（95条4項）、今後は、錯誤についても同様な問題が生じることになる。また、改正民法では96条3項および95条4項の第三者には無過失が必要とされている。

消の遡及効（121条）によってBは無権利者となり、これは、96条3項の保護する第三者を除くすべての人との関係で妥当するので、Aは登記なくして取消しの効果をCに対抗できると解していた（大判明治39年12月13日刑録12輯1360頁、大判昭4年2月2日民集8巻59頁）。しかし、その後、第三者の登場時期が取消し前か後かで分けるといういわゆる二元的構成をとるようになった。すなわち、Cが取消し前に登場した場合には、取消の遡及効によりBは最初から無権利であったことになるのでBからの買主Cも無権利者であり、96条3項によってCが保護される場合以外はAは登記がなくても取消しの効果をCに主張できるが（大判昭和4年2月2日民集8巻58頁（強迫を理由とする抵当権放棄の取消））、Cが取消後に登場した場合には、取消によるB→Aの「復帰的物権変動」とB→Cの譲渡による所有権移転とが二重譲渡と同様の関係となって、Aは登記がなければ取消しの効果をCに主張できないとされた（大判昭17年9月30日民集21巻911頁、最判昭32年6月7日民集11巻6号999頁（公売処分の取消））。取消と登記に関する上級審判決は少数であり、近時のものは見あたらないが、このような立場が今日でも維持されているとみてよいであろう。

　学説は分かれている。従来の通説は、判例と同様に、取消し前の第三者との関係では96条3項の適用される場合以外は登記なくして取消しの効果を第三者に対抗できるが、取消後の第三者との関係では対抗問題となり、登記をしなければ第三者に対抗できないと解してきた（取消後登記必要説）[23]。たとえば、我妻栄博士は、取消しの遡及効と「復帰的物権変動」との関係について、「物権の変動があることは事実であって、ただそれが初めから生じなかったように（遡及的）に取り扱われるというだけである」とされ、また、

---

(23) 我妻・前掲注（19）96頁、我妻＝有泉・前掲注（19）100頁以下（取消原因が制限能力であった場合には、「無能力者が追認をなしえない状態の下で取り消した場合には、その後に登記を得た第三者に対しても特別事情（たとえば法定代理人が事情を知っている）がない限り取消をもって対抗できると解する」とされている。）。類似のものとして、末川博〈判批〉法学論叢22巻3号（1929年）410頁以下、舟橋・前掲注（4）162頁等。近時の学説としては、近江・前掲注（8）93頁以下、佐久間・前掲注（8）88頁以下、米倉明「『法律行為の取消しと登記』をどう法的構成すべきか——判例・旧通説へ帰ろう——」tâtonnement11号（2009年）1頁以下、松岡・前掲注（4）160頁、188頁以下。佐久間教授および米倉教授は、悪意の第三者は排除すべきであるとされる。

対抗問題として取り扱うべき実質的理由として、取消後は登記できたのにしなかったA側の事情と第三者Cの利益（取引の安全）保護の必要性を考慮して判断するのが「公示の理想」に適った取り扱いであると説かれている。このような従来の通説に対しては、取消しの遡及効と「復帰的物権変動」との不適合、取消し前と後とで分けることによって物権者および第三者にとって不当な結果を生じうること等の批判が強く、以下のような見解が有力化するにいたった(24)。

そのひとつは、取消しによる復帰的物権変動は、第三者の登場が取消し前であるか後であるかを問わず生じるのであるから、常に対抗問題として取り扱うべきであるとするものである（対抗問題徹底説）。もっとも、その代表的な論者によれば、その場合の第三者は、「取消権発生の原因がやみ、かつ、取消権者が取消権の理由あることを知ったとき以降に登場した第三者」に限るとされており(25)、さらにその修正説として、取消権発生の原因がやまなくても対抗問題として処理すべき場合があることを認めるが、第三者が取消原因を知っているときは背信的悪意者として扱い登記なくして対抗できると説く有力説がある(26)。また、その後の学説の中には、96条3項を根拠として、Bが無権利者として扱われるという取消しの遡及効は、当事者A・Bおよび悪意の第三者Cしか拘束しないのであって、第三者Cが善意の場合は無権利とはならず有効にBから権利を取得しうるが（取消しの相対効）、原権利者への権利帰属が有利に取り扱われるべきとの価値判断が働くので、第三者が保護されるためには、第三者権利保護資格要件が必要であるとして、登記もその一つであると説く見解がある(27)。また、取消後登記必要説と対抗問題徹底説の中間的なものとして、取消しによって二重譲渡類似ではなくても物権の変動が生じることは確かであるので、取消しの前後を問わず、対抗問

---

(24) 旧通説に対する批判については、米倉・前掲注 (23) 12頁以下で詳しく取り上げられ、反論が展開されている。
(25) 鈴木禄弥『物権法講義〈5訂版〉』（創文社2007年）145頁以下。
(26) 広中俊雄「法律行為の取消と不動産取引における第三者の保護　学説史的検討をとおして」法律時報49巻6号（1977年）50頁以下。同・『物権法〈第2版増補〉』（青林書院　1987年）126頁以下。
(27) 松尾弘「権利移転原因の失効と第三者の対抗要件」一橋論叢102巻1号（1989年）86頁。松尾／古積・前掲注 (4) 85頁以下。

題とするのを原則とすべきであるが、取消し前に登場したCに、Aには登記がないという主張を許すと、法が認めた取消しの遡及効を「完全に無力化」することになるので、取消し前に登場したCに対してはAは未登記であっても、例外的に勝つことができると説く見解がある[28]。

他方、取消しによる遡及的無効によってBは無権利者となり、したがって、Cの地位については善意者保護の問題として取り扱うべきであるとする見解も有力に唱えられている（遡及効徹底説あるいは無権利の法理説）[29]。信頼保護の法律構成については、以下のように諸説に分かれている。①第三者の登場が取消の前後を問わず、（詐欺以外の原因による取消しの場合も）96条3項の類推適用、あるいは94条2項の類推適用によって処理すべきであるとするもの[30]、②すべての取消事由について、取消原因を免れて追認可能となった時点（登記除去の事実上可能時）以後に第三者が登場した場合に、94条2項の類推適用によるべきであるとするもの[31]、③第三者の登場が取消前の場合には（詐欺取消の場合にかぎり）96条3項により、取消後の場合には94

---

[28] 佐久間・前掲注（8）89頁以下。

[29] 取消後の第三者との関係では取消しの遡及効を徹底する結果、Bは無権利者であるから対抗問題を生じることもないとする見解もあるが（薬師寺志光〈判批〉法学志林45巻4号（1943年）27頁、舟橋諄一〈判批〉民商法雑誌17巻4号（1943年）71頁等）、この見解は、善意の第三者保護の可能性を否定するものではなく、信頼保護説に解消されるべきものであろう。

[30] 96条3項説として、舟橋諄一編『注釈民法（6）』（有斐閣 1967年）286頁（原島重義）、平井一雄「解除・取消と登記」中川善之助ほか監修『不動産法大系1』（青林書院新社 1970年）174頁、94条2項説として、石田穣『物権法』（信山社 2008年）220頁、同・『民法総則』（信山社 2014年）330頁、363頁等。

[31] 幾代通「法律行為の取消と登記」『於保不二雄還暦記念論文集 民法学の基礎的課題（上）』（有斐閣 1976年）53頁以下、加藤（雅）・前掲注（4）146頁、山野目・前掲注（4）64頁以下。なお、加藤教授と山野目教授は、94条2項の類推適用は詐欺取消し以外の場合にかぎるとする。

[32] 四宮和夫「遡及効と対抗要件」『四宮和夫民法論集』（弘文堂 1990年）10頁、四宮和夫＝能見善久『民法総則〈第6版〉』（弘文堂 2002年）211頁以下、238頁以下（第7版以降は変更）、下森定「法律行為の取消と登記」ロー・スクール23号（1980年）59頁、同・「民法96条3項にいう第三者にあたる場合」判タ322号（1975年）131頁、幾代通「法律行為の取消と登記――再論」法務総合研究所編『不動産登記をめぐる今日的課題――不動産登記制度100周年記念論文集――』（1987年）62頁、内田貴『民法Ⅰ〈第4版〉』（東京大学出版会 2008年）84頁以下、河上・前掲注（4）97頁以下、安永正昭『講義 物権・担保物権法〈第2版〉』（有斐閣 2014年）49頁以下等。なお、河上教授は、94条2項の類推適用においても保護資格要件としての登記を要すると解し、そうすると、登記を基準に対抗問題として扱う見解と結論においてきわめて接近することになるとされる。

条2項の類推適用によるとするもの[32]、④公信力をあてはめ、177条自体が信頼保護の根拠たりうるとして、取消後の第三者については、登記を怠った取消権者の帰責事由と善意の第三者の保護事由を要件として第三者の信頼保護の成否を判断し、取消前の第三者については、取消権者に被詐欺者や虚偽表示以上に強い帰責性が認められる場合にかぎって、96条3項および94条2項の趣旨を類推適用して保護を図るとするもの等である[33]。この中では、③の立場が今日の多数説といってよいであろう。

(2) 考察

このように、学説は、大きく、対抗問題構成と信頼保護構成に分かれており、さらに、第三者の登場時期や取消し原因によって区別的取り扱いをすべきか否か、また、信頼保護の根拠規定は何かについて見解が分かれている。しかしながら、ほぼ全体を通じて共通しているのは、登記が可能であったのにそれをしなかったことが取消権者側の不利益（対抗できないこと）を根拠づけるという価値判断であり、ただ、いかなる場合に不登記が帰責事由に相当するかについて見解が分かれている。そして、対抗問題として構成する立場は、あくまで、登記しなかったことによる対抗力の否定（不利益負荷あるいは制裁）という局面でこの帰責をとらえているのに対して、信頼保護構成は、信頼保護法理における帰責可能性要件の問題としてとらえているという違いがある。第三者側の事情については、信頼保護構成では具体的な善意・悪意が問われているが、対抗構成ではむしろ善意・悪意不問ということになる。ただ、先に述べたように、通常の対抗問題でも悪意者排除を説く見解が近年では有力になってきたことを考慮すると、この点においては両者が接近してきたと言えるであろう。

対抗問題は信頼保護の問題であるという私見の消極的公示主義構成からは、このような帰責事由についての共通性および保護事由についての接近は、むしろ当然のことであるといえよう。信頼保護を認めるに際して、対抗という法律構成を重視して登記の有無による決着を基本とするか、信頼保護という制度の根本的な趣旨を直視してその要件の中で登記の有無を考慮する

---

(33) 鎌田・前掲注（22）130頁以下。

か、そのいずれもが可能であるからである。

　消極的公示主義構成を説く私見は信頼保護的構成に属しているが、取消と登記の問題については、上記の学説の中の、④の立場とほぼ一致する。ただ、公信力説は、177条を信頼保護規定と把握することから当然に第三者の善意無過失と権利者の具体的な帰責事由を必要とするのであるが、私見は、二2⑵で述べたように、177条の採用している一般的・抽象的な信頼保護の緩和修正の結果として悪意者は排除すべきものと解している。また、帰責事由については、取消と登記の場合には以下のような理由で、登記の有無による画一的な認定が緩和修正されるべきものと考えている。たしかに取消しは意思表示であるが、意思表示による主体的な物権変動であるとして登記の有無に定型的に帰責事由の有無を結び付けることには問題がある。取消の場合には、追認のように「取消しの原因となっていた状況が消滅し、かつ、取消権を有することを知った後でなければ、その効力を生じない」（124条）という制限がなく、制限能力者による取消しもいったんなされればもはやそれを撤回することはできない。このように、判断能力が不十分であったり冷静な判断や対応ができない状況でなされた場合を多分に含みうるのが意思表示としての取消しの特徴であることに照らすならば、不登記に画一的に帰責事由を認めるべきではないであろう。取消と登記の問題の核心はまさにこの帰責事由の取り扱いの点にあると思われる。この場合には、一律に帰責事由なしとすることも考えられるが、三1で遺贈について述べたように、それでは逆に実状に合わないケースも出てくる。したがって、画一的取扱を緩和して具体的に帰責事由の有無を問うべきであろう。そのような取り扱いの根拠を、④説は177条に求めているのに対して、①②③説は、96条3項や94条2項に求めている。そのいずれによるべきか。これは時効と登記にも共通した問題であるので、後にまとめて検討することにしたい。

　取消し前の第三者との関係については、消極的公示主義構成は当てはまらない。取消しをするかしないかは基本的には取消権者の自由であり、また、取消し前から登記を回復しておくことは法律上不可能であるから、信頼保護規範の想定しているような帰責事由は認められないからである。ただ、正当な理由もないのに意図的に取消しを引き延ばし他人に重大な不利益を与える

ような場合には、信義則に反しあるいは権利濫用に相当するとして、取り消しうる権利関係にもとづく主張を退けることができると解すべきであろう[34]。

なお、従来の判例・通説に対しては、取消しの遡及効（121条）との整合性が問題とされることがあるが、「初めから無効であったものとみなす」という法律関係レベルの決着のつけかたと、当事者間の利益調節の実質的要因として、取消しという意思表示によって物権関係を変動させたにもかかわらず登記しなかったという取消権者側の事情を考慮することとは矛盾するものではないから、この問題点は決定的なものではない。もっとも、信頼保護構成においては、取消しの結果Bは無権利者であったものとして取り扱う（「みなす」）——第三者との関係でもそのような法的処理をする——のであるから、対抗問題構成と比較して121条の文言により忠実な解釈ということになるであろう。

4　取得時効と登記
(1) 判例・学説の状況[35]

次のような事例を想定して考察を進めることにしよう。BがAから甲土地を買って引渡しを受け、13年間占有を続けてきたが、移転登記はしておらず、その間に、Aは甲土地を重ねてCに売却してCに移転登記がなされた。ケースⅠ：A→Cの売買と移転登記は、Bの占有開始後2年経過した時点で行なわれた。ケースⅡ：A→Cの売買と移転登記は、Bの占有開始後12年経過した時点で行なわれた。Bは、取得時効による甲土地の所有権取得をもってCに対抗することができるだろうか（Bの占有は162条2項の要件を満たしているものとする。なお、未登記の第一買主も時効取得の援用ができることは、判例・通説の認めているところである。最判昭和42年7月21日民集21巻6号1643頁等）。

---

(34) 米倉・前掲注（23）22頁。
(35) 詳しい判例・学説の状況については、舟橋諄一／徳本鎮編・前掲注（22）627頁以下（原島重義＝児玉寛）、草野元己『取得時効の研究』（信山社　1996年）等を参照されたい。判例・学説の状況を要領よく展望した論稿は多いが、とりあえず、鎌田・前掲注（22）151頁以下、松岡・前掲注（4）166頁以下を挙げておく。

取得時効と登記についてこれまで形成されてきた判例準則は多岐に亘るが、取得時効による所有権取得は登記しなければ第三者に対抗できないのかという点に絞って見ると、取得時効完成時の所有者に対しては、登記がなくても時効による所有権取得を対抗できるが、完成後の第三者に対しては登記をしなければ対抗できないものとされている（前者について、大判大正7年3月2日 民録24-423、大判大正13年10月29日新聞2331号21頁、最判昭和41年11月22日民集20巻9号1901頁、最判昭和42年7月21日民集21巻6号1643頁、後者について、大連判大正14年7月8日 民集4巻412頁、最判昭和33年8月28日民集12巻12号1936頁）。上の設例にあてはめれば、ケースⅠでは、時効完成時にもＣが所有しておれば、ＢはＣに対して登記がなくても取得時効による所有権取得を対抗できる。その後Ｃが他に譲渡したとしても、時効完成時の所有者に対しては同様である。これに対して、ケースⅡでは、Ｃは時効完成後の第三者にあたるので、登記をしていないＢはＣに対して取得時効による所有権取得を対抗できない。このような取り扱いの理由については、ケースⅠでは、時効取得者と原所有者とは、承継取得における当事者類似の関係にあるものとされ、ケースⅡでは、177条との関係ではＢとＣとに二重に譲渡された場合と同視できるとされている。判決は明言していないが、時効完成後は所有権取得を登記することができたのにそれを怠ったのであるから第三者に対抗できないとされてもやむを得ないという価値判断が含まれていると解されている[36]。

これに対して、学説からは、次のような批判が向けられている。①占有期間が同じなのに、たまたま第三者の出現が完成の前か後かで結論が異なることになり、時効取得者の側から見れば占有期間の長短と保護の強弱とが一致しないし、第三者の側から見れば時効完成後に登記すれば保護されるのに完成直前に登記しても保護されないというのは不当ではないか。②善意・悪意と保護の強弱とが一致せず、悪意占有者のほうが有利になる場合が出てくる。たとえば、上の事例で、占有開始後18年で第三者が出現した場合には、Ｂが善意無過失の場合にはＣは時効完成後の第三者となり登記がなければ対

---

[36] たとえば鎌田・前掲注（22）155頁、松尾＝古積・前掲注（4）頁参照。

抗できず、Bが悪意あるいは有過失の場合には完成前の第三者となり登記なくして対抗できることになる。③時効完成後すみやかに登記することは悪意占有者には可能であっても善意占有者には通常期待できないので実状に反する等である。このような批判を踏まえて、学説の中では、判例準則に修正を加えたり別異のアプローチを提示する様々な見解が展開されてきた。主なものにかぎっても以下のような諸見解がある。

（ａ）判例と同じく時効完成後の第三者に対しては登記がなければ対抗できないことを基本としつつ、完成までに第三者が登記に基づいて物権を取得した場合には、その登記以後においてさらに時効取得に充分な期間だけ占有が継続された場合でなければ、取得時効の効力は生じない（第三者の登記が時効中断と同じ効果をもたらす）とする見解（登記時効中断説）[37]。（ｂ）取引の安全を考慮する必要がないような紛争類型の場合は別として、譲受人の登場が時効完成の前であろうと後であろうと、登記しなければ時効取得の効果を譲受人には主張しえないとする見解（対抗問題徹底説）[38]。（ｃ）時効完成後の第三者との関係では登記の先後によって決着をつけるべきであるが、時効援用者は任意に起算点を選択でき、結果として、第三者を常に時効完成前

---

[37] 末川博『物権法』（日本評論社　1956年）124頁以下、我妻・前掲注（19）77頁、我妻＝有泉・前掲注（17）118頁（越境型の時効取得については逆算説を採る）。川井健『民法概論２　物権〈第２版〉』（有斐閣　2005年）47頁、鈴木・前掲注（23）141頁以下。「時効完成前に新たに対抗要件を備えた第三者が登場した場合には、その者を『第三者』ととらえ、その時点から時効を進行させる」としたうえで背信的悪意者排除の法理の活用を説く河上教授の見解（河上・前掲注（3）124頁）もこの立場に含めることができよう。なお、「対抗」の理論構成としてはこれらとは異なり、登記法定証拠説あるいは登記保護機能説の立場をとりつつ、結論としては登記が時効中断の作用をすると構成する見解がある。前者として、安達三季生「取得時効と登記」法学志林65巻３号（1968年）１頁以下、後者として、良永和隆「取得時効と登記」森泉章半田正夫ほか編『森泉還暦記念　現代判例民法学の課題』（法学書院　1980年）264頁。

[38] 広中・前掲注（24）155頁以下、柳澤秀吉「二重譲渡と取得時効」法学志林70巻４号（1973年）104頁以下。もっとも、広中説は、取得時効の完成を知って原所有者と取引した第三者は、背信的悪意者として取り扱うのを原則とし、また、時効取得者が、単なる占有ではなく現実の利用をしていた場合の悪意の第三者は常に背信的悪意者として取り扱うべきであるとして、利用利益尊重の立場から第三者保護の範囲の限定を図っている。また、山野目・前掲注（8）60頁以下は、取得時効における所有権移転の当事者とみるべき者は起算点の所有者であるとしたうえで、第三者の出現と時効完成の前後を問わず、時効による物権変動は常に登記なくしては第三者に対抗できないと説く。

[39] 柚木馨「時効取得と登記」柚木馨ほか編『判例演習物権法〈増補版〉』（1973年）28頁以下、同・『判例物権法総論』（厳松堂書店　1955年）127頁。

の第三者とすることが可能であるとする見解(起算点選択可能説)(39)。(d)継続した占有という事実を基礎として現在における権利関係の確定を目的とするという時効制度の本質よりして、時効期間は逆算すべきであり、したがって、登記名義人は常に当事者となり対抗問題は生じないとする見解(逆算説)(40)。(e)時効取得は登記なくして第三者に対抗できるとしたうえで、第三者は94条2項類推適用によって保護されうるとする見解(94条2項類推適用説)。時効取得は登記なくして第三者に対抗できると解する理由については、①逆算説による見解と(41)、②177条の適用を意思表示による物権変動に限定すべきものとする立場から、時効がそれに入らないことを理論的根拠とする見解がある(42)。(f)占有継続の事実状態を尊重するという時効制度の本質よりして、時効期間は逆算すべきであり、また、時効取得者は時効の起算点や完成時は意識しないのが通常であるから時効が完成したらただちに登記せよというのは当をえないから登記不要を原則とするが、勝訴判決確定後は、「完全に近代的な観念的所有権に転化」しているので、登記をしなければ第三者に対抗できないとする見解(勝訴判決確定時基準説)(43)。(g)時効の援用をした時以降は登記の先後によって決するとする見解(時効援用時基準説)(44)。(h)実質的利益衡量の観点から取得時効と登記をめぐる紛争を類型化し、たとえば、「有効未登記型」(二重譲渡型)においては取引による取得であるから177条の趣旨に照らして登記を必要とするが、「境界紛争

(40) 末弘厳太郎『民法雑記帳上巻』(日本評論新社 1953年)206頁以下、於保不二雄「時効と登記」法学論叢73巻5=6号(1963年)158頁以下、川島武宜『民法総則』(有斐閣 1965年)572頁、同・『所有権法の理論〈新版〉』(岩波書店 1987年)267頁、原島重義「対抗問題の位置づけ」法政研究33巻3~6合併号(1967年)356頁、舟橋諄一編・前掲注(28)312頁以下(原島重義)。
(41) 加藤一郎「取得時効と登記」法教5号(1981年)56頁(『民法ノート(上)』70頁以下所収)。
(42) 加藤(雅)・前掲注(8)137頁以下。
(43) 舟橋・前掲注(4)172頁以下
(44) 半田正夫『民法177条における第三者の範囲〈改訂版〉叢書民法総合判例研究⑦』(一粒社 1977年)61頁以下、滝沢聿代「取得時効と登記(2)」成城法学22号(1986年)23頁以下、同・『物権法』(三省堂 2013年)101頁 近江・前掲注(8)112頁。なお、時効による所有権取得は時効援用によって初めて生じるとの立場から、時効援用がなされた後は二重譲渡の関係が生じ、第三者は原則として悪意者として扱われるので、時効取得はその所有権取得を否認することができる(悪意者排除説)と解する見解もある。石田(穣)・前掲注(30)230頁以下。

型」では177条が想定しているのと利益状況が異なるから占有を尊重して登記不要と解すべきであるとする見解（類型的考察論）(45)。（ⅰ）「自己の物であることが証明される限り取得時効は進行しない」という前提に立ち、第一譲受人は真正所有者なのであるから取得時効は問題とならず、善意（無過失）の第二譲受人が公信の法理によって所有権を取得した時から他人の物を占有することになり取得時効が進行を開始する、そして、時効完成時の第三者に対しては登記なしに時効取得を対抗できるので、時効完成時から登記名義人は表見所有者となり、その者からの譲受人は善意（無過失）であることを条件に公信の法理によって所有権を取得しうる、その場合には、時効取得者は再び「他人の物」を占有することになり、その時から再度取得時効が進行するものと解する見解（公信力構成応用説）(46)。

(2) 考察

このように、判例・学説は多岐に分かれているが、その基本的な対立軸となっているのは、長期間継続した事実の優先という時効制度の趣旨を優先させるか、公示制度を通じた取引の安全保護を優先させるかである。占有尊重説や逆算説あるいは起算点選択可能説は前者に、対抗問題徹底説や登記時効中断説は後者の立場に属しており、その他の学説や判例は、その中間に位置するといえよう。

その際共通して重視されているのは、登記が可能であったのにそれをしなかったことが不利益（対抗できないこと）を根拠づけるという価値判断が取得時効の場合にあてはまるか否か、あてはまるとするとそれをいかなる形で取り上げるべきかということである(47)。占有尊重説や逆算説は時効制度の

---

(45) 安達・前掲注（37）1頁以下、山田卓生「取得時効と登記」『川島武宜教授還暦記念　民法学の現代的課題』（岩波書店　1972年）103頁以下、星野英一「取得時効と登記」竹内昭夫編『鈴木竹雄先生古希記念　現代商法学の課題（中）』（有斐閣　1975年）825頁（『民法論集第四巻』315頁以下所収）。社会的利益の類型化と関係当事者間の利益状況の分析によって妥当な結論を追及すべきことを説く水本浩「取得時効と登記——不動産物権変動における利益衡量（1）（2）——」立教法学19号（1980年）1頁以下、20号（1981年）160頁以下も、このような見解の一環として位置付けてよいであろう。松岡教授によれば、境界紛争型においては登記を不要とすることは最近の教科書では共通認識になりつつあるとされている。
(46) 鎌田・前掲注（22）164頁。
(47) 判例は、形式的な理由付けとして、時効完成後の第三者は物権変動の存在を前提とした177条の第三者の関係にあるのに対して、時効完成前の第三者との関係では物

特質に照らしてそれを否定しているが、他はそれを肯定している。対抗問題徹底説や登記時効中断説は、公示の理想あるいは不登記による不利益負荷の観点から、取得時効完成後の不登記が帰責事由に当たるものと解しているが、勝訴判決確定時基準説や時効援用時基準説は、登記が可能であったのにそれをしなかったという事情は時効完成時に直ちに生じるものではないことに留意してその時期を後にずらそうとする。類型説は、同じく取得時効完成後に登記をしなかった場合でも、時効をめぐる紛争類型によって帰責事由たりうる場合とたりえない場合があるとして、紛争類型によって177条の適否を分けるべきものとする。94条2項説は、逆算説を前提に例外的に善意の第三者保護を認めるものと、177条は意思表示以外の物権変動原因には適用されないことを前提に当事者間の利益調節は94条2項によって行うべきであるとするものがある。また、対抗問題説は、登記しなかったことによる不利益負荷あるいは制裁という見地から不登記が帰責事由に当たるとしているのに対して、94条2項類推適用説や公信力構成適用説は、信頼保護法理における帰責可能性要件の問題としてとらえているという違いがある。第三者側の事情については、信頼保護構成では具体的な善意・悪意が問われ、対抗構成では善意・悪意不問ということになるが、先に見たように後者でも悪意者排除説が有力化しており、両者の接近が認められる。登記が可能であったのにそれをしなかったことが不利益（対抗できないこと）を根拠づけるという価値判断があてはまるか否か、あてはまるとするとそれをいかなる形で取り上げるべきかという問題を軸に判例・学説が分かれていること、第三者側の事情については対抗関係構成と信頼保護的構成の接近が認められることについては、「取得時効と登記」は「取消と登記」と共通しており、両者の問題状況はたいへんよく似ている。

　諸説について個別に詳しい論評をする余裕はないが、ここで簡単なコメントを試みることにする。勝訴判決確定時基準説や時効援用時基準説は、登記の実際の期待可能性あるいは当事者の意思を配慮する点で魅力的であるが、訴訟がないならばいつまでも登記不要のままでよいということにもなりかね

権変動の当事者的な立場にあるとしているが、実質的には、このような価値判断の適否に留意していると解してよいであろう。

ず、また、勝訴判決や援用の時点と帰責事由の存否は必ずしも一致するものではない。たとえば悪意の占有者については、それ以前でも登記しないことが帰責事由たりうるのではないか。類型説については、対立利益の性質内容に注目してたとえば二重譲渡型と境界紛争型に分類することは利益衡量の座標軸として魅力的である。しかし、第一譲受人にも取得時効の主張を認めるということは、当事者の主張（立証）として、譲渡による所有権取得とは別に、継続した事実状態にもとづいて取得時効による所有権取得を主張できるということであるから、その中には、両者の取り扱いを切り離して考えてよいという判断が含まれていると解すべきであろう。私見は、取得時効と登記については帰責事由を具体的に判断すべきものと考えるのであるが、その場合にはその具体的判断の中で、二重譲渡型か境界紛争型かという事情も考慮されることになる。公信力構成応用説は、公信力説に倣って、第三者（第二譲受人）の権利取得は信頼保護法理によるものと構成し、それが生じるまでは第一譲受人に所有権があるので第一譲受人の取得時効の起算点は善意無過失の第三者の登場時である（「自己の物であることが証明される限り取得時効は進行しない」）とすることによって、時効取得者と善意無過失の第三者との所有権の取得の問題として対抗問題が処理されるものとする。論理的に明快であり、時効の起算点が遅くなることと第三者に善意無過失を要求することによって妥当な利益調節に目配りされている。しかし、第一譲受人に取得時効による所有権取得の主張を認めるということの中には、占有を開始した時からその物を他人の物と考えてよいということが含まれており、善意無過失の第三者が登場して初めて取得時効が起算されると解するのはそのことに反するのではないかと思われる。また、この見解は、第二譲受人の権利取得を信頼保護法理によるものと構成しながら、第一譲受人の帰責可能性には触れていないが、取得時効が完成しながら登記をしなかったことの帰責事由の取り扱いにこそこの問題の核心部分があるのではないであろうか。94条2項類推適用説は、上に示したように、①の見解と②の見解を含んでいる。①については、その前提となる占有尊重説自体が問題であろう。②については、177条の適用を意思表示にかぎり他の物権変動原因については177条を離れて94条2項の類推適用によるという立場からの帰結であるが、この点について

は、物権変動原因全般にわたる論点でもあるので、項を改めて論じることにする。

私見の消極的公示主義構成によれば、第三者Cの登場が時効の完成前か後かで取り扱いが異なることになる。Cが完成前に登場した場合には、Bは完成前には移転登記はできないのであるから、登記なくしてCに対抗することができる。Cの登場が時効完成後の場合には、信頼保護の要件が満たされればCが所有権を取得しBは最初から所有者ではなかったことになる（私見によればCは善意でなければならない）。問題は、Bが登記をしなかった点に帰責事由が認められるか否かである。登記の有無による画一的な取り扱いは、意思表示による物権変動のように、定型的に見て不登記に帰責事由を認めてかまわない場合には妥当性を保持しうるが、取得時効はそれに当てはまらない。取得時効による物権変動は主体的なものではないし、時効の進行や完成をまったく意識しておらず登記のインセンティブを欠いている場合が少なくないからである。しかし、二重譲渡の場合のように不登記が時効取得者の帰責事由にもとづく場合もある。したがって、、取消しと登記の箇所で提示したように、取得時効と登記の問題については、画一的な取り扱いを緩和修正して、信頼保護の原則的な場合に立ち戻り、帰責事由の有無を具体的に判断すべきであると考える。

四　消極的公示主義構成と177条の適用範囲

1　消極的公示主義構成提示の意味

民法典立法時に177条に関して選択された、あらゆる物権変動についてもいかなる第三者との関係でも登記の有無のみによって画一的に「対抗」の可否を決めるという方法は、その後の判例・学説によって修正を被ってきた。すなわち、今日では、その適用範囲を判断するにあたって、当該利益対立をめぐる具体的事情を考慮すべきことが様々に説かれるようになっている。177条が採用した極端な登記絶対主義は、実際にはすでに解釈によって大きく突き動かされていると言ってよい。このような解釈による具体的事情への配慮は、法律構成として二つの方向に分けることができる。ひとつは、不登

記による「対抗できない」という不利益負荷を生じる独自の「対抗の法理」の枠内でそれを行うものであり、他のひとつは、「対抗」を信頼保護の問題場面と構成して、具体的事情をその要件として位置づけるものである。この二つのいずれの立場を取るかは、具体的な問題の解釈を進めるうえで基本となるべき重要な選択であると考える。

　規定の適用範囲を論じる場合には、一方において、その典型的適用場面における法的メカニズム、および、その基本的な価値判断を明らかにしたうえで、当該問題場面との距離を測定し判断する必要がある。また、他方においては、結果の妥当性の観点から、具体的な事情に配慮した実質的な要因を考慮しなければならない。従来の解釈論の中でも、この両方向からの検討がなされてきたことはもちろんである。そして、後者に関しては、理論構成の相違を越えて、ある程度のコモンセンスが形成されてきた。しかし、周知のように、前者に関しては未だに学説が錯綜しており——「対抗」の意義に関する不完全物権変動説、公信力説、法定説等の対立を想起していただきたい——、この側面が座標軸として必ずしも有効に機能しているとは言い難い状況にある。それに対応して第二の側面の比重が重くならざるをえず、結果的に、この問題をめぐる解釈論はかなり跛行的な状況になっているように思われる。177条の適用範囲の問題は、この理論構成の問題と密接に関係しているのであり、対抗関係的構成をとるのか信頼保護的構成をとるのかは、適用範囲を判断する基本的な視点として重要な意味を持っている。私見は、177条は対抗規定を介して不動産登記に対する消極的信頼保護を認めた規定であるとの立場を取っており（消極的公示主義構成）、177条の適用範囲の問題に対してもそのような観点からアプローチすることになる。

　もっとも、二1で述べたように、消極的公示主義構成が妥当するのは、物権変動が生じた後に第三者が登場してきた場合であり、第三者が登場したのちに物権変動が生じた場合には妥当しない。その点、適用範囲が問題とされるのは、取消と登記にせよ取得時効と登記にせよ、あるいは遺贈と登記や遺産分割と登記にせよ、いずれも物権変動の後に第三者が登場した場合である。したがってこのようなアプローチが許されるあろう。

2 信頼保護の要件と適用範囲の判断基準

①消極的公示主義構成では、次のような信頼保護の基本的要件に即して、当該問題場面をめぐる諸事情が考慮されることになる。

［信頼保護の基本的要件］

（ⅰ）実質的権利関係とは異なる、信頼の客観的基礎たりうる外観があること。177条においては、不動産上の物権関係が変動しているのに登記簿上それに対応した記載をしなかったことによって生じた不実の登記（不作為型の不実登記）の存在がこれに当たる。

（ⅱ）信頼者側の保護事由としての善意あるいは善意無過失。177条においては、第三者が登記されていない物権変動はないものと信じていた（あるいは、さらにその点について過失がなかった）ということである。

（ⅲ）外観作出および存続に対して真の権利者側に帰責事由があること。177条においては、不作為型の不実の登記の発生・存続について、物権者の帰責事由があるということである。

　　たとえば不動産登記の公信力を認めるドイツ民法823条は、真の権利者の帰責事由を要件としていない。しかし、177条においては、信頼保護の原則的形態に沿って帰責事由を必要とすべきであろう。それを不要としてまで不動産の取引利益を優先させるべき状況にはないし、わが国の不動産登記にそこまで強い権利外観としての力があるとは考えられないからである[48]。

②登記がなければ対抗できない第三者の範囲は、対抗規定のメカニズムから導かれるべき基準すなわち、既存の法律関係（真の法律関係）の・不・存・在に依拠すべき法的立場にある者か否かによって画されるとともに（二1参照）、上記の（ⅱ）の要件を満たしているか否かによって画される。177条は善意（無過失）要件を特に掲げていないが、これは、（ⅱ）の要件を不

---

(48) 帰責可能性要件（帰責事由）を不要としてよいのはどのような場合にどのような考慮にもとづくのかについては、多田利隆『信頼保護における帰責の理論』（信山社1996年）223頁以下参照。帰責事由の要否という問題は、立法論として不動産登記に対する積極的信頼保護（いわゆる登記の公信力）を検討する場合にも問題となる。私見は、その場合にはドイツ民法とは異なり、帰責事由を必要とする公信制度（いわゆる相対的公信力）とすべきであると考えている。この点については、同書238頁参照。

要とするものではなく、登記の外観としての規範的性格にもとづいて、具体的な善意・悪意を問わない一般的・抽象的な信頼保護が採用されたものとして受け止めることができる(49)。しかし、善意・悪意を一切問題としないという極端な一般的・抽象的信頼保護は、それを支えるべき特別の要因を欠き現状に適さなくなっており、また、適法性の要請や取引倫理にも適合しないので、信頼保護規範の原則型に立ち戻ってこのような一般的・抽象的な取り扱いを修正する必要があり、悪意の第三者は除外されると解すべきであろう（二2(2)参照）。

③登記がなければ対抗できない物権変動原因の範囲の問題は、主として上記(ⅲ)の帰責要件に関わるものである。たとえば、意思表示による物権変動であっても、遺贈については、登記しなかったことが定型的に受贈者の帰責事由を満たすという事情が認められない。取消しによる物権変動においても、取消しをめぐる事情に照らしてそのような事情を認めることはできないし、取得時効についても同様である。いずれも、信頼保護法理における帰責事由の問題であって、登記の有無によって画一的にそれを判断することの当否が問われているのである。それらの問題場面においては、保護事由と同様、信頼保護規範の原則型に立ち戻って画一的取り扱いを修正し、帰責事由の有無を個別に判断すべきであろう（三参照）。

その場合には、実際にどのような見地から帰責事由の存否を判断すべきかという問題に遭遇する。ドイツの信頼保護理論においては、信頼保護における帰責の原理として、①意思にもとづいて（意図的にという意味ではなく、外観作出行為が意思にもとづいたものであったということ）不実の外観を作出・存続させたことに帰責根拠を求める与因主義(Veranlassungsprinzip)、②不実の外観の作出・存続について故意・過失があったことにそれを求め

---

(49) 一般的・抽象的な信頼保護という概念を持ち出すことについては、信頼保護構成の不都合を示すもの、あるいは、「信頼保護法理の自己矛盾」であるとの批判がある。滝沢聿代『物権変動の理論Ⅱ』（有斐閣　2009年）140頁、153頁、七戸克彦「対抗要件主義に関するボアソナード理論」法研64巻12号（1991年）272頁。一般的・抽象的な信頼保護は、信頼保護のひとつのタイプとしてドイツ法において広く説かれてきた概念である。まったく善意・悪意を問題としない場合もなおそれを信頼保護と位置づけられるかは微妙な問題であるが、177条及び公示の原則の趣旨に照らして、変則的ではあるがやはり信頼保護規範の一種と解してよいであろう。

る過失主義（Verschuldensprinzip）、そして、③取引事故の危険を生じさせたこと、あるいは、その危険を他方よりもより多く支配しうる地位にあったことにそれを求める危険主義（Risikoprinzip）が唱えられている。信頼保護における原則的な帰責原理は①であるとするのが旧来の通説であり、近時は、③が通説的地位を認められている。しかし、不登記が「対抗できない」という不利益と結びつくのは、不登記が、物権変動が生じれば他人の利益および自己の法的地位を守るために登記すべきであるという、公示の原則から導かれる社会的義務に反するからであり、この義務違反がこの場合の帰責事由に相当する。義務違反がやむを得なかったか否かという登記の期待可能性が、帰責事由の有無を左右することになろう(50)。

3　94条2項の類推適用との関係

　私見のように、意思表示であっても遺贈や取消しによる物権変動や取得時効による物権変動については物権者側に具体的な帰責事由（内容としては登記の期待可能性）を必要とし、またすべての物権変動原因について第三者の善意を要求するならば、177条の登記絶対主義は大きく修正されることになる。また、対抗構成か信頼保護構成かを問わず、すでに判例・学説が、当該利益対立をめぐる具体的事情を様々な形で考慮してきたことはこれまでに見たとおりである。たとえば、登記ができたのにそれをしなかったのか否かという事情は、対抗構成からは、「対抗できない」という不利益負負荷（制裁）を正当化する事情として、信頼保護候補構成からは、真の権利者側の帰責事由として考慮されてきた。このような場が増えてくると、それを177条の解釈適用に委ねておくべきか、あるいは、具体的事情をストレートに反映できる別の規範、たとえば94条2項の類推適用に委ねるべきかが問題となってくる。

　たとえば、加藤雅信教授は、177条は意思表示による物権変動のみに限定すべきであって、他の物権変動原因については94条2項の類推適用法理によ

---

(50) 消極的公示主義における帰責をめぐるドイツの理論状況については、多田・前掲注(2)「分析」参照。特定遺贈と登記、取消しと登記、取得時効と登記のいずれにおいても、具体的に、登記の期待可能性の有無を問うべきである。

183

るべきことを説かれている。加藤教授によれば、「176条と177条は基本的にはセットとしてとらえられるべきものであって、177条の定める登記による対抗力の付与は、意思表示による物権変動とそれに準ずる特定承継および原始取得（具体的には、競売、公用収用等）に限定されるべきである。……（中略）……意思表示以外による物権変動──意思表示の無効・取消し、取得時効、相続等の包括承継にともなう物権変動──は、対抗の問題としてではなく、未登記でも完全に物権的な効果は発生するとしたうえで、通謀虚偽表示の問題として解決すれば足りる」と説かれている[51]。鎌田教授の言葉を借りれば、「最近では、無権利者からの譲受人を保護する法理として94条2項類推適用論が確立したため、第三者保護のために、あえて法律構成上の技巧をこらしてまでも177条に頼る（しかも結果的に悪意の第三者まで保護する）必要がなくなった。こうした展開を背景として、従来便宜的に対抗問題として処理されてきた問題を、94条2項類推適用等による公信問題としての処理の場面に引き戻そうとする動きが顕著にみられるところに最近の学説の特色があるということができる」ということになるであろう[52]。もっとも、鎌田教授は、「対抗」の構成として公信力説を自説の基礎に据えておられるので[53]、加藤説のように177条の外に信頼保護的解決を求めることはせず、177条の中でそれを考慮する方法を選択されている。私見の消極的公示主義構成もその点は同様である。

　その理由は、94条2項類推適用法理は、177条に含まれている信頼保護に対応した内容の法理とは異なっているからである。177条と94条2項との類似性は、以前から、米倉明教授や川井健博士によって説かれてきた（もっとも、これらの諸説は、加藤説とは異なり、177条の解釈に94条2項の内容を生かそうとするものであった。川井博士の言葉を借りれば、「94条2項類推適用問題を民

---

(51) 加藤（雅）・前掲注（4）145頁以下。この見解は、同教授の主催になる「民法改正研究会」による改正案に反映されている。加藤雅信「『日本民法改正試案』の基本枠組」ジュリスト1362号（2008年）16頁、同・民法改正研究会『民法改正と世界の民法典』（信山社　2009年）26頁等参照。
(52) 鎌田薫「不動産二重売買における第二買主の悪意と取引の安全──フランスにおける判例の転換をめぐって──」比較法学9巻2号58頁以下。なお、鎌田・前掲注（22）22頁以下。
(53) 鎌田・前掲注（22）72頁以下、129頁以下、162頁以下等。

法177条のなかに位置付け、177条の解釈として解決」するということである)(54)。
また、94条2項を類推適用によって外観法理として再構成することには、一応の合理性を認めることができるであろう。94条2項は、本来、意思表示の有効性に対する信頼を保護して表意者がそれら拘束されることを認めた規定であるが、現象的には外観に対する信頼の保護と重なり合うことが多く、そのことを接点として同規定の内容を外観法理と組み替えることは、類推適用の範囲内であると考えられるからである。しかし、177条における信頼保護と94条2項の信頼保護は、何に注目して信頼保護を認めるのかという基本的な考え方において明確に異なっている。この違いは、帰責事由の内容に端的に現れてくる。すなわち、94条2項においては、意図的に虚偽の意思表示を作り出したという点に通常よりも強い帰責性が認められているのに対して、177条においては、公示の原則に由来する登記すべきであるという社会的義務に正当な理由なく反した点に帰責事由が求められ、登記の期待可能性がなかった場合には例外的に帰責性なしとされる。このような違いは、94条2項の類推適用法理についてもあてはまるであろう。もしも類推適用によってその点まで変質させ、94条2項類推適用法理に信頼保護の一般的法理としての地位を認めるならば、通説的解釈論から拒否されるにいたったかつてのドイツにおけるレヒツシャイン法理汎用論と同様の重大な弊害があるといわなければならない。94条2項類推適用法理は、177条に含まれている信頼保護に対応し、それを包括的に拾い上げるに適したものではない。もちろん、94条2項の想定したものに近い状況がある場合には類推適用を認めることができるが、177条の「対抗」自体を94条2項の類推適用法理によって構成したり、意思表示以外の物権変動原因については177条ではなく94条2項の類推適用によって対処する方法はとるべきではないと考える。この点、旧説(55)

---

(54) 川井健「不動産物権変動補における公示と公信——背信的悪意者論、民法94条2項類推適用論の位置付け——」『我妻栄先生追悼論文集』(有斐閣　1975年) 15頁以下。米倉説については、米倉明「債権譲渡禁止特約の効力に関する一疑問 (3)」北大法学23巻3号 (1973年) 119頁以下。
(55) たとえば、多田「民法177条と信頼保護」西南学院大学法学論集49巻2=3合併号 (2015年) 159頁、161頁、同「不動産物権変動法制改正の方向性について——『民法改正研究会』案を手がかりに——(2)」西南学院大学法学論集44巻2号 (2011年) 19頁、同「(3)」同誌45巻1号 (2012年) 11頁。

を改める。

　むしろ、物権変動の後に第三者が出てきた場合には177条が信頼保護規範として作用することを端的に認め、それが、登記の外観としての規範的性格を反映した登記の有無による画一的判断を特徴とする変則的なタイプであることから、事情によっては信頼保護の原則的な内容に合わせる方向で緩和修正されざるをえないものと構成すべきであろう。すなわち、定型的に見て不登記が帰責事由に相当するとは判断できない場合には、帰責事由が具体的に認定される余地を認め、不登記がやむをえなかったという事情がある場合は帰責事由なしとして、登記なくして物権変動を対抗できるということである。取消しと登記とか取得時効と登記等の、177条の適用される物権変動原因の範囲の問題は、このような信頼保護における帰責の問題として位置づけるべきであろう。

　さて、このように考えると、将来の立法論として、対抗要件主義をどのような形で規定化すべきかについては、たとえば意思表示によるものとそれ以外に分けるというように物権変動原因によってそれを分けるよりも、現行法のように全ての物権変動原因について包括的な規定を置き、解釈によって個別の問題に対応するというスタイルのほうが望ましいように思われるのであるが、どうであろうか。

第三部　法改正と物権変動論

Ⅰ　物権変動論からみた改正不動産登記法
——不実登記への対応を中心に——

一　はじめに

　本稿は、改正不動産登記法（平成16年法律第123号、同17年3月7日施行）と民法学における不動産物権変動論との関わりについて考察を試みたものである。不動産物権変動論（以下、単に「物権変動論」とする。）が登記の実態と深い関わりを持っており、従来の物権変動論も、わが国の登記法制及び登記実務並びに国民による利用実態や意識を踏まえて展開されてきたことは改めていうまでもないであろう。平成16年に、およそ百年ぶりという不動産登記法の大改正（旧法を全面的に改正する全部改正という形式がとられている）が行われた。それは、わが国の登記制度の大幅な実質的変更を伴うものであり、その影響が、登記対抗要件主義を定めた民法177条やそれと不可分の関係にある意思主義を定めた同176条をめぐる解釈論、あるいは、登記に対する信頼をどのように保護すべきかをめぐる議論など、いわゆる物権変動論に対しても及ぶことは不可避であろう。不動産登記法の改正を受けて、従来の物権変動論はその前提としてきた登記についての認識を見直す必要がないのか否か、見直すとしたらそれはどのような点なのか。また、逆に、今回の改正に対して物権変動論がその内容に少なからぬ影響を与えた事実があるとすれ

ば、それを確認し検証することが、改正不動産登記法の理解を深めその運用や適用の指針を明らかにするために有益ではないだろうか。本稿は、そのような問題意識から、この両者の関係について考察を試みたものである[1]。

平成16年改正法の大きな特徴のひとつは、登記制度の理念の中でも、特に登記の真正さを維持し高めることを重視しているという点である。たとえば、改正の趣旨については、「高度情報化社会の進展に鑑み、登記の正確性を確保しつつ国民の利便性の一層の向上を図るために、条文の現代語化のほかに、オンライン申請の導入、磁気ディスク登記簿への規定の一本化、地図の電子化など実質的な改正が盛り込まれている」と説明されている[2]。登記の電子化が利便性向上を主な目的としていることはいうまでもないが、同時に、登記の正確性を確保することも重要であり、この二つを両立させ充実させることが改正の目的であったということである。しかも、正確性の確保については、後に見るように、単に電子化に対応した措置を導入するにとどまらず、電子化を機会にこの理念をより積極的に推進できる登記実務や取引慣行を実現しようという意図が込められており、それが今回の改正法の大きな特徴をなしている。

登記の正確性あるいは真実性の確保というのは、真の権利関係と登記内容の食い違いすなわち広い意味での不実登記の防止ということになるであろう。他方、従来のわが国の物権変動論が検討の対象としてきたのは、「対抗」にせよ「公信」にせよ、その多くがそのような不実登記の問題場面であ

---

[1] 平成16年の不動産登記法改正と物権変動論との関係については、改正前の平成15年10月12日に、日本私法学会・拡大ワークショップにおいて、七戸克彦教授による「不動産登記法の改正－その物権変動論に及ぼす影響について」という報告が行われ意見交換がなされたところである（登記情報502号（2003年）4頁以下に同タイトルの論稿が掲載されている。また、拡大ワークショップの概要については私法66号（2004年）106頁以下に紹介されている）。

ただ、その際には、平成15年7月1日に法務省が公表した「電子情報処理組織を使用する方法による申請の導入等に伴う不動産登記法の改正に関する担当者骨子案」の内容が主に俎上に上げられ、物権変動論に軸足を置いてより一般的な見地からこの問題に触れることはほとんどなされなかったのではないかと思われる。

[2] 多くの文献の中で改正法の趣旨の説明として同様の内容が述べられているが、この部分は、鎌田薫・道垣内弘人・安永正昭・始関正光・松岡久和・山野目章夫・河合芳光・齋木賢二「不動産法セミナー（第1回）不動産登記法改正①」ジュリスト1289号（2005年）134頁（河合発言）から引用したものである。

る。したがって、以下では、改正法の重視している課題と物権変動論の想定している問題場面とが重なり合っている上記のような意味の不実登記を軸として、両者の関係を考察することにする(3)。

　なお、本稿は、平成20年10月4日に開催された日本土地法学会主催のシンポジウム「不動産物権変動と登記のオンライン・システム」において、「物権変動論から見たオンライン・システム」というタイトルで行った報告原稿に大幅に加筆修正を施したものである。このような形で紀要に掲載することについては日本土地法学会に了承していただいた。そうした経緯もあり、今となっては公表が時機を失した感を否めないのであるが、物権変動論に軸足をおいた考察としてなお意義を持ちうるのではないかと考え、改めて論稿としてまとめ、公表する次第である。

二　改正不動産登記法と不作為型不実登記

1　物権変動論と不作為型不実登記

　不実登記のタイプのひとつは、物権変動が生じたにもかかわらず登記手続きが取られないために真の権利関係と登記の記載との間に齟齬が生じているという場合である。以下では、そのような不実登記を「不作為型不実登記」と呼ぶことにする。

　不作為型不実登記は、民法典が意思主義（176条）と対抗要件主義（177条）を採用し、登記への動機付けを「対抗できない」という不利益負担の危険性に委ねていることから半ば不可避的に生じるものである。しかし、それが解釈論上重要な問題となるか否かは、実際に物権変動と登記との間隙から「第三者」たとえば第二譲受人が現れて、物権を取得した者の地位がそれによって覆ってしまう事態がどれだけ生じるのかによって左右される。その点について、かつてのわが国の物権変動論は、そのような事態は少なからず生じるという認識を前提としており、二重譲渡を基本モデルとして、不作為型不実

---

(3) 不実登記をめぐる判例については、七戸克彦教授による詳細で網羅的な整理と分析がある。七戸克彦「不動産物権変動における公示の原則の動揺・補遺(1)～(10)」民事研修604号（2007年）～613号（2008年）。

登記への対応を論じることに力を注いでいた。民法177条の適用範囲すなわち登記がなければ対抗できない物権変動及び第三者の範囲をめぐる論点の多くはこれに属するものである(4)。

このように、不作為型不実登記の発生を半ば所与のものとして、それを前提に解釈論が展開されてきたのは、そこに次のような要因が作用していたからであろう。第一に、176条の意思主義は「口約束だけでも所有権が移転する」ような簡便な方法による物権変動を認めるものであると受け止められていたこと。そのような意思主義の下では、物権変動が生じたにもかかわらず登記はまだ移転しておらず、その間に二重譲渡がなされるような事態を広く想定することができる。第二に、わが国では登記慣行がなかなか定着しないという認識が一般的なものとなっていたこと。つまり、登記制度の現状に即して考えれば、不作為型不実登記の発生は希ではなく、しかも、登記の有無による決着を貫徹することは社会通念に照らして妥当性を欠くことが少なくないと受け止められていたということである。たとえば、我妻栄博士は、「公示の原則の動揺」と称する論文の中で、「不動産物権変動をことごとく公簿の上に反映せしめんとする理想」に「近づけしめんとする態度で解釈論を構成することは今や断念するの他はな」いとされ、具体例として、民法177条の「第三者」の範囲に関する制限説をあげられている。すなわち、制限説は、「登記をもって個々の物権取引における安全を保持せんとする制度と観念し、従って、互いに衝突する物権変動の優劣を決定する標準たるにすぎざるものとなさんとするもの」であるとされている(5)。この部分は、主に利用権保護のための「公示の原則の後退」について述べられたものであるが、この中では、不動産物権変動を正確に登記に反映させようとしてもわが国の登記慣行の下では無理であり、したがって、177条の第三者の範囲に関しては、登記が「互いに衝突する物権変動の優劣を決定する標準」となるかぎり

---

(4) たとえば、取消しと登記、解除と登記、相続と登記（共同相続と登記、遺産分割と登記、相続放棄と登記）、賃貸借と登記、第三者の善意・悪意の問題あるいは背信的悪意者排除の法理等、いずれも、実質的権利関係においては物権が変動しているにもかかわらず登記がそれに伴っていない場合の問題である。

(5) 我妻栄「不動産物権変動における公示の原則の動揺」『民法研究Ⅲ　物権』（有斐閣1966年）51頁以下（初出は、法協57巻1号（1939年）18頁以下）。

において第三者性を認める方向にならざるを得ないという考え方が示されている。第三に、第二点とも関連するが、不作為型不実登記に対して177条をそのまま適用することは、不動産の利用利益保護の要請と衝突すると考えられてきたことを指摘することができるであろう。引渡しを受けて現実に土地・建物を利用していながら登記は得ていないという状況は、不動産の利用利益と第三者の取引利益との調節の場として解釈論上重要な意味を持っていたのである。このような、利用利益との関係における登記の公示力の相対化は、たとえば、二重譲渡における第一買主が現実に目的物を居住または事業のために利用していた場合に、それを知りつつ譲り受けた第二譲受人は背信的悪意者に相当すべきであると解する有力説や(6)、177条に組み込まれている登記に対する信頼保護の要素を登記の公信力という法律構成に高めるべきことを説きつつも、第三者の善意無過失要件に関しては現地検分を重視する公信力説(7)の中にも認めることができる（利用利益との関係における登記の公信力の相対化ということになるであろう）。

2　オンライン申請導入の影響について

このように、不作為型不実登記を半ば所与のものとして展開されてきたという状況は、これらに続く時期の物権変動論においても特に変わることなく、基本的には今日まで維持されているということができるであろう。改正不動産登記法は、そのような状況に対して何らかの影響を及ぼすのであろうか。まず思い浮かぶのは、オンライン申請の導入によってこのタイプすなわち不作為型の不実登記が減少するのではないかということである。

---

(6) たとえば、広中俊雄『物権法〈第2版補訂〉』（青林書院 1987年）103頁、水本浩「不動産物権変動における利益衡量」『我妻栄先生追悼論文集　私法学の新たな展開』（有斐閣　1975年）269頁以下。

(7) 公信力説に関する論稿は多数にのぼるが、たとえば、篠塚昭次『民法セミナーⅡ　物権法A』（敬文堂　1970年）148頁以下、同「物権の二重譲渡」『論争民法学1』（成文堂1970年）14頁以下（初出は法学セミナー1965年8月号（1965年））、同「対抗問題の原点」登記研究270号（1970年）1頁以下、271号（1970年）1頁以下等。

　　登記の公信力立法論の中でも、たとえば、幾代通博士は、現地検分を介して現実の利用を知り得た場合には「無過失」要件を満たさないとされており、その点では公信力説と一致する。幾代通「不実登記と公信力―ひとつの立法論―」名大法政論集2巻1号（1955年）1頁以下。

オンライン申請の利用状況は、制度発足当初は申請件数はごく少なかったが、ここ数年間急激に増加している(8)。オンライン申請の件数と書面申請の件数を合計した数が以前よりも大幅に増えているならば、オンライン申請の導入によって以前よりも登記が励行され不作為型不実登記が減少する傾向にあると見ることもできるかもしれないが、登記総数はいろいろな社会・経済状態によって規定されるから、簡単にはそのように結論づけるわけには行かない。むしろ、以下のような事情を考慮すると、少なくとも短期的（たとえば10年以内）には、オンライン申請の利便性によって目立って不作為型不実登記が減少するということにはならないのではないかと思われる(9)。

それは、登記申請のための端末操作、電子署名とか添付情報の取り扱い等、一般市民にとってはまだ技術的なハードルがかなり高いということもあるが、最も決定的なのは、登記申請が不動産取引の一環であり仕上げに相当するプロセスであるだけに、その手続きには実体的な権利関係も含めた法的

---

(8) 開始年度である平成17年度はごくわずかであり、平成18年は全国で1,122件にとどまっていたが、平成20年になると1,022,347件に達し、さらに、21年が1,620,100件、22年が2,699,594件と大幅な増加が続いている。（法務省ホームページより）。

　この点については、すべての登記所のオンライン庁指定が完了したことのみではなく、改正法施行後の様々な施策が効を奏してきたことが推測される。たとえば、平成20年の不動産登記令及び不動産登記規則の一部改正により、オンライン申請の阻害要因が一定程度解消されるまでの当分の間の措置として、添付情報（登記識別情報を除く）が書面に記載されているときは当該書面を登記所に提出する方法によって添付情報を提供することが可能とされたこと、登記識別情報についても、PDFファイル化したものを申請情報と併せて送信することで提供できるようになったこと、また、平成19年の租税特別措置法の改正で、電子申請によるときの登録免許税が、平成20年1月から、2年間の時限的措置ではあるが10％（ただし上限5000円）減額されたこと等である。

　また、法務省は、処理性能の向上、拡張性の確保、環境設定の簡素化、ユーザーの利用形態に応じた申請方法の提供などを盛り込んだシステムとして、「登記・供託オンライン申請システム」（新オンラインシステム）を整備し、平成23年2月14日から、その新しいシステムの運用が開始された。新オンライン申請システムについては、井上克巳「新オンライン申請システムについて」登記研究757号（2011年）9頁以下、大野静香「オンライン登記申請が新しいステージへ～登記・供託オンライン申請システムの運用開始～」登記研究757号（2011年）31頁以下参照。また、オンライン申請の利用促進のための施策の概要については、小出邦夫「不実登記制度をめぐる最近の動向」登記研究757号（2011年）1頁以下参照。

(9) 長期的には、特にIT技術の一層の進歩に伴い、自宅のパソコンあるいはモバイル等からだれもが簡単な操作で、法的な問題のチェックも含めて安全簡便に登記申請ができるようになる可能性は大いにあるであろう。費用負担の軽減を伴えば、不作為型不実登記はかなり減少することが予測される。

な知識の裏付けが不可欠であり、また、当事者の心理として、専門家の手を借りて不安や危険を除去しようとするのが通常であろうという点にある。専門家の手を借りるということになれば、当事者にとってはオンライン申請であろうが書面申請であろうがたいして違いはなく、登記手続きするか否かは、むしろ、それに伴う面倒さ（司法書士への依頼や接触を含む）や経済的負担（登録免許税や司法書士への謝礼）いかんにかかってくるであろう。

さらに根本的な理由は、今日のわが国では、取引による不動産物権変動特に売買、担保権設定等については、登記慣行はすでに定着しており、オンライン申請によって少なくともそれらの物権変動類型について登記の率が高まる余地はあまり残されていないのではないかということである。そして、このことは翻って、従来のわが国の物権変動論が不作為型不実登記の広がりを前提にしていたことに照らせば、その実際上の意味について疑問を投げかけるものでもある。

3　不作為型不実登記中心の物権変動論のあり方について

1において、従来の物権変動論が不作為型不実登記の発生を所与のものとして、それを主な問題場面として展開されてきたということ、そして、それを導いたものとして3つの要因が考えられることを述べた。また、2においては、オンライン申請の影響に関連して、その第二の要因すなわちわが国では登記慣行が定着していないというのは、もはや実態とは異なっているということを指摘したところである。他の二つの要因についてはどうであろうか。

第一の要因として掲げたこと、すなわち、176条の意思主義は「口約束だけでも所有権が移転する」ような簡便な方法による物権変動を認めるものであると受け止められていたために、物権変動が生じたにもかかわらず登記はそのままで、その間に二重譲渡がなされるような事態が広く想定されていたという点については、後に改めて言及するが、フランスの意思主義の実態から日本の意思主義のあり方を見直して、176条の「意思表示」を登記手続きに近い時点に認めるべきであるとする見解が近年では有力となっている。そして、改正不動産登記法は、たとえば次に取り上げる登記原因証明情報制度

を介して、そのような状況に近づくことを企図している。もしもそれが実現するならば、第一の要因は適合性を持たなくなるであろう。また、実際の不動産売買においては「売買代金完済時に所有権が移転し、速やかに移転登記手続きを行う」ことが契約条項とされているのがほとんどであることに鑑みれば、現在でも第一の要因は理念的・仮想的なものにすぎないということができるかもしれない。

　第三の要因として掲げた、利用利益との関係における登記の公示力の相対化についてはどうであろうか。この点は、今日においても対抗問題にとって考慮すべき重要な要因のひとつであり、近年の最高裁判決の中には、背信的悪意者に該当するか否かの判断に際して実質的にそれを考慮したと解されるものもある[10]。ただ、それについては、借地借家法が建物の登記や引渡しを対抗要件としているのと同列に、登記の公示力の相対化という文脈で捉えるべきではないであろう。

4　画一的・定型的取り扱いの修正・緩和という視点

　わが国における「登記になじまない実際取引の実情」を前提として不作為型不実登記を中心に物権変動の当事者と第三者との利益調節を考えるという従来の物権変動論のあり方が適合性を持ち得ないとすると、それに代わるどのような基本的視座を設定すべきであろうか。私見は、民法177条が採用し

---

(10)　そのような判決として、最判平成10年2月13日民集52巻1号65頁と最判平成18年1月17日民集60巻1号27頁がある。前者は、通行地役権が設定されていることを知らないで承役地を譲り受けた場合であっても、承役地が要役地の所有者によって継続的に通路として使用されていることがその位置、形状、構造等の物理的状況から客観的に明らかであり、かつ、譲受人がそのことを認識していたか又は認識することが可能であった場合には、「何らかの通行権の負担のあるものとしてこれを譲り受けたものというべきであって、右の譲受人が地役権者に対して地役権設定登記の欠缺を主張することは、通常は信義に反するものというべきである」としたものであり、後者は、不動産の譲渡を受けた時点において他人が多年にわたり当該不動産を占有している事実を認識していた場合には、取得時効の成立要件を充足していることをすべて具体的に認識していなくても、背信的悪意者と認められる場合がありうるとしたものである。
　これらの事案で第三者に対抗できるか否かが問題となったのは、平成10年判決では通行地役権の設定であり、平成18年判決では所有権の時効取得であって、いずれも取引による所有権取得ではない。取引によって物権を取得して登記ができたにもかかわらず登記をしなかったという事情は認められず、一般的に不作為型不実登記が生じやすいケースであった。

た徹底した定型的・画一的取り扱いの緩和・修正という視点がそれに該当するのではないかと考える。

　日本民法典は、登記制度を確立し登記に即した不動産取引秩序を早急に確立しなければならないという強い法政策的ベクトルの作用の下で、敢えて、登記の有無のみによって物権主張の可否を決めるという、徹底した定型的・画一的な対抗要件主義を採用した。そのことは、不動産登記は「公益にもとづく公示法」であり、その「効を奏する」ためには「絶対的」なものでなければならない。すなわち、登記対抗要件主義は「第三者のために重（原文のママ）に採った」のであるが、この規定は、登記に対する信頼保護や登記をしなかったことによる不利益負担について私人間の個別的な利益調節を図るものではなく、「公益」を図る規定であるから、「既成法典（＝立法に際して参考にした外国の法典　筆者注）とは趣を異にして」、「第三者の善意とか悪意とか云う形容詞をつけなかった」し、「物権というものは悉く登記しなければ絶対的に効力は生ぜぬ」としたのだという、民法典の起草者の一人である穂積陳重の言葉に端的に示されている(11)。

　しかし、そのような極端な取り扱いは、それを支える強い法政策的要請が後退すれば、具体的妥当性と正義衡平の要請によって修正を被らざるを得ない。すなわち、具体的な事情を考慮する方向で修正されるということである。そして、いかなる事情を考慮すべきかについては、177条を構成している実質的要素に照らして判断されることになろう。登記をしなかったことが第三者との関係で不利益を被ってもやむをえない事情に当たるという帰責の要素と、登記に依拠して取引をしたことが保護されるべきであるという登記という人為的な外観に対する信頼保護がそれに相当する(12)。

---

(11) 法務大臣官房司法法制調査部監修『法典調査会民法議事速記録　日本近代立法資料叢書１』（商事法務研究会　1983年）264頁（穂積発言）。
(12) 民法177条を構成している実質的要素については、鈴木禄弥教授によって早くから指摘されていたところである。鈴木禄弥『物権法講義　五訂版』（創文社　2007年）131頁以下参照。鈴木教授の挙げられている、第二買主側の「登記上に記載されていない物権変動は存在しない者として、乙を無視して行動できる」という要因と、第一買主側の「かれが甲から土地を買い、自己の所有権取得を登記しうるようになったのに、それをせずに放置し、自己の権利を擁護する手段を講ずることを怠っていた」という要因は、信頼保護における保護事由と帰責事由に相当するものであるが、鈴木教授は、これらは実質的要因にとどまるものとして、177条の「対抗」の法律構成や要

従来の物権変動論の状況を改めて展望してみると、議論の集中してきた論点は、共通して、立法者意思に沿った登記の有無による定型的・画一的処理が妥当性を保持しえなくなる可能性が高く、それゆえにその修正の必要性が問われる場合である。たとえば、時効と登記や相続と登記においては、真の権利者側が登記をしなかったことについて一般的に帰責事由を想定してよいのかが問われる。また、取消しと登記においては、94条2項の類推適用を説くものと177条の適用を説くものに学説が分かれているが、法律構成は異なっていても物権変動の当事者側の帰責事由と第三者側の保護事由の双方を具体的に考慮しようとする点では共通している。あるいは、第三者の主観についての単純悪意者排除説の有力化という動向も、信頼保護構成をとるか不法行為その他の構成をとるかの違いはあっても、定型的・画一的取り扱いの修正を背信的悪意者排除からさらに一歩進めるものとして位置づけることができるであろう。現実の利用状況の認識を背信性と結びつけたり、現地検分と善意無過失要件の充足を結びつける二1で取り上げた見解も、現実の利用利益優先という観点から177条の定型的・画一的取り扱いの修正を説く点において上記のような大きな流れに沿うものであることに変わりはない。

　定型的・画一的処理を定めた規定は177条以外にも民法典の中に散在しており、その修正・緩和について検討することは民法学にとってひとつの課題たりうるのではないかと思われる。また、外国の立法例も含めて、人為的な権利外観である登記については、不動産登記にかぎらず、程度の差はあれその実質的内容である信頼保護が定型的・画一的になされる例が少なくない。日本民法典の177条を、信頼保護法理に即して法律構成すべきか否かは別として、わが国の物権変動論の共通の課題が上記の点にあることを認識し、それをひとつの基本的な視座として従来の議論を見直し、その成果を解釈あるいは立法に生かしてゆくべきではないかと考える[13]。

　　件論の中にそれを取り入れることはされていない。
（13）筆者は、民法177条は公示方法に特有の抽象的・定型的な消極的信頼保護の規定と解すべきであると考えている（消極的公示主義説）。そして、定型的・画一的取り扱いを導いた法政策的な事情が後退するにしたがって、公示方法に対する信頼保護であるという特性を失わない範囲で、帰責事由と保護事由をより具体的に取り扱う方向に変化すべきであり、実際判例・学説はそのように進んできたのではないかと考えている。私見については、多田利隆「民法177条の『対抗』問題における形式的整合性と

三　作為型不実登記への対応と物権変動論

　これまでみてきたのは、物権が変動したにもかかわらずそれに対応した登記をしなかったという不作為型不実登記であるが、不実登記には、それとは異なり、積極的に虚偽の登記がなされるというタイプがある。不作為型不実登記に対して、作為型不実登記と呼ぶことができるであろう。このタイプの不実登記には、さらに、登記権利者・義務者でない者がそれらを装って（なりすまして）登記申請をする場合と、実際とは異なる登記原因で申請する場合が含まれる。前者については、「なりすまし型」不実登記と称されることがある。後者については、「不実原因型」と呼ぶことにしよう。改正不動産登記法の、「登記の正確性を確保」するという目的が具体的な形で現れているのは、この作為型不実登記への対応である。

1　登記識別情報及び登記原因証明情報

　オンライン申請制度の導入に伴い、改正法は、作為型不実登記に対処する方法として、登記識別情報と登記原因証明情報の制度を新設した。

　登記識別情報とは、「当該登記名義人自らが当該登記を申請していることを確認するために用いられる符号その他の情報であって、登記名義人を識別することができるもの」（2条14号）であり、申請人は、申請情報と併せて登記義務者の登記識別情報を提供しなければならない（22条）。登記識別情報は、登記名義人となった登記申請人に対して登記所から通知されるので（21条）、その登記名義人が登記義務者として登記を申請する場合に登記識別情報の提供を求めることによって、登記名義人本人が申請していることを確認できるものとされているのである。旧法において本人確認の手段として用いられていた登記済証（権利証）（旧35条1項3号、60条）に代わるものであ

実質的整合性―消極的公示主義構成の試み―(3)」民商法雑誌102巻4号（1990年）426頁以下、同「消極的公示主義と民法177条の適用範囲」『高島平蔵先生古希記念民法学の新たな展開』（成文堂　1993年）153頁以下、同『信頼保護における帰責の理論』（信山社　1996年）310頁以下、同「不動産取引における信頼保護―民法177条の二面性と信頼保護法理―」内田勝一／浦川道太郎／鎌田薫編『現代の土地と土地私法』（有斐閣　2001年）74頁以下等参照。

る。登記識別情報は、アラビア数字とアルファベットの組み合わせからなる長いパスワードのようなもの（12桁）で（規則61条）、この内容は本人だけが知りうるようになっている。当該申請人があらかじめ登記識別情報の通知を希望しない旨を申し出ることによって通知を受けないこともできる（不通知制度 21条）。

登記識別情報制度は、IT化社会の進展に伴って本人確認の手段として広く用いられるようになっている暗証番号制度を不動産登記においても採用したものであり、登記済証の偽造・不正使用という危険性を排除して、なりすまし型不実登記の防止に有効に機能することが期待されている。もっとも、本人の管理の仕方いかんによってはそのような目的が十分に果たされない点は、その他の手続きにおける暗証番号と異ならない。また、物ではなく情報であるがゆえに、コンピューターを介した犯罪的行為や操作の誤りあるいはシステムの事故によって逆に外部に容易に流出する危険性もある。この制度の実効性を維持するためには、システムの安全性対策を充実させるとともに、一般市民の啓発に努めることも必要であろう。

次に、登記原因証明情報とは、登記原因（登記の原因となる事実又は法律行為 5条2項）を証明する情報であり、権利に関する登記を申請する場合には、申請人は、法令に別段の定めがある場合を除き、その申請情報と併せて登記原因証明情報を提供しなければならないものとされている（61条、施行令7条1項5号ロ）。そして、申請情報の内容が61条に規定する登記原因を証する情報の内容と合致しないときには、登記申請は却下される（25条8号 旧法49条7号の「申請書に掲げたる事項が登記原因を証する書面と符合せざるとき」に相当）。この制度の趣旨は、登記原因が真正なものであることを確認し、登記原因が真実と異なる登記を防止するところにある（不実原因型不実登記の防止）。旧法下でも、登記原因の真正さをチェックする手段として登記原因証書（「登記原因ヲ証スル書面」旧不登法35条1項2号）を提出すべきものとされていたが、登記原因証書はそれを用いて登記済証を作成する機能があり、その機能は申請書副本でも代替可能であったため、申請書副本で登記原因証書に代える便法が認められていた（旧不登法40条）。そのような登記実務及び取引慣行の下では、登記原因を証明するための資料の提出は、実質を

伴わないことが少なくなかったのである。改正法では、登記原因に関する情報の提供が必須化されたので、そのような便法は認められなくなった。また、従来は登記原因証書を観念できなかった錯誤による更正登記、相続登記、相続による真正な登記名義の回復、取得時効などについても、登記原因証明情報の提供手続きにより拾い上げられることとなった。

登記原因証明情報は、登記官が形式的審査権しか有しないことに照らして、登記原因を登記官が審査することが可能な形で提出する必要がある。したがって、登記原因となる事実や法律行為に該当する具体的事実を示すもの（売買契約書等）と、それにもとづいて権利の変動が生じたことを内容とするものが必要である。具体的に何がそれに該当するのかは、事案に即して個別に判断するほかないが、単に物権変動の態様を簡潔に記したものではなく、物権変動の過程をある程度具体的かつ丁寧に記述したものが必要とされるものと解されている[14]。

2　登記原因証明情報制度と意思主義の内容見直しとの関係

登記原因証明情報について注目されるのは、この制度には、単に登記原因の真正さをチェックする作用が期待されているにとどまらず、公示される内容自体の具体化・精密化による公示機能の充実（登記原因証明情報は、登記簿の附属書類として保存され、写しの交付や閲覧を通じてその内容を知ることとができる。121条参照）や、登記原因証明情報提供手続きを介して、当事者が取引関係を見直して、後にトラブルがおきないように意思を確認しきちんとした契約書を作成する慣行が定着すること、さらには、契約関係の終局的場面である登記申請に司法書士等が関与して、原因関係を調査・整理し意思を確認して書面化するという専門家の積極的な役割を引き出す効果が期待されているということである[15]。不動産取引における契約締結を明確な最終合

---

[14]　鎌田ほか・前掲注（2）70頁以下（鎌田発言）。登記原因証明情報の具体的内容については、たとえば、上記文献65頁以下、司法書士登記実務研究会『新不動産登記法の実務と書式』（民事法研究会2005年）110頁以下、清水響『不動産登記法Q&A』（商事法務　2007年）204頁以下、山野目章夫『不動産登記法』（商事法務　2009年）298頁以下参照。

[15]　鎌田薫ほか「不動産法セミナー（第2回）不動産登記法改正②」ジュリスト1292

意の成否にかからしめること、また、その内容の確認について専門家としての司法書士が大きな役割を果たすべきことが想定されているのである。

　物権変動論という観点から見ると、このような方向性は、民法176条の意思主義の内容を見直そうとする近時の学説動向と重なり合うものである。今回の改正で法制審議会不動産登記法部会長を勤められた鎌田薫教授はそのような動向をリードしてこられた方であるから、それが改正法の内容に反映されたことは間違いないであろう。鎌田教授は、日本民法典の意思主義・対抗要件主義の継受元であるフランスでは、たとえば不動産の売買契約の成立は、代金も決済するし確定的に所有権を移転する意思も持っているという売買の終局段階で公正証書によって行われていること（意思主義における「意思」は公証人の行為を通じて明確化され証書化された意思であること）また、そのような取引慣行の下では登記原因証書のない不動産売買契約はおよそ存在しないし二重譲渡の生じる余地も現実にはほとんど存在しないことを明らかにされ、わが国においても、不動産取引の実態においては、交渉過程から明確な契約締結へと取引が熟してゆくというプロセスが認められるのであり、物権変動を生じさせる意思表示に相当する契約締結はかなり後の時点に認めるべきこと（契約の「熟度論」）、取引内容の明確さと登記の真正さを向上させるために司法書士等の専門家が積極的な役割を果たすべきこと、さらに、登記制度の機能としては、事後的に取引の安全を保護することよりも、紛争を予防し取引の安定性を図ることをより重視すべきことを説かれてきた[16]。このような指摘は、従来の物権変動論に対してその足元の見直しを迫るものであり、多くの支持を集めるに至り、今日のわが国の物権変動論の大きな潮流のひとつをなすにいたっている。それが今回の登記法の改正に反映されて

　　号（2005年）70頁以下（鎌田発言）、同「不動産法セミナー（第4回）不動産登記法改正④」ジュリスト1295号（2005年）200頁（鎌田発言）。
(16)　鎌田薫「フランスにおける不動産取引と公証人の役割(1),(2)」早稲田法学56巻1号（1981年）31頁以下、2号（1981年）1頁以下、同「不動産物権変動の理論と登記手続の実務――日本的『フランス法主義』の特質――」法務省法務総合研究所編『不動産登記制度100周年記念論文集　不動産登記をめぐる今日的課題』（日本加除出版　1987年）57頁以下（初出は民事研修360号（1987年））、加藤雅信／加藤新太郎編著『現代民法学と実務（上）』（判例タイムズ社　2008年）303頁以下（初出は判タ1182号（2005年）7頁以下）。

いる意義について、たとえば、小粥太郎教授は、幾代通博士による「旧不登法実務に沿う簡便な登記制度・『物権の現況』公示の重視」という方向（英吉利風）から、鎌田教授による「真正確保にヨリ意を用いた重厚な登記制度・『物権変動原因（契約）』公示の重視」という方向（「仏蘭西風」）へと表現されている(17)。

3　物権変動論への影響

　改正法に意思主義の内容見直しの動向が反映されているとすると、逆に物権変動論に対して、そのことがどのような影響を与えるであろうか。二に述べたように、不作為型不実登記を所与のものとして対抗問題を考えるという従前のやり方は、すでに現実適合性を失っていると考えられるが、不動産取引における契約締結を明確な最終的合意の成否にかからしめ、その内容の確認について専門家としての司法書士が大きな役割を果たすという改正法の示す方向が実現するならば、ますますそのことが顕著になるであろう。

　もっとも、意図されたような方向が実現しているのかということになると、現状ではまだそうはなっていないように思われる。問題は、そのような方向を押し進めるための制度的な手だてが、改正法の中には十分準備されていないという点である。特に、司法書士が、物権変動の有無や効力について実質的な審査を行って当事者に的確な助言をしたり、さらには、ドイツやフランスの公証人と同等あるいはそれに準ずる役割をどこまで果たすことができるのかは、その制度的な裏付けがないわが国の現状ではなかなか見通しが立たないのではないかと思われる(18)。

　なお、177条をめぐる従来の論点の多くが不作為型不実登記をめぐるもの

---

(17) 小粥太郎「不動産登記法」内田貴／大村敦志編『ジュリスト増刊　民法の争点』（有斐閣　2007年）103頁以下。また、七戸克彦教授は、小粥教授の指摘を踏まえて、これを、「幾代モデル」から「鎌田モデル」へと表現され、それがわが国の経済社会の動向に対応していることを指摘されている。（七戸前掲注（3）613号3頁以下）。
(18) 改正不動産登記法下における司法書士の役割については、改正前の平成15年の日本私法学会拡大ワークショップにおいて、取得原因の有効性確認について司法書士作成の登記原因証明情報に特別の意味を持たせるべきか否か、日本の司法書士にフランスの公証人のように当事者から独立した公的機関としての地位を認めるべきか否かをめぐって活発に意見交換がなされたところである。私法66号（2004年）106頁以下参照。

であることは先に見たとおりである。登記原因証明情報は作為型不実登記防止に向けられた制度であるから、それが効を奏したとしても、従来の物権変動論の論点に直接影響を与えるものではない。より直接に改正法の影響が及ぶことが考えられるのは、次の述べる中間省略登記の取り扱いである。

4 中間省略登記の取り扱いについて

改正前の不動産登記法の下では、たとえば、A→B、B→Cという二段階の所有権移転があった場合に、登録免許税の負担を回避するなどの便宜のために、A→Cの所有権移転を内容とする登記申請がなされて、そのとおりの登記がなされることがあった。そのようないわゆる中間省略登記は、現在の権利関係には合致しているが権利変動の過程は真実と異なるものであるから、作為型不実登記の一種である。その目的に着目して、便宜型不実登記のひとつということができるであろう。

中間省略登記をめぐっては、平成16年の登記法改正前と改正後で事情が変わっている。改正前は、登記原因証書がない場合には申請書副本でもよいこととされていたのに対して、改正後は登記原因証明情報の必要的提供制度がとられたためにそのような便法が認められなくなった。すなわち、改正法の下では、上の例ではA→B、B→Cという二つの権利変動が常に添付情報として提出されるので、AからCへの所有権移転登記を内容とする登記申請がなされたならば、申請情報の内容と登記原因証明情報の内容が異なることが明白となり、25条8号の登記申請却下事由に該当することになる。新法下の登記行政実務では、そのような登記申請は、実体上の権利変動と申請に係る登記の内容が合致せず、権利の得喪及び変更の過程・態様を正確に登記に反映すべきとの不動産登記制度の要請に反するものとして、不動産登記法第25条8号により却下すべきであるという方針が採られている[19]。しかし、旧法下では事実上中間省略登記が行われていたこと、最高裁判決の中にも、すでになされた中間省略登記の抹消登記請求を制限したり、登記名義人およ

---

(19) 鎌田ほか・前掲注 (15)「不動産法セミナー②」75頁以下(河合、始関発言)、松田敦子「平成19年1月12日法務省民二第52号民事第二課長通知の解説」登記情報545号(2007年)51頁。

び中間者の同意がある場合には中間省略登記請求権を認める余地があるとしたものがあること等から、新法下でも引き続き中間省略登記を認めるべきであるとの見解も有力である。しかし、通説は、新法下では中間省略登記は認められていないと解しており、下級審段階ではあるが、中間省略登記の申請を却下した処分を正当であると判示した判決がある。中間省略登記を認めるべきでない理由についてその中で詳細に述べられているので、以下、その内容を整理して紹介することにしたい。

(1) 東京地裁平成19年6月15日判決及び東京高裁平成20年3月27日判決

該当の判決は、東京地判平成19年6月15日登記情報549号30頁及びその控訴審判決である東京高判平成20年3月27日（公刊物未登載）である。事案は、登記原因を平成17年7月13日売買による本件建物所有権の取得、登記権利者をX、登記義務者をAとする建物の所有権移転登記が申請されたが、登記原因証明情報は、7月12日のAB間の売買および7月13日のBX間の売買によって建物所有権がAからB、BからXに順次移転したこと、また、直接AからXに移転登記することをBが異議なく承諾したことを示す内容のものであったので、登記官が不動産登記法25条8号を根拠として申請を却下したのに対して、Xが、処分の取消しと、当該登記申請にもとづく登記実行処分の義務づけ（行政事件訴訟法3条6項2号）を請求したというものである。

Xは、本件の申請情報は、7月13日売買によって建物所有権を取得したから登記義務者のAから所有権の移転登記を求めるというものであり、登記原因証明情報は、AからB、BからXにそれぞれ売買によって所有権が移転し、AからCに移転登記することをBが承諾しているというものであるから、Aが適法な登記義務者、Cが適法な登記権利者に当たり、申請情報と登記原因証明情報とは合致しており不動産登記法25条8号には当たらないと主張したが、第一審、第二審とも、本事案の申請情報は、平成17年7月13日にAからXに売買によって移転したというものと解さざるを得ず、そうであるならば提供された登記原因証明情報とは明らかに異なるとして原告の請求を棄却した。その理由については、第一審と第二審で共通している部分が多いので、それを抽出して以下に示すことにしよう。

第一に、登記原因証明情報を添付情報として提供しなければならないとさ

れる趣旨は、「これにより、権利に関する登記の登記事項である登記原因及びその日付が客観的な裏付けのあるものであることを確保し、もって、不動産の物権変動を公示するため権利の変動に逐一対応する登記をすることとし、申請情報と登記原因証明情報とを合致させて登記内容に物権変動の過程を正確に反映させようとすることを制度の趣旨とするものであ」り（控訴審）[20]、その点においては、旧法下で登記原因証書を提出すべきものとされていたことと変わりはない。第二に、旧法下で中間省略登記が行われることがあったのは、登記原因証書がない場合には申請書副本でもよいとされていたので（旧不動産登記法40条）、形式的審査権しか持たない登記官が、登記申請に掲げられた事項と真実の登記原因が合致しないことを知ることができないまま、提出された登記申請書の副本に基づいて登記申請を受理することを避けられなかったからであり、けっして、中間省略登記が登記所において正当なものとして受理されていたことを意味しない[21]。第三に、Xが提供した登記原因証明情報の内容は、本件建物がAからBに対し平成17年7月12

---

[20] 第一審判決はこの点について、「物権変動を公示する制度である登記について、登記申請者に、物権変動の原因行為とこれに基づく物権変動を証明する登記原因証明情報を登記所に提供させ、これが申請情報と異なる場合には申請を却下することによって、登記が公示する物権変動の内容の正確性を確保しようとする趣旨である」としている。

[21] 控訴新判決はこの点に関しては次のように述べている。「旧法下においても、本件と同内容の登記申請がされ、登記原因を証する書面として本件における登記原因証明情報と同内容の書面が登記所に提出された場合には、上記第49条第7号に該当するものとして登記申請が却下されるべきであったのであり、このことは現行の不動産登記法の上記規定の場合と同様であって、不動産登記法が現行法に改正される前と後とで、登記原因と異なる登記申請は却下するという基本的な考え方は何ら変更がないことは、上記の旧法及び現行法の不動産登記法の上記各規定の内容に照らして、明らかである。確かに旧法においては、その第40条で『登記原因ヲ証スル書面カ初ヨリ存在セス又ハ之ヲ提出スルコト能ハサルトキハ申請書ノ副本ヲ提出スルコトヲ要ス』と規定していたことから、旧法第35条第1項第2号所定の登記原因を証する書面に代えて登記申請書の副本を提出した場合には、形式的審査権しかない登記官としては、登記申請に掲げられた事項と真実の登記原因が合致しないことを知ることができないまま、提出された登記申請書の副本に基づいて登記申請を受理する結果となり得ることがあったことはうかがわれるものの、それは結局登記原因が事実と異なるにもかかわらず、旧法第40条が登記原因を証する書面に代えて登記申請書の副本の提出を認めていたことにより、虚偽の内容の申請を結果的に排除できなかったというに過ぎないものであって、このことから、旧法下でも、控訴人の主張するような中間省略登記が登記所において正当なものとして受理されていたことにはならないことは明らかである。」。

日に売却されて所有権がAからBに移転したこと、引き続いて、BからXに同月13日に売却されて所有権がBからXに移転したというものであるが、提供された所有権移転登記の登記原因は、平成17年7月13日にAからXに売買によって移転したというものであるから、申請情報と登記原因証明情報に記載されている登記原因が異なることは明らかである。第四に、これまでの最高裁判決は、本件のような中間省略登記の申請を認めるべきであるとする先例たりえない。最高裁の従来の判決は、厳密には、登記名義人および中間者の同意がある場合に中間省略登記請求を認めたものとはいえないし、登記名義人及び中間者の同意の下で中間省略登記の申請があった場合に、同意があることを理由に登記官に中間省略登記の申請どおりの登記をする義務を負担させる趣旨のものではない（控訴審判決）[22]。

　このように、この二つの判決は、旧法下で中間省略登記が事実上認められていたのは、登記行政においても司法的判断においても決してそれを積極的に容認する趣旨ではなく、登記原因を証明すべき具体的情報の提出が必ずしも要求されていなかったために、掲げられた原因と真の原因との食い違いが見逃されていた結果生じたものにすぎず、登記原因証明情報制度が設けられた新法の下で提出された情報に照らして内容の齟齬が認められた場合に申請を却下するのは、登記内容に物権変動の過程を正確に反映させようとする制度趣旨に照らして当然のことであって、その点は旧法時代と特に変わるものではないという判断を示している。

　この事案の原告のように、申請情報としては現在の所有者の所有権取得の事実と現在の登記名義人及び中間者の同意の事実を示す情報を提供し、登記原因証明情報としてはA→B、B→Xへの所有権移転を示す情報を提供するということは、現在の権利関係に即した登記がなされれば権利移転の経緯を登記しなくてもよいという取り扱いを申請に際して正面から求めているに

---

(22) この点について第一審判決は、最高裁判例は、一定の場合には中間省略登記請求権が発生することを認めていると解されるとしたうえで、実体上の中間省略登記請求権が認められる場合があるからといって、それを不動産登記制度にも反映する仕組みがあるべきだとか、判決による中間省略登記が許されるのであれば申請による中間省略登記も許されるべきではないかというのは、立法論あるいは研究課題としてはともかく、物権変動の内容を正確に反映させようという趣旨の下で改正された法の解釈論としては認められないとする。

等しい。もしもそれを認めると、申請書副本による代替が認められていたがゆえに「見逃し」によって生じていたにすぎない中間省略登記を新法下では意識的に認めることになってしまうが、それは明らかに、改正法の内容に逆行するものである。そのような申請がなされた場合にそれを法25条8号によって却下すべきは、むしろ、当然であるといわなければならない(23)。それを回避するために三者間で合意のうえで改めてA→Cの所有権移転を示す登記原因証明情報を作出すれば事実上登記官はそれを受理せざるを得ないが、そのような虚偽の登記原因証明情報を作成し提供することは、司法書士の職責に照らして許されるものではないであろう(24)。

(2) 第三者のためにする契約、買主の地位の譲渡との関係

このような登記行政実務や下級審判決の対応を受けて、不動産取引業界では、第三者のためにする売買契約や買主の地位の譲渡という方法を用いることで中間省略登記と同様の便宜を実現しようとする動きが生じることになった。たとえばAB間で第三者Cのためにする売買契約を締結するならば、Cの受益の意思表示によって所有権は直接AからCに移転するのであるから、A→Cという移転登記の申請は所有権移転の経緯に合致しており、25条8号の却下事由には当たらないことになる。また、たとえばAから不動産を購入したBが所有権を取得する前に買主の地位をCに譲渡し、その後売主から買主への所有権移転が生じたならば、やはり、A→Cという移転登記の申請は所有権移転の経緯に合致しており却下事由には当たらないことになる。

この点については、「規制改革・民間開放推進会議住宅・土地ワーキンググループ主査」名で、法務省に対して、そのような申請は他に却下事由が存在しない限りいずれも受理されるものと考えて差し支えないかという照会が

---

(23) 第一審判決の評釈としては、山野目章夫〈判批〉登記情報550号（2007年）12頁以下、第二審判決の評釈としては、池田雅則〈判批〉登記情報567号（2009年）24頁以下、舟橋秀明〈判批〉登記情報571号（2009年）18頁以下、名島亨卓〈判批〉民事研修625号（2009年）48頁以下。
(24) この点については、鎌田ほか・前掲注（15）（「不動産法セミナー（第2回）」80頁以下。

なされており、それに対して、法務省は、「いずれも貴見のとおりと考えます」との回答を行っている（平19・1・12民二第52号法務局民事行政部長・地方法務局長あて民事局民事第二課長通知）(25)。すなわち、そのような申請は受理されるという回答である。実際問題として、特に不動産業界には、登録免許税や不動産取得税等の税負担が売買価格に影響を与えてしまうこと等、中間省略登記に対する切実なニーズがあり、上記の回答を受けて、その後は、特に第三者のためにする契約方式を利用することが実際には相当広く行われているようである(26)。

　しかし、この回答は、そのような方式を経由して実際上中間省略登記をすることを容認したものではない。実際にはA→B、B→Cと所有権が移転したにもかかわらず当事者が口裏を合わせて第三者のためにする契約や買主の地位の譲渡という虚偽の登記原因証明情報を作成したり、単に形式的にこのような方式をとったにすぎない場合に、それを受理すべきことを認めたわけではないのであって、そのような脱法行為的な登記申請は却下すべきであろう。宅建業界では、回答を受けて、中間者のBが宅建業者でCが一般消費者である場合に、重要事項説明義務、瑕疵担保責任の特例などの宅建業法の消費者保護規定が適用されるのか、あるいは、宅建業法33条の2（宅建業

---

(25) この照会と回答の内容については、たとえば、松田・前掲注（18）50頁以下参照。
(26) 七戸克彦「中間省略登記の代替手段について」マンション学30号（2008年）2頁以下。七戸教授によれば、実体的な物権変動としてA→B→Cの順次移転を行わず、A→Cの直接の権利移転を行う契約スキームとしては、第三者のためにする契約と買主の地位の譲渡のほかに、「予約完結権の譲渡（売買予約）」方式、「契約解除→再契約」方式、「二重譲渡」方式及び「即決和解」方式があるとされる。また、山野目教授は、A→Bの売買契約を解除してBC間の売買を他人物売買としたうえでそれを追完する方法、所有権移転請求権の売買という構成、売買そのものをA→Cにあったことに作り直すためにやり直す方法が考えられるとされる（鎌田ほか・前掲注(15)「不動産法セミナー第二回」84頁（山野目発言））。
　買主の地位の譲渡方式では、中間者Bの得た転売利益がCの知る所となる点や、中間者Bが契約関係から離脱するため不動産価格を売り上げとして計上できない点が問題とされ、現在では、中間省略登記の代替方法としては、もっぱら第三者のためにする契約の側が検討されており、買主の地位の譲渡の積極的活用を主張する者はもはや存在しないとされている（七戸上記文献）。また、江口正夫「『第三者のためにする契約・買い主の地位の譲渡』の現状」登記情報591号（2011年）22頁は、買い主の地位の移転方式よりも第三者のためにする契約方式の利用が多いように思われるとされ、その理由は、後者であればCにAB間の売買契約の内容特に売買代金額を知られることがないという点にあるのではないかと指摘されている。

者は自己の所有に属しない宅地又は建物について、自ら売主となる売買契約を締結してはならない。）に違反しないのか、さらには、法的問題のほかに、Bの転売差益がCに知られてしまうのではないか、Bが不動産価格を売り上げとして計上できないのではないかなどの問題が検討されたようであるが、そのような問題は、実際にはA→B→Cという所有権の移転があることを前提として生じるものであるから、上記のような解答の内容に照らすならば、そのような問題設定自体が、その趣旨に適合していないといわざるをえないであろう[27]。

四 結びに代えて──登記に対する信頼保護との関係──

　真の権利関係を登記制度によって公示することが求められるのは、登記に依拠して安心して不動産取引を行うことができるためである。そのためには、登記内容が実体的な権利関係と異なっているという状態をできるだけ防止し排除しなければならない。しかし、その目的を達成するためには、予防的な取引の安全保護を図るのみでは不十分である。不実の登記が生じることやそれを信じて取引が行われるのを完全に防止できない以上、そのような取引事故から生じうる不利益負担を真の権利者と善意者との間で適正に配分しうる信頼保護のシステムが伴ってはじめて、登記の取引安全保護機能は十分に発揮されるのである。

　そのような登記に対する信頼保護のシステムを認めるべきか否かは、登記も含めた不動産取引の実態によって大きく左右される。日本民法典は、占有に関する192条のような公示方法に対する積極的信頼保護を認める規定を不動産登記については置かなかったが、それが当時の不動産取引の実態を反映したものであったことは改めていうまでもないであろう。そのような、登記の公信力の認否と不動産取引実態との強い関連性から考えると、登記の真正

---

[27] この回答に対しては、司法書士界や宅建業界の中で、第三者のためにする契約や売主の地位の譲渡という法律構成を介して中間省略登記ができるということではないかという受け止め方も一部に生じたようである。今川嘉典・坂巻豊・山野目章夫「座談会　不動産取引をめぐる近時の問題と不動産登記制度」登記情報557号（2008年）21頁（今川発言）参照。

さを高めるための手だてや司法書士の積極的関与によって不実登記の発生が減少することを企図している改正法が、登記の公信力をめぐる解釈論や立法論にどのような影響を及ぼすのか、興味を惹かれるところである。最後にその点について展望を試みることで、本稿の結びに代えることにしたい。

1　積極的公信力と消極的公信力

わが国で「登記の公信力」という場合には、動産即時取得に対応する不動産登記に対する積極的信頼保護を意味するのが通常である。積極的信頼保護というのは、消極的信頼保護に対応する概念であり、後者が、外観が変化していないので実体も変化していないという信頼を保護するものであるのに対して、前者は、外観に対応した実体があるという信頼を端的に保護するものである（主観的にどう信じたかではなく、いかなる信頼が保護されるのかという信頼保護の作用に即した分類である）。登記の公信力に関しても、それに応じて、積極的公信力と消極的公信力を観念しうるが、わが国では後者の存在についての認識はきわめて薄く、たとえば民法177条を後者に即して法律構成することはほとんど行われていない[28]。消極的公信力についてはすでに別

---

[28] 民法177条が第三者の取引安全保護のために設けられた規定であることは民法典起草者が明言しているところであり、学説の中でも、177条の「対抗」の実質的要素のひとつが第三者の信頼保護にある点については特に異論のないところである。また、わが国では早くから、物権法の基本原則のひとつである公示の原則には、公示されない物権変動は無視してかまわないという公示方法に対する消極的な信頼保護が含まれていることが、我妻栄博士、舟橋諄一博士、原島重義教授、稲本洋之助教授等によって指摘されてきた。この両者を併せ考えれば、177条は、登記に対する第三者の消極的信頼保護を図る規定であること、少なくともそれが重要な要素をなしていることが導かれるであろう。
　ただ、従来の通説的見解は、公示制度の一般的な説明としてはともかく、177条の解釈論あるいは法律構成の中にそのような要素を組み入れることには消極的であった。その主な理由は、177条が第三者の善意・悪意を区別していないこと、そして、登記が残っているかぎり物権は何重にも（不完全ながら）譲渡でき「対抗」はその優劣関係を決するものであるから、第二譲渡人の所有権取得を信頼保護法理による無権利者からの取得と構成する余地はないということにあったものと考えられる。しかし、176条と177条との論理的な関係や、「対抗することができない」という規定の仕方に含まれているメカニズム、わが国が物権と債権の峻別体系を採用していること、譲渡人に残っている登記名義が第二譲受人に対してどのような意味を持つのか等を考えると、登記が残っているかぎり物権は何重にも譲渡でき、「対抗」はその優劣関係を決するものにすぎないというフランス法的構成をそのまま維持することの妥当性には疑問がある。また、善意・悪意に関しては、先に述べたように、極端な形式的・画

稿で論じたことがあるので、本稿では、積極的公信力すなわち不動産登記に対する積極的信頼保護について取り上げることにしよう。

2　94条2項類推適用論の問題点と公信力立法論

改正不動産登記法と登記の公信力との関係については、たとえば、ジュリスト連載の「座談会　不動産法セミナー（第4回）」（注(15)参照）で取り上げられているが、そこでは、登記の信頼度が改正法によって向上するとしても、改めて公信力立法をするだけのニーズはまだ認められないという方向で意見が集約されたようである(29)。また、先に触れた民法改正研究会による改正案の中でも、登記に公信力を認める規定は提案されていない。それらも含めて、近年では公信力立法論はほとんど陰を潜めているといってよいであろう。それは、登記に対する信頼保護を認める必要がないと考えられているからではなく、登記に対する信頼保護については94条2項の類推適用法理によって対応できるので、改めて公信力立法をするだけの必要性が認められないと考えられているところに主な理由がある。しかし、そのような認識が、不動産登記に対する信頼は94条2項の類推適用法理で十分であり公信力を認める規定を置く必要はないという方向を指示しているとすれば、そのような判断の妥当性には疑問がある。

その理由は、第一に、94条2項類推適用法理はあるべき類推適用の範囲を超えている疑いが強く、そのような便宜的な方法を固定すべきではないということである。94条2項は、意図的に虚偽の意思表示をしたという表意者側の事情に照らして、善意の第三者との関係では隠された真意を持ち出して意思表示の効力を否定することはできないという、意思表示の有効性に対する信頼を保護する規定であり、権利外観に対する信頼保護を認めた規定ではない。ただ、虚偽の意思表示はしばしば虚偽の外観を伴うので、第三者の主観

　一的な取り扱いは、それを支えるべき強力な法政策的ベクトルが後退すれば、具体的妥当性あるいは正義衡平の観点から修正を被らざるを得ないのであり、現に、学説も判例も、そのような方向で進展してきた。そして、そこで考慮されているのは、第三者側の保護事由と、真の権利者側の登記をしなかったことについての帰責事由である。それらを包摂する法理として最も適合性を持つのは、信頼保護法理であろう。消極的公示主義説（私見）については、注(13)に掲げた文献を参照していただきたい。
(29)　鎌田ほか・前掲注(15)「不動産法セミナー（第4回）」197頁以下。

においては意思表示の有効性に対する信頼は登記等の外観に対する信頼であることが多く、両者が重なり合うかぎりで94条2項は事実上そのような外観に対する信頼を保護する作用を担っているにすぎない。これに対して、これまでの94条2項の類推適用法理は、そのような枠を越えて、端的に外観に対する信頼保護の法理として展開されてきた。その内容にはまだ様々な不確定な要素や問題点が残されており、上記のような「逸脱」について理論的な整序もなされていない。たとえば「民法改正研究会」の改正案のように、従来のような虚偽表示規定の中に3項、4項として類推適用法理の内容を掲げるならば、類推適用法理が適切な所を得ることになるのではなく、逆に、ますます意思表示規定と外観法理規定とを同列に並べることの矛盾が浮き彫りにされるであろう[30]。

　第二に、94条2項は、権利外観法理をそれをもとにして構築するに適したものではないということである。登記に対する信頼保護に関して判例・学説が94条2項に注目してきた理由のひとつは、それが、たとえばドイツ法における公信力制度（絶対的公信主義）とは異なり、真の権利者側の帰責事由を通謀虚偽表示要件が拾い上げることができ（相対的公信主義）、それによって取引の安全に走らない妥当な利益調節ができるという認識にあったものと推測される。しかし、帰責事由の必要性は、94条2項のみに組み込まれているものではなく、信頼保護全般を通じた大原則である。しかも、94条2項における帰責事由は、信頼保護法理という観点から見るときわめて特殊なものであり、決して代表的・標準的なものではない。すなわち、それは、・意・図・的・に虚偽の表示をしたという点で帰責事由としてはかなり特殊でありかつ重いものである。

　第三に、94条2項が取引の種類等に関係のない本来きわめて高い汎用性を持つ規定であるゆえに、その類推適用法理も同様の汎用性を備えることが予想される。すなわち、この類推適用法理が、民法あるいは私法全体を通じた

---

(30) 民法改正研究会の改正案では、公信力立法を認めるのではなく、虚偽表示規定に3項、4項を新設して一般的な外観法理を定めた規定とし、その中に94条2項の類推適用法理の内容を盛り込むことが提案されている。たとえば、2009年10月に公表された民法改正研究会『民法改正　国民・法曹・学界有志案』（日本評論社　2009年）125頁、松岡久和「物権変動法制」ジュリスト1362号（2008年）43頁参照。

一般的な信頼保護規範となる可能性があるが、そのような規範が存在するということ自体の持つ意味について慎重に考える必要があるのではないかということである。この点について想起されるのは、19世紀末から20世紀初めにかけてドイツにおいて華々しく展開された権利外観法理すなわちレヒツシャイン法理（Rechtsscheinstheorie, Rechtsscheinsprinzip）のことである。それはまさに、取引や外観の種類を問わずあらゆる法的取引に共通の（論者によっては訴訟法や公法も含めたすべての法分野に共通の）一般的な信頼保護規範の必要性を説き、その内容を検討して提示しようとしたものであった。意思にもとづく権利外観の作出・存続（帰責事由）と権利外観に対する信頼（保護事由）を要件とする権利外観法理は、意思本位の伝統的な私法のメカニズムを克服し実定法の欠缺を埋める一般規範として、広範で積極的な作用を担うべきことが説かれたのである。しかし、その成果は、法原則としては受け入れられて、その後のドイツの信頼保護理論の基礎となったものの、解釈論上実効性を持つべき規範としては当時から通説・判例の受け入れるところとはならなかった[31]。

　94条2項類推適用法理の内容が、外観作出に対する意思的関与と外観に対する第三者の信頼を要件として信頼保護を認めるという方向に集約するならば、それは、内容においても当時のレヒツシャイン理論の説いていた一般的な権利外観規範とほぼ一致する。しかし、民法典に散在する信頼保護規定は、それぞれに、帰責事由にせよ保護事由にせよその問題状況に応じた異なる内容を有しており、当該問題場面に即して必要と判断した場合に個々の信頼保護規定を置いている（信頼保護規定の例外規定性）。94条2項が実際には登記に対する信頼保護に適用されることがあるとしても、それは、意図的に虚偽の意思表示をしたという重い帰責事由があり、真の権利者の被るべき不利益が表意者が当該意思表示に拘束されることと合致するかぎりにおいて認められる結果にすぎない。一般的な信頼保護規範は、そのような個別規定を導いている諸要素を無視し、個別規定がその場面では設けられなかった理由も無視するものである。はたして、そのような一般条項的ともいうべき包括

---

[31] この点については、多田前掲注(13)『信頼保護における帰責の理論』118頁以下参照。

的な信頼保護規範を認めるべきであろうか、はなはだ疑問である。

　以上のような点に鑑みて、私見は、94条2項類推適用法理による対応は過渡的なものとして、いずれは、その内容を生かす形の登記の公信力を認める規定を設けるべきであると考える。その内容は、従来のわが国の立法論で説かれていたような絶対的公信主義ではなく、不実の登記（なりすまし型不実登記や便宜型不動産登記）の作出・存続について真の権利者の帰責事由を必要とする相対的公信主義に沿ったものとなるべきであろう[32]。そして、その帰責事由の内容は、94条2項のような意図的に虚偽の登記をしたというものから、同類推適用法理の中に見られるように外形作出に意思的関与をしたというもの、あるいは、重過失とか過失の有無を問題とするものなど、考えられる内容には幅がある。その点も含めて、登記に対する積極的信頼保護をどのような形で図るべきかについては、なお慎重に検討する必要があるものと考える。

---

(32) 従来の立法論は、公信力を認めるための要件として真正権利者側の帰責事由を要求するものと、それを不要とするものとの二種類に分けられる。たとえば、日本の信頼保護法学の基盤の構築とその後の趨勢に決定的な影響を与えた鳩山秀夫博士は、不動産取引における静的安全と動的安全との適正な調節を図るという基本的視点から、登記簿に対する信頼保護に積極的に対応すべき必要性を説くとともに、実質的審査主義を採用していない日本の登記制度のもとでは「相対的公信主義」を採るべきことを主張された。「相対的公信主義」とは、「登記の真正ならざる理由の如何は全く之を問うことなし」とするドイツ法的な「絶対的公信主義」に対応する概念で、権利者側の帰責の有無によって公信力が左右されるべきものとする立場である。具体的には、「実質上の権利者と登記の誤謬との間に原因結果の関係の存する場合」にのみ公信力を認めるべきであるとされていた。すなわち、帰責の原理に関する当時のドイツの通説であった与因主義が採用されている（鳩山秀夫「不動産物権変動の得喪変更に関する公信主義及び公示主義を論ず」『債権法における信義誠実の原則』（有斐閣　1955年）78頁以下（初出は法学協会雑誌33巻7、9、12号（1914年））。

　これに対して、幾代通博士は、相対的公信主義による場合には信頼保護の範囲が狭すぎる結果となること、登記という公示手段の形成に国家が関与していること、および、一般人の法意識も登記を軽く考えてはいないことを指摘して、真正権利者側の帰責事由を必要としない「絶対的公信原則」を採用すべきことを主張された（幾代通前掲注（7））。半田正夫教授も、取引界においては登記によって確実に権利を取得したものという一般の意識が認められることに照らして絶対的公信主義の方向に踏み出すべきであるとして、幾代説に賛成されている（半田正夫「不動産登記と公信力」星野英一編『民法講座第2巻』（有斐閣　1984年）197頁以下）。

II 不動産物権変動法制改正の方向性について
──「民法改正研究会」案を手がかりに──

一 はじめに

わが国では、現在、法制審議会「民法（債権関係）部会」（2009年10月28日設置　部会長鎌田薫（早稲田大学教授））において民法典の改正作業が進められている。改正の対象領域は「第三編　債権」を中心とするとされており、その中で法定債権（事務管理、不当利得及び不法行為）に関する規定は対象から外されているが、他方では、必要に応じて改正の対象は債権法領域を越えて「第一編　総則」にも及ぶものとされている。施行後110年を超える日本民法典の歴史の中でも最大級の規模の改正が実現されようとしているといってよいであろう。この度の改正作業が終了すれば、おそらく、民法典の他の分野の改正に着手することになるのではないかと予想されるが、現在までのところその具体的な予定については公表されていない。本稿で取り上げた不動産物権変動法制を含む「第二編　物権」についても、改正の時期や規模のみならず改正を行うのか否かについてさえ、現時点ではその見通しは不透明である。

他方、民法学界では、数年前から、家族法も含めた民法典全体の抜本的な改正を積極的に検討しようとする動きが活発になっている。中でも、2005年11月に発足した「民法改正研究会」（約20名の研究者からなる学者グループ　代表　加藤雅信（上智大学教授））は、担保物権法を除く民法財産法全体に亘る改正条文案を2008年10月の私法学会のシンポジウムにおいて公表して大きな注目を集めた[1]。同研究会は、さらに、上記シンポジウムの成果を踏まえ

---

(1) 2008年10月13日第72回日本私法学会におけるシンポジウム。当日のシンポジウム資料として、民法改正研究会起草『日本民法改正試案（民法改正研究会・仮案［平成20年10月13日案］）』（有斐閣　2008年）がある。また、当日の報告内容については、あらかじめ、ジュリスト1362号（2008年）誌上で「特集　日本民法典財産法編の改正」として取りまとめられ公にされた。

た修正案を2009年1月に公表し[2]、その後も、より広く法学界の意見を結集し実務法曹や国民各界の意見をも草案の内容に反映するという趣旨のシンポジウム、フォーラムあるいは懇談会等を重ねたうえで、2009年10月に再修正案「民法改正　国民・法曹・学界有志案」を公表した[3]。この条文案は、私的な研究会による研究成果をまとめた私案であるから、将来の改正の方向性や内容に対する拘束力は持っていない。実際、債権法分野についてみると、法制審議会で検討中の草案と民法改正研究会の改正案との間には少なからぬ食い違いや差違が認められる。しかし、この研究会案が民法学界の生んだ民法改正に関する代表的な研究成果のひとつであり、改正案としてひとつの到達点をなしていることは確かであろう。その内容は、将来行われるであろう公的な改正作業に際しても大きな影響力を発揮することが予想される。

　本稿は、この民法改正研究会案、具体的には2009年10月に公表された「民法改正　国民・法曹・学界有志案」中の、不動産物権変動法制に関する条文案（「第二編　物権」の111条、112条及び115条（正案）及び「第一編　総則」の60条）を素材として、その内容の検討を通じてきたるべき改正の方向性について考察を試みたものである。

二　不動産物権変動法制改正の必要性

1　規定内容の明確化

　この度の債権法改正のような大規模な改正が物権法についても必要か否かは、慎重な検討を要する問題であるが、ここではその点はひとまずおいて、不動産物権変動法制に絞って、改正の方向性を検討する前提として、改正の必要性について取り上げることにしよう。

　民法改正研究会ではその点についてどのように考えられたのであろうか。2008年の私法学会シンポジウムで、「物権変動法制のあり方」について報告

---

(2) 民法改正研究会「日本民法典財産法改正試案『日本民法改正試案・仮案（平成21年1月1日案）』の提示」判タ1281号（2009年）5頁以下。
(3) 民法改正研究会編『法律時報増刊　民法改正　国民・法曹・学界有志案』（日本評論社　2009年）。

された松岡久和教授は、ジュリスト1362号（2008年）（前掲注(1)参照）誌上で次のように述べられている。研究会の中では、当初、判例を概観すると「それなりに一貫した法律構成とそれにもとづく比較的安定した紛争処理が行われており、耐え難い不合理な結果が生じている場面はほとんどない」という状況に鑑みて改正を要しないという見解も主張された。しかし、「規定の内容がきわめて簡素である一方、それを実際の紛争に適用する判例は膨大な数に及」んでおり、「条文を読んでもその概要すら理解困難であるという状態は、国民のための民法という視点からみて、きわめて問題である」というのが研究会の多数の意見であったとされている[4]。

　一般国民にとっての規定の明確化の必要性に照らして改正が必要であるという研究会の判断はきわめて妥当なものであると思われる。民法176条と177条は、その用語法や論理構造自体決してわかりやすいものではないが、より切実な問題点は、規定の内容がきわめて抽象的であり、判例の蓄積によって形成されてきた重要な判例準則や判例法理を規定の文言から導くことができない状況にあるという点であろう。たとえば、177条の適用範囲について、実際には様々な適用除外が認められており、たとえば背信的悪意者排除法理という独自の法理が形成されているが、規定内容にはそれはまったく反映されていない。あるいは、176条及び177条においては規定されていない不動産登記に対する積極的信頼保護すなわち「登記の公信力」について、物権変動法制を離れた意思表示の規定である94条2項を用いて一定の場合にはそれを認める取り扱いがなされ、独特の信頼保護法理が形成されている。このように、民法典の不動産物権変動に関する規定については、規定の文言とは異なる取り扱いの展開によって、規定のブラックボックス化とでもいうべき現象が相当程度進行しており、それは、現行規定を維持したままで対応できる範囲を超えているというべきであろう。分かりやすい透明性の高い民法をめざすということは、進行中の債権法改正の基本理念のひとつとされているものであるが、不動産物権変動法制についても、その理念に沿った改正がなされるべきであると考える。

---

　[4] 松岡久和「物権変動法制のあり方」ジュリスト1362号（2008年）39頁以下。

2 改正のむずかしさ

　もっとも、不動産物権変動に関する規定の改正には、他の領域にはないむずかしさが伴うことが予想される。176条及び177条の内容をめぐっては、古くから様々な論点について多くの議論が堆積しており、今日でも、学説相互間あるいは学説と判例の間で見解が分かれている問題点が少なくないからである。判例準則を整理する段階にとどまらずに、より踏み込んだ改正を行おうとすれば、判例・学説の中から特定の立場を選択せざるをえないが、コンセンサスを得ることも含めて、それは非常に骨の折れる作業となるであろう。94条2項の類推適用法理についても、その要件や適用範囲あるいは位置づけについて判例・学説は必ずしも一致しておらず、判例がなお流動的な問題場面もあり、それらを整序して一定の内容を規定化する作業は同様の困難を伴うであろう。

　176条及び177条に関しては、判例・学説において論じられてきた懸案の問題が生じる原因を遡ると意思主義・対抗要件主義にいたることから、そのような基本原則自体を変えるべきか否かという、より根本的でそれゆえに判断のむずかしい問題が存在している。この点について、松岡教授は、「意思主義・対抗要件主義の法制度自体が、物権変動に関するフランス法型の規律と民法全体及び不動産登記制度のドイツ法型の規律の接合と相俟って、構造的な難点を抱えていると思われる」とされ、具体的には、①物権変動の時期について収拾のつかない理論的対立を生じていること、②権利移転を義務づける行為（契約）と物権の変動を生じる行為（処分行為）の関係に混乱を生じていること、③対抗要件を備えない物権関係について、非常に精緻ではあるが難解で帰一するところのない無用な議論を生じていることを、改正の必要な問題状況として指摘されている[5]。

　このように、学説相互間あるいは学説と判例の間で見解が分かれている懸案の問題点が少なくないこと、及び、意思主義・対抗要件主義という民法典の採用している基本原則自体がそれらの問題点と密接に結びついていることは、物権変動法制改正の困難さを示す要因であるが、改正の方向性や内容と

---

(5) 松岡・前掲注（4）39頁以下。

いう観点よりすると、それらの要因にどのように対処すべきかは、結局、どこまで抜本的な改正を行うかにかかっている。その点に関して、民法改正研究会の改正案の内容は、①「副案」としてではあるが、意思主義・対抗要件主義から効力要件主義への転換を提示していること、②登記対抗要件主義（副案では登記効力要件主義）の適用範囲を法律行為による物権変動に限定していること、③登記がなければ対抗できない第三者（副案では登記の不存在を主張できる第三者）の範囲について、基本的には背信的悪意者排除法理に沿った取り扱いを採用しながらそれを越える可能性を示唆するような規定の仕方がなされていること、④94条２項の類推適用法理の内容を取り入れた「外観法理」の規定を創設していることなど、かなり抜本的な改正内容を提示するものとなっている。本稿では、以下、上記の四つの内容を中心として、研究会案に即して不動産物権変動法制の改正の方向性について考察を試みることにする(6)。

三　対抗要件主義から効力要件主義への転換について

1　研究会副案の考え方

不動産物権変動法制に関する民法改正研究会の改正案の内容で最も注目されるもののひとつは、「副案」という形ではあるが、対抗要件主義から効力要件主義への転換が提案されていることである(7)。その条文案は下記のよ

---

(6) 加藤雅信教授によれば、物権変動法制だけではなく「物権法は、本改正試案において、もっとも抜本的な改正がなされた分野である」とされている。民法改正研究会『民法改正と世界の民法典』（信山社　2009年）25頁。

(7) 対抗要件主義と効力要件主義（もしくは成立要件主義）の区別は、公示方法の作用に関するものであるのに対して、意思主義（もしくは合意主義）と形式主義は、意思表示の態様も含めて、物権変動には一定の方式に沿った手続き（たとえばドイツ法のAuflassungの手続き）や外部的徴表（引渡しや登記）を必要とすべきか否かによる区別である。効力要件主義は形式主義を前提としており、また、実際には、対抗要件主義は意思主義を前提としているが、理論的には形式主義と対抗要件主義との組み合わせも可能である（意思表示が効力を生じるには一定の手続きや登記以外の外形を備える必要があるとしたうえで、対抗要件として登記を必要とするという取り扱い）。そのような可能性と、意思主義と対抗要件主義とがセットになっているという関係を示すことに留意して、本稿では、現行民法典の立場を示す場合に、単に「対抗要件主義」としないで「意思主義・対抗要件主義」という表現法を用いている。他方、意思主義・形式主義を意思表示の態様のみにかぎれば、効力要件主義についてもその両者

うになっている。

　副案111条1項
　　法律行為に基づく不動産に関する物権の変動は、不動産登記法（平成16年法律第123号）その他の登記に関する法律の定めるところに従いその登記をすることによって、効力を生ずる。

　提案の理由については、「効力要件主義によれば、登記又は引渡しによって初めて物権変動が効力を生じ、債権関係から物権関係への移行時点が一義的に明確になるため、意思主義・対抗要件主義に存する上述の難点はほとんどが解消される」とされている。ここで「上述の難点」というのは、二2で言及した「意思主義・対抗要件主義の法制度自体が、物権変動に関するフランス法系の規律と民法全体及び不動産登記制度のドイツ法系の規律の接合と相俟って」抱えている構造的な難点のことである。それが解消するというのは、①「物権変動の時期について収拾のつかない理論的対立を生じている」ことについては、「少なくとも法律行為による物権変動の時期は、登記又は引渡しの効力が生じる時期に画一的に定まる」ことになる。②「権利移転を義務づける行為（契約）と物権の変動を生じる行為（処分行為）の関係に混乱を生じている」点については、「債権関係と物権関係はこの時期（登記又は引渡しの時期　筆者補足）で明確に分けられ、物権・債権を権利範疇として区別するパンデクテン体系を採る民法により合致する」。③「対抗要件を備えない物権変動につき、非常に精緻であるが難解で帰一するところのない無用な議論を生じている」点については、「登記又は引渡しを備えない権利関係は、法律の規定によって物権変動が生じる場合を別として、法律行為による物権変動においては、債権関係として処遇される」。そして、④「効力要件主義の規律がどの範囲で及ぶかについては、たしかに、……『登記を要する物権変動』として論じられるのと同種の問題が生じうる。しかし、少なくとも法律行為にもとづく物権変動については効力要件主義が妥当するとすれ

　　の可能性があるが、通常解されている上記のような内容にしたがえば、効力要件主義は形式主義と一致することになるので、単に「効力要件主義」と表現している。

ば、効力要件を備えない限り、物権変動そのものが生じていないため、誰に対しても物権にもとづく権利主張はできず、対抗問題の法律構成や『第三者』に関する難しい問題の多くは解消する」とされている[8]。

このことから窺えるように、効力要件主義への転換によって意図されているのは、債権関係から物権関係への移行時点が一義的に明確になるため、フランス法系の物権変動の規律と民法全体のドイツ法系の規律等の接合から生じる構造的な難点から生じている懸案の問題の多くがそれによって解消するということである。抜本的な改正の進め方という点に着目すれば、この提案は、いわゆる懸案の問題について、正面から検討を行ったうえで一定の立場を採用するという方法を採らず、問題の主な原因をなしていると考えられる要因を除去することによって問題の発生自体を抑えるという方法を提案するものといえるであろう。現在の学説状況に照らすと、議論の堆積している論点について「正攻法」でその解決を導こうとすることには大きな困難を伴い、それに要する時間や労力は膨大なものとなることが予想されるから、このように問題の発生源自体を除去することは、改正の方法論として合理的で現実的な提案であるということもできるであろう[9]。

2 問題点の指摘

効力要件主義への転換案は、結局は副案にとどまり研究会の正案としては採用されなかった。正案の側から指摘されたのは、転換に伴うコストとしての「社会的混乱」を考慮すべきであるということと、意思主義の中に含まれている私的自治の理念を尊重すべきであるということである。

(1) コストとしての「社会的混乱」

研究会の中では、「コストとして、大きな変更に伴う社会的混乱をも考慮しなければならず、現行制度を維持しても明確性確保に問題がないのであれば、あえて現行制度を変更する必要はない」という意見が結局は多数を占め

---

[8] 松岡・前掲注（4）41頁以下。
[9] 登記と実態との食い違いを減らし、取引の迅速性と予見可能性を高めるために、効力要件主義へ転換することの必要性や問題点については、鎌田薫・道垣内弘人・安永正昭・始関正光・松岡久和・山野目章夫「不動産セミナー第4回　不動産登記法改正④」ジュリスト1295号（2005年）204頁以下参照。

たとされている(10)。副案を支持される松岡教授はこれに対して、転換が民法の他の規定に及ぼしうる混乱については、「対抗要件主義の本来的規定である民法177・178・467条以外で、効力要件主義への転換によって決定的な影響を受け、対応困難な弊害が生じる規律は、民法上は存在しないように思われる」と説かれている(11)。

　他の分野の規定に関して弊害を生じるか否かという点も重要であるが、多数意見のいうコストとしての社会的混乱として考慮すべきなのは、第一には、不動産取引実務に与える影響であろう。この点については、「売買契約と同時に所有権はただちに移転する」ことに対する違和感が今日でも根強く、実際にも、代金完済時に所有権が移転しその後速やかに移転登記手続きを行うべきことが約定されるのが通常であるという事実に鑑みると、たとえ効力要件主義に転換したとしても取引実務に生じる混乱はそれほど大きくはならないのではないかと思われる。

　第二には、司法的判断すなわち裁判実務に生じうる混乱が予想される。たとえば177条の適用範囲に関して蓄積・形成されてきた価値判断や法律構成が効力要件主義の下は使えないということであれば、その混乱と必要なコストは膨大なものになるであろう。後に見るように、適用範囲を制限する基準について正案と副案の内容は似通っており（正案112条、115条、副案111条2項、3項、112条）、副案は、対抗要件主義の下で一般的に認められる制限は効力要件主義においても妥当すべきことを想定しているようである。しかし、後にみるように、登記がなければ物権変動は生じないという取り扱いをどこまで貫徹すべきかは、そこに掲げられている基準のみによって十分に対応することはできないと思われるし、それ以外にも効力要件主義独自の新たな問題と遭遇せざるをえない。そのような課題に応えて妥当な法適用を行うためには、意識や思考方法の改変も含めて、相当の混乱と大きなコストを覚悟しなければならないであろう。

　第三に、民法学についても、対抗要件主義を前提として積み上げられてきた学問的成果はほとんど実際上の意義を失うことになり、効力要件主義に即

---

(10) 松岡・前掲注(4) 42頁。なお、民法改正研究会・前掲注(1) 96頁（加藤）参照。
(11) 松岡・前掲注(4) 42頁。

した新たな理論的・実際的な要求に応えなければならなくなるのであるから、大きな混乱やコストを免れないであろう。学問の継続性という点でも大きな犠牲を払うことになる。

(2) 意思自治の理念の後退

民法改正研究会における検討の過程では、意思主義・対抗要件主義の思想的基盤をなしてきた意思自治あるいは私的自治の理念を尊重すべきことが、副案を採るべきでない理由のひとつとされた。すなわち、「『行政が管理する登記所における登記を物権変動の効力要件とすることは、物権は国家のお墨付きによって初めて移転するとの誤解を与える可能性が』あり、『国家による何らの介入なくして物権が変動するという物権変動システムを保持することは不動産物権変動の主役は個人であるというメッセージを含む点においても、重要な意義がある』との指摘があった」とされている[12]。これに対しては、石田剛教授による次のような反論がある。意思主義の思想的基盤は公証人慣行に裏打ちされたフランス法の土壌と不可分のものであり、日本国民が当然に共有すべき性質のものとはいえない。また、方式の要求は取引に対する国家的規制の可及的要請とは別次元の考慮にもとづくものであるという反論である[13]。

物権変動における意思主義が、近代私法の指導理念である私的自治や意思自治の原則と深く関わっていることはわが国でも広く認識されているところである[14]。また、そのような指導理念が単に歴史的意義を有するにとどま

---

(12) 松岡・前掲注（4）43頁。同旨の指摘として、横山美夏「〔Comment〕中国物権変動法制立法のあり方――渠涛教授の報告に寄せて〈シリーズ・日本民法改正試案提示の準備のために〉」ジュリスト1357号（2008年）151頁以下。

(13) 石田剛「物権変動法制について」民法改正研究会編『民法改正　国民・法曹・学会有志案』（日本評論社　2009年）38頁以下。なお、石田教授は、将来的な展望としては効力要件主義が望ましいとされている。すなわち、未登記の抵当権に不法占拠者に対する明渡請求権の行使や一般債権者に対する優先権を認める必要はないので、抵当権に関しては効力要件主義が望ましいこと、登記簿を効力要件化し、登記簿の記載が実体の権利関係をより正確に反映する仕組みを整備したうえで登記簿取得時効制度の採用等を検討すれば、時効と登記に関する複雑かつ混迷したルールを抜本的かつ簡明に解決する見通しが開けること、効力要件主義のほうが、権利証を大切に保管し、不動産所有権の所在と登記を一体的に捉える平均的日本人の社会通念に沿うこと等から、将来的には効力要件主義に転換すべきであるとされている。

(14) たとえば、滝沢聿代『物権変動の理論』（有斐閣　1987年）95頁以下、松尾弘「不動産物権変動について、意思主義・対抗要件主義と形式主義・成立要件主義のいずれ

らず、今日でも配慮され尊重される必要があることについても特に異論はないであろう。しかし、対抗要件主義との結びつきについてみれば、対抗要件主義の下では、意思表示のみにとどまっているかぎり物権変動は事実上は不完全であり、登記という国家の「介入」が決定的な役割を担う点においては効力要件主義と大差はない。ただ、意思表示段階で取引の安全保護のための工夫を施すことによって国家の介入の役割を相対的に低くすることは可能である。おそらく、フランスの公証人慣行はその点において意思自治原則と結びついているのではないかと推測される。他方、わが国においては、176条が、メッセージ性という点で一般国民に対して意思自治の理念を認識させ訴える作用を果たしてきたか否かは疑問であるし、また、国民の側で自発的に不動産登記取引の安全のための工夫あるいはシステムを主体的に構築することもほとんどなされてこなかった。そのような現状に照らすと、意思主義の担っている上記のようなメッセージ性は、対抗要件主義から効力要件主義への転換を否定すべき理由としては大きな説得力を持ち得ないのではないかと思われる。

3 適用範囲の問題はどうなるのか

効力要件主義に転換すれば、副案の指摘するように、所有権の移転時期、物権行為の独自性の有無、登記がなければ対抗できないとされることの意味などの懸案の問題はほとんど生じる余地はなくなる[15]。しかし、適用範囲の問題についてはどうであろうか。松岡教授は、登記を要する物権変動の範囲について、それを法律行為によるものに限ることを前提として、あまり重大な問題は生じないと考えておられるようである。しかし、法律行為に限定すること自体ひとつの範囲画定であり検討されるべき課題のひとつであっ

が採用されるべきか」椿寿夫／新見育文／平野裕之／河野玄逸編『民法改正を考える』（日本評論社　2008年）119頁以下。松尾教授によれば、「近代自然法論によって深化された意思主義（voluntarism）の本質は、形式の否定そのものよりも、物権変動を含む法律効果の究極的根拠を当事者の意思に求める哲学的原理である点にある」とされている。

(15) 効力要件主義の下でも物権行為の独自性の有無という問題は生じうるが、従来のわが国で論じられてきたような所有権移転時期の問題と連動してそれが問題となることはない。

て、効力要件主義から当然に帰結されるものではない（後にみるように、対抗要件主義を採る正案も、登記がなければ対抗できない物権変動の範囲を法律行為によるものに限っている）。また、人的な範囲について、松岡教授は、登記がない以上は「誰に対しても物権にもとづく権利主張はできず、対抗問題の法律構成や『第三者』に関する難しい問題の多くは解消する」とされている。しかし、副案は、「詐欺又は強迫によって登記の申請を妨げた者」（副案111条2項）、及び、「他人のために登記を申請する義務を負う者」（同3項）は、「登記の不存在を主張することができない」としており、その点では対抗要件主義をとる正案と重なり合っている。登記の不存在を主張する正当の利益を欠く者に対する関係では適用を否定すべきであるという共通の配慮にもとづくものであろう。これらの点は、効力要件主義に転換したとしてもそれのみでは適用範囲の問題が解消するわけでも大幅に軽減されるわけでもないことを示している。

　効力要件主義の下でも、登記がなければ物権変動は生じないという取り扱いをどこまで貫徹すべきか、どのような場合に修正を認めるべきかという問題は不可避的に生じてくる。登記の有無による画一的な取り扱いの修正という課題は、対抗要件主義であろうと効力要件主義であろうと変わらない。たとえば、周知のようにドイツ民法典は効力要件主義を採用しているが、ドイツの判例・通説は、不動産の譲渡について物権的合意（Auflassung）があるが登記がまだなされていない状態について、物権的な期待権（Anwartschaftsrecht）という概念を用いて、譲渡可能性や担保権設定の可能性を認め、また、ドイツ民法典823条の「その他の権利（sonstiges Recht）」として不法行為法上の保護を受けうることを認めている[16]。この場合には、登記の有無によって物権の帰属や移転の時期が一義的に明確になるという効力要件主義の特徴は発揮されないことになる。わが国で効力要件主義に転換した場合にも、おそらく、いかなる場合にどのような局面で未登記であって

---

(16) どのような段階にいたれば物権的期待権を認めるべきかについて、ドイツの通説及び判例は、登記申請がなされていることを要すると解しているが、物権的合意の意思表示があれば足りるとする少数説や、物権的合意の仮登記がなされていなければならないとする見解もある。

も物権変動があったのと同様の取り扱いをすべきかが問題とならざるをえないであろう。また、ドイツ法に関していえば、適用範囲以外にも、合意と登記との間に内容的な齟齬があった場合や、合意から登記までの間に行為能力の制限や喪失が生じたり当事者が死亡した場合の取り扱いなど、対抗要件主義の下では生じない問題点が、重要な法律問題として論じられてきた。

　以上の点に鑑みると、177条をめぐる実際上最も重要な解釈論上の論点ともいうべきこの適用範囲については、たとえ効力要件主義に転換したとしても問題が解消するわけではなく、対抗要件主義の下におけると共通の範囲限定を導くべき要因が問題となりうるし、また、従来とは異なる形で適用範囲の問題と取り組む必要が出てくるものと予想される。懸案の問題の多くが解消されるという転換のメリットは、適用範囲についてはあまり多くを期待できないのではないかと思われる。

4　効力要件主義に転換すべきか

　(1)研究会副案が効力要件主義への転換を提案する理由をまとめれば次のようになるであろう。①民法典全体のドイツ法系の基本構造の中にフランス法系の物権変動のメカニズムが組み込まれているという構造的な難点を解消できること、②物権変動の時期が一義的に明確になること、③それに伴って、所有権移転時期や物権行為の独自性あるいは「対抗」の意味など、懸案の問題の発生自体が大幅に解消することである。他方、研究会正案の側からは、①それに伴う社会的な混乱、②意思主義の思想的基盤をなしている意思自治の理念が後退することが指摘されている。

　上記の諸点についてこれまで述べてきたところをまとめるならば、まず、転換案の掲げる、①、②、③とも、そのようなメリットが認められることはそのとおりであると考える。しかし、適用範囲の問題については転換自体によって解決が容易になるわけではなく、対抗要件主義の下におけると同様の問題が残るのみならず、効力要件主義特有の新たな課題にも遭遇せざるをえない。他方、転換案に対する批判のうち、②については、わが国においてこれまで意思主がどのように受け止められてきたかに照らすと、そのようなメッセージが積極的に受け止められ活かされてきたとはいえず、②は転換を

否定する決定的な理由にはなりえないであろう。しかし、①については、取引実務や取引通念にはそれほど混乱は生じないであろうが、裁判実務にとっては、これまで蓄積・形成されてきた価値判断や法律構成がそのままの形では使えず、新たなアプローチの下で妥当な法適用を行わなければならないことに伴う混乱とコストは相当大きいのではないかと予想される(17)。

(2)効力要件主義に切り替えることで物権変動の時期が一義的に明確になるという点について補足しておきたい。対抗要件主義においては、実質的権利関係と対抗関係とが分離する事態が想定されているのに対して、効力要件主義では実質的権利関係の変動には必ず登記が伴うものとされるので登記のないところに実質的権利関係の変動は生じない。また、対抗要件主義では、「対抗」という私人間の主張関係を介してはじめて物権関係が確定するのに対して、効力要件主義においては登記の有無によって物権関係が定まる。この点よりすれば、たしかに、効力要件主義においては物権変動の時期が一義的に明確になるということができる。しかし、対抗要件主義においても、登記を備えない間は物権変動を第三者に対抗できないということは、未登記の物権変動は物権の特徴である排他性を伴わない極めて不完全なものであること、そして、第三者は物権変動の存否については登記に依拠して取引ができるということであるから、実際上は、物権変動の有無や時期について登記の有無が決定的な作用を担っている。もっぱら登記の有無によって権利関係が決まるか否かは、画一的な取り扱いをどこまで貫徹すべきかの問題であっ

---

(17) 加藤雅信教授は、法律関係の明瞭画一性という点は、対抗要件主義の下でも、「一段階物権変動論」や「二段階物権変動論」を導入すれば確保できるのではないかとされ、「仮にこのように考え、明確性確保に問題がないのであれば、あえて、現行制度を変更し、効力要件主義を採用して、社会的混乱を招く必要もないものと考える」として正案の立場を説かれている。民法改正研究会・前掲注（1）96頁。

また、滝沢聿代教授は、対抗要件主義か効力要件主義かという「このような重要な局面において、本質的な判断がなされないのはなぜであろうか。様々な立法案のあり方を探り、民法改正の可能性を探求することが目的とされ、改正の必要の有無は十分詰められていないからであろう。……そもそも現行民法は、制定とともに継続されるべき存在となったのであり、必要な時に必要に応じた改正がなされることにこそ意義があると考えられる。全面改正は、純粋に研究という観点からの課題としていただきたい」（滝沢聿代『物権変動の理論Ⅱ』（有斐閣　2009年）11頁）と述べて、対抗要件主義か効力要件主義かという選択自体が実際の改正の必要性を反映したものか否かに疑問を呈され、民法典の継続性という観点から177条を大幅に改変することに反対されている。

て、いずれの主義によるかとは直接関係はない。効力要件主義においてもそのような問題が生じうることは先に触れたドイツの物権的な「期待権」概念に示されているところである。それ以外にも、登記内容とは異なる現実の占有がなされていた場合にそれをどう扱うべきかということも問題となりうるであろう。公示の原則を実現するメカニズムに関しては効力要件主義のほうが明確性の理念に忠実であるが、実際上は、明確性に関して対抗要件主義との間にはあまり差がないのではないかと思われる[18]。

(3)法継受に伴う構造的な難点の解消という点と、所有権移転時期や物権行為の独自性などの懸案の問題の解消という点についてはどうであろうか。松岡教授の指摘されるように、従来のわが国の物権変動論において懸案とされてきた問題点は、ドイツ法的なパンデクテン・システムの中にフランス法系の意思主義・対抗要件主義が組み込まれたことに端を発しているものが少なくない[19]。たとえば物権行為の独自性及びわが国ではそれと関連して論じられてきた所有権移転時期の問題についてみると、176条の継受元とされるフランスの意思主義は、①売買契約締結時所有権移転（所有権は売買契約締結時に移転する）（フランス民法典1583条）、②物権行為の独自性否定（売買契約締結の効果として所有権は移転する）（同711条）、③諾成契約性（売買契約の締結以外の手続きや外形は不要）（同1138条）という三つの要素がいわば三位一体をなしている意思主義である。しかし、パンデクテン・システムの下では、②のように債権契約の効果として物権変動が生じるとすることは正面からその体系性に反してしまう。そこから、176条の「意思表示」を債権的意思表示とは別個の物権的意思表示と解すべきではないかという物権行為の独

---

(18) 効力要件主義の下では、対抗要件主義の下におけるよりも登記をすることへのインセンティブが高まり、結果的に実質的権利関係がより忠実に登記簿に反映されることによって、登記と実体との食い違いがこれまでよりも少なくなるということはありうるであろう。しかし、法律行為による物権変動については、すでに登記の重要性は取引の実際に浸透していることよりして、現状が大きく変わることはないのではあるまいか。

(19) ドイツ、スイス、英米法系の国々、韓国のほか、中国物権法をはじめ近年のアジア諸国において制定された民法典においても効力要件主義が採用されている。韓国や中国の民法典にはドイツ法の影響が日本よりも強く及んでいるといわれており、フランス法とドイツ法両方の系譜を引く制度を混在させている日本の民法典は比較法的にみても特異なものということができるであろう。

自性の問題や、いかなる行為がなされた時に物権変動の効果を生じさせる「意思表示」がなされたと認めるべきかという所有権移転時期の問題が生じてくるのである。また、177条の「対抗することができない」の意味あるいは登記を備えない物権変動の取り扱いという問題についてみると、177条においては、物権が変動してもそれを第三者に対抗できない状態が想定されている。たとえば、二重譲渡ケースでは、排他性なき物権が競合する状態が生じており、登記によって最終的な物権の帰趨が決せられるということになる。しかし、物権は排他的な物支配権であるとして債権と明確に区別するパンデクテン・システムの下では、排他性なき物権が存在したりそれが競合するという発想自体適合性を持ちにくいものであろう。そこから、177条で「登記をしなければ対抗することができない」とされていることをどのように法律構成すべきかという課題が生じてくるのである。

このような問題の所在に注目して様々に論じられてきたことについては、ドイツ民法学の強い影響によって本来の意思主義・対抗要件主義がゆがめられたという指摘もあるが、むしろ、異質なものを混在させつつ継受法として出発した日本民法が、それを消化し固有法化してゆく過程で必然的に経由しなければならなかった過程として積極的に受け止めるべきであろう[20]。しかし、副案の提案するように効力要件主義に転換するならば、意思主義・対抗要件主義とパンデクテン・システムとの不整合に端を発する上記のような問題は生じないことになり、物権変動論は従来の懸案の多くから解放されることになる。

しかし、その点のみを以て効力要件主義に転換すべきであると速断するわけにはゆかない。他の様々な事情にも配慮しなければならないからである。その事情のひとつとしてここで取り上げてみたいのは、意思主義・対抗要件主義を維持しながらパンデクテン・システムとの整合性を保つことはできな

---

[20] 近年のわが国では、物権変動法制の研究に関してはフランス法からアプローチする手法が有力になっており、それに伴って、従来のようなパンデクテン・システムとの整合性という問題に対する関心が薄れているように思われる。しかし、現在でもその問題が解消したわけではなく、依然として懸案の問題であることには変わりはない。なお、物権変動論の分野におけるフランス法からのアプローチの進展を展望するものとして、大村敦志『フランス民法――日本における研究状況――』(信山社2010年) 146頁以下参照。

いのかという点である。

　フランス流の意思主義・対抗要件主義とパンデクテン・システムとの不整合を完全に解消するためには、おそらく効力要件主義に転換するほかないであろう。しかし、対抗要件主義も効力要件主義も、公示の原則を実現するための原則であって、その究極においてめざすところは一致している。ただ、沿革や、取引の円滑性や簡便さと確実性や安全性のどちらを重視するか、あるいは、意思自治の理念を反映させるか等によって、いずれかが選択され、そのどちらであるかによって公示の原則を実現するためのメカニズムあるいはロジックに顕著な差違が生じてくる。そして、その点において、物権と債権との峻別体系を採らないフランス法から継受された意思主義・対抗要件主義は、そのままでは体系的整合性の点で問題を抱えざるをえない。そうした状況で意思主義・対抗要件主義をあえて選択しようとすれば、その実質的な内容を活かしつつ、メカニズムあるいは法律構成の面でできるだけパンデクテン・システムと矛盾しないような工夫を施すしかないであろう。

　そのような可能性を示唆するものとして、所有権移転時期に関するリーディングケースのひとつとされている大判大正2年10月25日民録19輯857頁がある。同判決は、176条によって売買契約締結と同時に所有権移転の効力が生じると解すべき理由について次のように述べている。「物権ノ設定及ヒ移転ハ当事者ノ意思表示ノミニ因リテ其効ヲ生スルコトハ民法第百七十六条ノ規定スル所ナルヲ以テ物権ノ移転ヲ目的トスル意思表示ハ単ニ其意思表示ノミニ因リテ直ニ物権移転ノ効力ヲ生スルコトハ民法一般ノ原則トスル所ナルヤ明カナリ而シテ特定物ヲ目的トスル売買ハ特ニ将来其物ノ所有権ヲ移転スヘキ約旨ニ出テサル限リハ即時ニ其物ノ所有権ヲ移転スル意思表示ニ外ナラサルヲ以テ前示法条ノ規定ニ依リ直ニ所有権移転ノ効力ヲ生スルモノトス」（傍点　筆者）。この中では、176条が、「物権ノ移転ヲ目的トスル意思表示」は意思表示だけでそれ以外に特別の手続きや外形の変更を伴う必要はないとしていること（諾成性）、特定物を目的とする売買契約は、特約のないかぎり「即時ニ其物ノ所有権ヲ移転スル意思表示ニ外ナラ」ないことを掲げて、売買契約締結と同時に所有権が移転するという結論が導かれている。

　注目されるのは、この中では、フランス法の三位一体型の意思主義のよう

に債権契約の効果として所有権が移転するという構成は採られておらず、むしろ、債権的意思表示とは別個の、直接に所有権移転を目的とする物権的意思表示の存在を想定したうえで、特定物売買の場合には通常それが売買契約締結行為の中に含まれているがゆえに売買契約時に所有権が移転するという考え方が採られていることが窺えることである。そのような考え方を前提とするならば、それを敷衍することによって、176条の意思主義の内容を次のように構成することができるであろう。すなわち、（ⅰ）176条の「意思表示」は物権的意思表示のことである（債権行為と物権行為を別々のものとして観念するという意味で物権行為の独自性を肯定）。（ⅱ）意思表示以外に特定の手続きや外形の変更は不要である（物権的意思表示の諾成性）、（ⅲ）物権的意思表示がどのようになされるかは当事者の意思に任されており、その有無や時期は意思解釈の問題として処理される、ということである。これは、（ⅰ）及び（ⅲ）においてフランス流の意思主義とは異なっており、その点で、法継受に忠実な内容ではない。しかし、それによって意思主義とパンデクテン・システムとの整合性は保たれる。また、（ⅱ）のように物権的意思表示の諾成性を認める点において、意思主義の実質的内容あるいはその長所を活かすことができる。（ⅲ）は、債権契約締結を物権を移転するための意思表示として所有権移転は売買契約締結時であるとするフランスの意思主義とは合致しないが、物権的意思表示の有無や時期を特定の行為と結びつけず広く当事者意思に委ねることによって、債権契約時移転も含めて、所有権移転時期について当事者意思や取引通念に即した取り扱いを導くことができる。したがって、意思主義がわが国の取引通念に反するという問題や、176条（強行規定と解すべきであろう）について所有権移転時期の特約による例外を広く認めざるをえないという問題は生じない。

　たしかに、176条と177条をこのように解することは本来の意思主義・対抗要件主義を変質させることになる。また、登記を伴わない物権変動を認めることや、物権的意思表示がなされた後の「対抗」問題が残るという点で、効力要件主義のように物権変動の時期が一義的に明確になるという長所を持つわけではない。しかし、意思表示のみで物権は移転しうるという意思主義の核心部分を活かしつつ体系的整合性を保持する方策としては、このような日

本的な意思主義・対抗要件主義を想定することにはそれなりの意義があるのではないか[21]。

(4) 以上述べてきたことをまとめてみよう。対抗要件主義から効力要件主義に転換すべきかという問題は、物権変動法制についてどこまで抜本的な改正を行うべきかに関わるものである。仮に、従来の経緯を無視して白紙の状態で対抗要件主義と効力要件主義のいずれでも選べるのであれば、効力要件主義を選択すべきであろう。効力要件主義のほうが簡明でわかりやすく、日本民法典の基本構造にも適っており、従来のような物権変動論の懸案の問題について腐心する必要もないからである。しかし、すでに長年に亘って対抗要件主義を前提にした不動産取引が行われ、多くの学説・判例が蓄積されてきたことを考慮すると、転換のもたらすメリットとデメリットを比較考量したうえで、進むべき方向を慎重に選択する必要がある[22]。

私見は、効力要件主義に転換することについては消極的である。転換の必要性の有無や転換によって生じうるメリット・デメリットについてはこれまで述べてきたところであるが、転換に対して消極的に考える理由をその中から抜き出して要約するならば次のようになる。まず、効力要件主義に転換することによって、パンデクテン・システムの下での意思主義という体系的な問題点は除去され、そこに端を発する懸案の問題は大幅に解消するであろう。しかし、実際上最も重要性を持つ適用範囲に関しては、物権変動原因や人的範囲についていかなる場合に適用を否定すべきかを明らかにするという

---

[21] あくまで憶測に留まるが、フランス民法典に倣って構成された旧民法典がドイツ法的な構成に転換される過程で、現行民法典の起草者たちは、フランス法的な意思主義がそのままではパンデクテン・システムと整合しえないことを認識していたはずであり、あえて意思主義を旧民法典から継承することを選択した際には、その調整に配慮したと思われる。その方法として、意思主義の内容を本文に述べたような日本的意思主義に修正することも想定されていたのではないだろうか。

[22] 松尾弘教授は、考慮すべき要因とそれをどのように評価すべきかについて、「このように登記主義か合意主義かの選択に際しては、[ⅰ] 法理論、[ⅱ] 各国の所有権（観念）、[ⅲ] 不動産取引慣行、[ⅳ] 国家関与への社会的要請、[ⅴ] 不動産取引の安全性とコストの衡量等を総合的に考慮する必要がある。日本では、権利移転観念の発達、公証人慣行や裁判所での手続きの不存在、低コストでの不動産取引の発達等の社会的資産を活かして、合意主義が支持されるべきであろう」と説かれている。簡便で低コストな不動産取引を社会的資産として活かすという方向に進むべき否かについては考え方の分かれるところであろう。

課題が存在している点は変わりはない。そこで問われるのは、登記の有無による画一的な取り扱いをどこまで貫徹すべきかであって、対抗要件主義か効力要件主義かによってその点が決定的に左右されるわけではない。また、効力要件主義のほうが物権変動のメカニズムとしては簡明であり分かりやすいという意味では、物権変動の明確性、確定性において優れているということができるであろうが、第三者が登記に依拠して取引ができるという点では対抗要件主義も同様であり、効力要件主義の下でもドイツ法における物権的期待権概念のように必ずしも登記の有無によって法律関係が決せられているわけではないことに照らすならば、物権変動の明確性、確定性の点で大きなアドバンテージを持つとは必ずしもいえない。次に、効力要件主義に転換するならば、すでに長年にわたって意思主義・対抗要件主義を前提に判例・学説によって蓄積・形成されてきた価値判断や法律構成あるいは法理がそのままの形では使えなくなり、それらを再構築さなければならなくなるが、それに伴う混乱やコストは相当大きなものになると予想される。なお、意思主義・対抗要件主義を維持すると、従来の懸案の問題がそのまま残ってしまい、新たな進展が望めないのではないかということも考えられるが、従来の判例・学説はその点について──まだ一定の方向に集約していない場合も少なくないが──一応の対応を行っており、今後も、意思主義・対抗要件主義の実質的内容をいかしつつ、法律構成の点でできるだけパンデクテン・システムと矛盾しないような工夫を施すことによって、判例・学説の進展を図ることができるのではないかと考える。本稿では、そのひとつの可能性として、176条の「意思表示」を物権的意思表示と解し、その認定については意思解釈の問題として柔軟に対応するという対応を提示した。

四 適用範囲についての考え方

1 登記がなければ対抗できない物権変動
(1) 法律行為による物権変動への限定

三で見てきたように、対抗要件主義から効力要件主義へ転換する可能性を──「副案」としてではあるが──具体的な条文として示していることが、

この度の研究会案の大きな特徴のひとつであるが、そのほかにも、抜本的な改正に踏み込んだ提案を行っている部分がある。それは、登記を要する物権変動の範囲を法律行為を原因とするものに限定すべきものとしている点である。該当部分を以下に抜き出してみよう。

【主案】
　111条
　　物権の設定及び移転は、法律行為のみによって、その効力を生ずる。
　112条
　　前条による不動産に関する物権の設定及び移転は、不動産登記法（平成16年法律第123号）その他の登記に関する法律の定めるところに従いその登記をしなければ、法律上の利害を有する第三者に対抗することができない。ただし、（新）第115条（第三者の例外）に規定された場合は、この限りでない[23]。

　上記の111条は現行民法176条に対応しているが、後者における「当事者の意思表示のみによって」が、前者では「法律行為のみによって」とされている。また、上記の112条は現行民法177条に対応しているが、後者における「不動産に関する物権の得喪及び変更は」という文言が、「前条による不動産に関する物権の設定及び移転は」に変更されている。
　「意思表示」ではなく「法律行為」とされている点については、「物権変動の効力は、『法律行為』によって生じると考えられるので、本改正試案では、『意思表示』を『法律行為』と変更した」と説明されている[24]。登記の必要な物権変動原因を明らかにするという観点からは、時効や相続に対応するものとして「法律行為」を掲げるのが整合的であろう。ただ、法律行為は意思表示を不可欠の要素とするものであるから、「意思表示」のままであっても誤解や混乱を招くおそれはほとんどない。また、公示方法等の外形の変化に対応するものとして「意思表示」もしくは「合意」を抽出するほうが、

---

[23] 民法改正研究会・前掲注（3）140頁以下。
[24] 民法改正研究会・前掲注（1）「民法改正試案」95頁。

意思主義・対抗要件主義の組み合わせの意味をより明らかにするであろう。効力要件主義を定めるドイツ民法典873条の適用範囲は法律行為にかぎると一般に説明されているが、同規定では「合意（Einigung）」という意思的要素と「登記（Eintragung）」という公示方法が対置されており、その両者が物権変動の構成要件をなしている。論理的整合性とともに、背後にある理念や沿革を反映しうる用語を選択することも、立法技術として重要な留意点であろう。「意思表示」のままでよいのではないかと考える[25]。

　さて、実質的観点から注目されるのは、研究会案（主案）がその112条で、「前条による不動産に関する物権の設定及び移転は……その登記をしなければ、法律上の利害を有する第三者に対抗することができない」（傍点筆者）として、登記がなければ対抗できない物権変動を111条の定める法律行為による物権変動に限定している点である（この点は、登記効力要件主義を提案する副案においても同様である）[26]。加藤教授によれば、「物権変動原因制限説という民法典起草時の立場に立ち返り、この点の判例には従わないこととした」ということである[27]。その具体的な内容については、たとえば平成20年10月の『日本民法改正試案』（注(1)参照）の中では、取消しの意思表示、解除、時効、相続等による物権変動については、登記による対抗力の具備は必要ないことになるとされている。もっとも、同試案についての松岡教授の説明の中では、時効については特に言及されておらず、また、相続については、研究会としての明確な方針は固まっていないと述べられている[28]。

---

[25] 「意思表示」ではなく「法律行為」とするという提案については、滝沢聿代教授から、意思主義というのはフランス法的な表現であり、意思主義のシンボル的な意味が表示されているから、それが変更されることには抵抗があるという指摘がなされている。また、滝沢教授は、従来から、意思表示に限られるべきであるという議論はあったが、それは契約にもとづく物権変動を念頭においていたはずであり、それに照らして、法律行為という限定の仕方が適当であるか否かには少なからぬ疑問を感じるとされている。滝沢・前掲注(17)11頁。

[26] 副案112条1項によれば、「法律の規定に基づく不動産に関する物権の変動は、特段の規定がない限り、登記をしなくても、効力を生ずる」とされている。民法改正研究会・前掲注(3)160頁参照。

[27] 加藤雅信「『日本民法改正試案』の基本枠組」ジュリスト1362号（2008年）16頁（民法改正研究会・前掲注(6)26頁）。同旨、同・前掲注(2)「財産法改正試案」31頁、民法改正研究会・前掲注(1)『民法改正試案』97頁。

[28] 松岡・前掲注(4)46頁（民法改正研究会・前掲注(6)92頁）によれば、取消しが除外されるのは、「取消しは、たしかに法律行為ではあるが、物権変動を目的とす

(2) 限定の理由

　民法177条によって登記をしなければ第三者に対抗することができないとされる「不動産に関する物権の得喪及び変更」を一定の範囲に限定すべきか否かについては、基本的にはすべての物権変動に及ぶべきものと解するのが従来の通説であり判例であるといえよう。これに対して、今回の研究会案は、上述したように、「物権変動原因制限説という民法典起草時の立場に立ち返り、この点の判例には従わないこととした」とされている。そして、その理由については次のように説明されている。すなわち、従来の判例が無制限説を採ってきたのは、当時はまだ94条2項の類推適用論が登場しておらず、「登記の公信力がないことを前提にすると、あまりに取引の安全を害する一方、法律の規定による物権の取得につき登記を備えることが可能であった者に登記具備を求めても酷ではないと考えたからだと思われる。……このように、判例の無制限説は、公信保護のための177条の拡張という意味を持ち、公信保護について94条2項の類推適用法理が確立した現在では、制限説に立ち返るべきであるという点で、研究会参加者の意見が一致した」とされている[29]。これを要約するならば、従来の判例は、わが国で登記の公信力が認められていない状況下で、登記に対する信頼保護という実際上の要請に応えるために、あえて立法者意思に反して177条の適用範囲を拡張してきたのであるが、94条2項の類推適用法理によってそのような要請に応えられるようになった今日では、拡張の必要はもはや認められず、意思表示（法律行為）による物権変動についてのみ登記を必要とするという本来の内容に立ち戻るべきだということである。

　　る前条（＝上記の111条　筆者補足）の法律行為には当たらず、また、取消しの遡及効により新たな復帰的物権変動が生じるものではない」からであるとされている。また、解除については、研究会案ではその物権的効果を規定しないことにしているが、判例・多数説のように直接的効果説をとるならば、取消しの場合と同様の取り扱いになると説かれている。また、相続については、遺贈や遺産分割をめぐる研究会における議論が紹介された後で、相続による物権変動については「今回の改正案が財産法編に限っているため、明確な方針を示すことができなかった」とされている。

(29)　松岡・前掲注（4）45頁以下（民法改正研究会・前掲注（6）91頁以下）。同旨、加藤雅信「『日本民法改正試案』の基本枠組」ジュリスト1362号（2008年）16頁（同・前掲注（6）26頁）、同・前掲注（2）31頁、民法改正研究会・前掲注（1）『民法改正試案』97頁。

このように、登記がなければ対抗できないのは意思表示による物権変動に限定されるというのが立法者意思であったと解し、それ以外の物権変動原因については対抗問題としてではなく信頼保護の問題として94条2項の類推適用によるべきであるとする見解は、この民法改正研究会の代表である加藤雅信教授によって以前から説かれていたところであるが[30]、上記の点については「研究会参加者の意見が一致した」とされているので、今日ではそのような見解が少なからぬ支持を集めているということであろう。しかしながら、登記がなければ対抗できないのは意思表示による物権変動に限定されるというのが立法者意思であり、登記に公信力がないことを補い登記に対する信頼を保護するために判例は無制限説を採用してきたのだという認識については異論がある。

(3) 立法者意思について

意思表示による物権変動に限定するというのが民法典起草者の見解であったのか否かについては、従来は、起草者たちは無制限説の立場であったという認識がむしろ一般的ではなかったかと思われる[31]。加藤教授の指摘されるように、たしかに、「民法修正案理由書」の中では、177条の趣旨について、もっぱら176条との関係において原則・例外という位置づけで説明されるにとどまっている[32]。しかし、「民法議事速記録」に収録されている本条の起草担当者である穂積陳重の説明の中では、修正案理由書と同じく、「本条及ヒ次ノ箇条ハ謂ハバ前条即チ第百七十七条ノ但書トデモ申スベキモノデアリマス」としながらも、その適用範囲については、「本条ノ規定ニ拠ルト不動産ニ関スル物権ト云フモノハ悉ク登記シナケレバ絶対的ニ効力ハ生ゼヌ」のであり、それゆえに、「遺贈」も「相続」も登記しなければならない

---

[30] たとえば、加藤雅信『新民法体系Ⅱ 物権法〈第2版〉』（有斐閣 2005年）144項以下。

[31] たとえば、池田恒男「登記を要する物権変動」星野英一編『民法講座2 物権(1)』（有斐閣 1984年）137頁、内田貴『民法Ⅰ 総則・物権総論〈第4版〉』（東京大学出版会 2008年）447頁、佐久間毅『民法の基礎2 物権』（有斐閣 2006年）58頁、61頁等。なお、松岡教授による研究会案の説明の中では、加藤教授の説明とは異なり、立法趣旨が意思表示にもとづく物権変動に限るということなのか物権変動全般についての規定なのかについては必ずしも明らかではないとされている。

[32] たとえば、広中俊雄編『民法修正案（前三編）の理由書』（有斐閣 1987年）218頁以下参照。

と述べられている(33)。その前後も含めて穂積の述べているところを要約すれば、いかなる物権あるいは物権変動について登記をしなければ対抗できないかについては具体的には登記法の定めるべきところであるけれども、「不動産ノ登記ハ公益ニ基ク公示法デアルガ為メ」に「絶対的ノモノデナケレバ」ならないと考えるので、民法典としてはすべての物権変動について登記をしなければ第三者に対抗できないものとしたのだということになるであろう。穂積以外に、梅謙次郎、富井政章も、同様に無制限説の立場を説いている(34)。これらに照らすならば、立法者意思はやはり無制限説であったと解すべきであろう。176条では「物権の設定及び移転」としながら、177条では「不動産に関する物権の得喪及び変更は」と異なる文言が用いられているのは、偶然や見落としではなく、むしろ、意図的に両者が使い分けられているのである(35)。

(4) 不動産登記に公信力のないことと無制限説との関係について

次に、判例は登記に公信力のない下で登記に対する第三者の信頼を保護するために無制限説を取ったのであり、その点について94条2項の類推適用法理が確立した現在では、もはや無制限説をとる必要性は認められないと説かれている点についてはどうであろうか。

これと似通った認識は、鎌田薫教授によって次のように説かれている。すなわち、「最近では、無権利者からの譲受人を保護する法理として94条2項類推適用論が確立したため、第三者保護のために、あえて法律構成上の技巧をこらしてまでも177条に頼る（しかも結果的に悪意の第三者まで保護する）必要がなくなった。こうした展開を背景として、従来便宜的に対抗問題として処理されてきた問題を、94条2項類推適用等による公信問題としての処理の場面に引き戻そうとする動きが顕著にみられるところに最近の学説の特色があるということができる」とされている(36)。このような認識を一歩進める

---

(33) 法務大臣官房司法法制調査部監修『法典調査会 民法議事速記録一』（商事法務研究会 1983年）583頁以下（穂積陳重発言）。
(34) 梅謙次郎「民法第百七十七条ノ適用範囲ヲ論ズ」法学志林9巻4号（1907年）41頁以下、富井政章『物権法上』（有斐閣 1919年）69頁以下参照。
(35) たとえば、富井・前掲注（34）70頁には、177条は176条を承けたものではなく両者は「別問題ニ属ス」ものであり、「設定及び移転」と「得喪及び変更」と用語が異なる点に照らして「其範囲ノ相異ナルコトヲ知ルニ足ルヘシ」と述べられている。

ならば、加藤教授の見解及び民法改正研究会案の考え方にいたるであろう。

しかし、従来の判例が取消しと登記や取得時効と登記等について一定の場合に177条によって処理すべきことを説いてきたのは、不動産登記に公信力が認められていない点を補い登記に対する第三者の信頼保護を図るためであったとみるべきなのだろうか。たしかに、判例が、第三者の保護の必要性という観点から無制限説をとってきたことは、たとえば明治41年12月5日の大審院連合部判決の判決文からも明らかである(37)。

しかし、それは、登記に公信力のないこととは関係ない。わが国でいわゆる公信力もしくは公信の原則といわれてきたのは、公示方法に対する積極的信頼保護のことであるのに対して、177条を通じた第三者の取引の安全を図るための信頼保護は、それとは異なり、登記に対する消極的信頼保護であり、しかも、個別の事情を考慮しない抽象的・一般的な信頼保護である。すなわち、無制限説をとる判例及び従来の通説は、意思表示による物権変動のみならずあらゆる物権変動についてそのような第三者の信頼が保護されその取引の安全が保護されるべきことを意図しているが、それは、上記のような画一的処理に伴う抽象的・一般的な消極的信頼保護の徹底を意味するものであって、それによって事実上登記の公信力を認めようとするものではない(38)。

学説においては、177条に含まれている信頼保護的要素の認識は、判例よりも薄いものであった。通説は、公示と公信との峻別を前提として、177条は登記をしなかったことに対する制裁に重点を置いた規定であり信頼保護と

---

(36) 鎌田薫『民法ノート　物権法①〈第3版〉』(日本評論社　2007年)58頁以下。
(37) 大判明治45年12月5日民録14輯1301頁によれば、「第百七十七条ノ規定ハ同一ノ不動産ニ関シテ正当ノ権利若クハ利益ヲ有スル第三者ヲシテ登記ニ依リテ物権ノ得喪及ヒ変更ノ有状ヲ知悉シ以テ不慮ノ損害ヲ免ルルコトヲ得セシメンカ為メニ存スルモノニシテ畢竟第三者保護ノ規定ナルコトハ其法意ニ徴シテ毫モ疑ヲ容レス而シテ右第三者ニ在リテハ物権ノ得喪及ヒ変更カ当事者ノ意思表示ニ因リテ生シタルト将タ之ニ因ラスシテ家督相続ノ如キ法律ノ規定ニ因リ生シタルトハ毫モ異ナル所ナキ故ニ其間区別ヲ設ケ前者ノ場合ニ於テハ之ニ対抗スルニハ登記ヲ要スルモノトシ後者ノ場合ニ於テハ登記ヲ要セサルモノトスル理由ナケレハナリ」とされている。
(38) 判例の立場よりすれば、取消し前の第三者や時効完成前の第三者との関係では177条の適用をしないとして、例外的に第三者の抽象的・一般的な信頼保護を否定しているところに、その基本的な立場である無制限説の修正を認めうるということもできるであろう。

は直接関係のない規定であると説いてきたのである。そのような見地よりすれば、無制限説が実際には第三者の信頼保護と結びついているのだという事実は注目すべきものに映るのかもしれない。しかし、上記のように、無制限説は、177条に包摂されている登記に対する消極的信頼保護を貫徹しようとするものではあっても、それを超えて登記に対する積極的信頼保護を認めるものではないのである(39)。

それでは、「従来便宜的に対抗問題として処理されてきた問題を、94条2項類推適用等による公信問題としての処理の場面に引き戻そうとする動きが顕著にみられる」という鎌田教授が指摘されているような学説の動向については、どのようなものとして把握すればよいのだろうか。私見によれば、それは、あらゆる物権変動について具体的事情を考慮せずにもっぱら登記の有無のみによって画一的に処理するという従来の取り扱い(いわゆる「登記絶対主義」)に対して、177条の中に含まれている信頼保護の要素に注目して、より具体的に当事者の事情を考慮した取り扱いに変えようとする動きが有力となったものと解すべきであろう。そして、その法律構成の受け皿として94条2項が用いられているということである。

(5) 法律行為による物権変動に適用範囲を限定する点について

① 画一的取り扱いの修正・緩和

不動産登記をめぐる法律関係においては、公示制度の理念と私人間の衡平な利益調節の要請とが衝突する事態がしばしば生じる。それをいかに調整すべきかが、物権変動法制および解釈論の中心的な課題のひとつであるといってもよい。公示の理想を追求するならば、すべての物権変動について正確な登記をしなければそれを対抗できないものとする、登記絶対主義の立場に行き着く。もちろん、このような立場も正義衡平の理念と無縁ではない。公示制度は、公示の対象たる権利については登記すべきであり登記をしなかったならば不利益を被ってもやむをえないし、他方において、公示方法に依拠して取引をすべきであるという規範を伴っており、それも正義衡平を構成する

---

(39) 取消しと登記等に関して説かれている94条2項類推適用説は、登記に対する積極的信頼保護を説くものではなく、消極的信頼保護の法律構成である。その点、公信力のないことを部分的に補う作用を果たしてきた94条2項類推適用法理とは区別しなければならない。

要因であることには変わりはないからである。しかし、それが現実に妥当な解決をもたらしうるか否かは、登記の実態によって左右される。また、個別具体的な事情を考慮しないことは、しばしば具体的妥当性に反する結果をもたらし、事案によっては制度趣旨に反する結果となることもある。穂積の掲げている登記制度の「公益」性は、それだけでは登記絶対主義を選択する十分な根拠たりえない。おそらく、そこには、少しでも登記を促進して早急に不動産登記制度を浸透させ、登記を軸にした不動産取引秩序を形成しなければならないという強い法政策的ベクトルが働いたものと推測される。

　しかし、このような極端な画一的取り扱いは、それを支えている特別な要因が後退すれば、正義衡平に適った具体的事案の解決の要請によって修正を受けざるをえない。「第三者」の範囲に関して、「登記の欠缺を主張する正当な利益」を有することが必要であるとされたり、そのひとつとして背信的悪意者排除の法理が形成されてきたのはその現れである。物権変動の範囲に関して、177条による「対抗」問題としての処理ではなく94条2項を活用した処理を説く見解が有力となってきたのも同様である。別の角度から見れば、わが国の物権変動論が取り上げてきた、登記がなければ対抗できない物権変動や第三者の範囲という問題は、上記のような緩和・修正をどこまで認めるべきか、また、どのような方法で認めるべきかという問題として位置づけることができるであろう[40]。

　このような緩和・修正の傾向は、94条2項類推適用説に代表される無権利構成のみに見られるものではない。対抗構成（対抗問題徹底説）においても同様である。たとえば、取消しと登記について、鈴木祿弥博士は、取消し前の第三者との関係でも177条を適用すべき場合があるものとされるが、その理由として、「取消権の要件が具備し、かつ、取消権の存在を知りながら、取消権者が取消権を行使せず、その結果、物権復帰の登記をしないで放置している場合は、対抗要件主義の精神からいって、不利益を与えられても仕方がないはずである。それゆえ、取消権発生の原因がやみ、かつ、取消権者が

---

(40)　この点については、多田利隆「消極的公示主義と民法177条の適用範囲」『高島平蔵教授古希記念論文集　民法学の新たな展開』（成文堂　1993年）172頁以下、同「物権変動論からみた改正不動産登記法——不実登記への対応を中心に——」西南学院大学法学論集44巻1号（2011年）172頁以下参照。

取消権の理由あることを知ったとき以降に登場した第三者との関係では、取消しによる物権復帰を対抗するためには、登記を必要とする」と説かれている(41)。また、広中俊雄教授も、取消の前後を問わず登記の有無による決着が妥当しうるものとされるが、その場合には、登記をしなかったことについて具体的に帰責事由が認められることを条件とされている(42)。

② 177条を構成している実質的要素

ところで、画一的な取り扱いを緩和・修正して具体的事情を考慮する方向に進もうとするならば、いかなる事情を考慮すべきかが問われることになる。その場合には、177条を構成している実質的要素に注目すべきであろう。

そのような要素については、すでに早くから、鈴木禄弥博士によって、「対抗問題の実質的意義」として以下のように提示されてきた。その第一点は、第一買主（乙）の立場から見れば「かれが甲から土地を買い、自己の所有権取得を登記しうる状態にあった……のに、それをせずに放置し、自己の権利を擁護する手段を講ずることを怠っていたのだから、乙は、この状態においては、丙（第二買主　筆者補足）に対して権利を主張しえず、もし、丙が先に登記をすれば、乙は、確定的に権利を失う、という点」である。第二点は、「丙の立場から見ると、かれは甲と取引をするに当たっては、登記上に記載されていない物権変動は存在しないものとして、乙を無視して行動でき、この点での、丙の取引の安全が保障され、取引の迅速化が図られる」という点である。そして、第一点に関しては、「登記をしないと不利益を受ける可能性がある、という法的サンクションをうける形で、登記が促進される」という登記制度との結びつきが、また、第二点に関しては、「この登記への信頼の保護は、偏面的で、消極面についてのみであって……善意者を保護する制度である公信の原則とは異なる」という指摘がなされている(43)。

ここに示されているように、177条を構成している要因のひとつは、登記をしなかったことが物権変動の当事者にとって不利益を課されてもやむをえない事情に相当するということである。もっとも、その帰責の内容を、鈴木

---

(41) 鈴木禄弥『物権法講義〈第5版〉』（創文社　2007年）145頁以下。
(42) 広中俊雄『物権法〈第2版〉』（青林書院　1987年）128頁以下。
(43) 鈴木・前掲注（41）131頁以下。

博士のように「自己の権利を擁護する手段を講ずることを怠っていた」と解すべきか否かについては、後に触れるように検討の余地がある。第二の要因は、第三者側の信頼保護である。この場合の信頼保護は、指摘されているとおり、消極的信頼保護であり、登記に対する積極的信頼保護を認める公信力とは異なっている。公示の原則の中に公示方法に対する消極的信頼保護が含まれていることについては、早くから指摘されており、177条の「対抗」についても同様であることが、今日では広く認識されているといってよいであろう（もっとも、積極的信頼保護・消極的信頼保護の区別が一般的にどれほど正確に理解されているのかは疑問である）。なお、学説の大勢は、鈴木説も含めて、この要素を177条の法律構成に拾い上げることには消極的である。しかし、判例・学説が、画一的取り扱いから具体的事情の考慮という方向に進んできたことによって、考慮される要件が信頼保護のそれに接近する結果となっていることに鑑みると、消極的信頼保護という実質的要因を177条の法律構成に反映させる可能性について改めて検討する余地があるように思われる(44)。

③ 緩和の仕方についての様々な見解

177条の定めている画一的取り扱いを実質要素に照らして緩和修正する方

---

(44) 公示の原則あるいは177条が、消極的信頼保護を含んでいることは、たとえば、舟橋諄一博士がその体系書の中で述べられているほか、我妻栄博士、原島重義教授、稲本洋之助教授によっても指摘されており、その後も、鎌田教授によって同様の指摘がなされている。そのような消極的信頼保護の要素を177条の法律構成に反映させるべきことを論じたものとして、多田利隆「民法177条の『対抗』問題における形式的整合性と実質的整合性——消極的公示主義構成の試み——（一）、（二）、（三）」民商102巻1号（1990年）22頁以下、同2号150頁以下、同4号409頁以下、同・「公示方法に対する消極的信頼保護法理の分析——民法177条の対抗問題とドイツ法における消極的公示主義規定——」北九大法政論集18巻1号（1990年）111頁以下、同・「不動産取引における信頼保護——民法177条の二面性と信頼保護法理——」内田勝一／浦川道太郎／鎌田薫偏『現代の都市と土地法』（有斐閣　2001年）74頁以下所収がある。

なお、付言すれば、積極的信頼保護と消極的信頼保護との区別は、当事者の主観において「どう信じたか」をメルクマールとするものではなく、信頼保護の作用に応じた区別であり、前者は、「外観は変化していないが権利関係はすでに変化している」という真の権利者の主張を退けうるかぎりにおいて信頼が保護されるものであるのに対して、後者においては「外観があるところにはそれに対応した権利関係がある」という信頼がストレートに保護される。この区別を踏まえれば、不動産に関して動産即時取得のような規定がないことは177条と信頼保護との結びつきを否定する根拠たりえないこと、また、逆に、177条における信頼保護を動産即時取得と同種のものと解すべきではないことが導かれるであろう。

法としては、様々な内容のものが考えられる。研究会案も含めて、これまでに提示されている考え方を列挙してみよう。

(A) 物権変動原因を問わずすべての物権変動について177条を適用して対抗問題として処理する立場に立つもの

(a) 第三者の範囲について、例外的に、信義則等による修正を認める方法。たとえば第三者の範囲に関する背信的悪意者排除の法理はこの立場によるものである。

(b) 「第三者」の範囲に関しては具体的事情を考慮する方法。たとえば、石田剛教授は、研究会提案に対して、登記による公示制度が取引行為による物権変動を中心として発展してきたことは歴史的事実であるが、そのことから対抗要件主義の適用範囲を意思表示にもとづく物権変動に限定すべきであるという命題が論理必然的に導かれるものではなく、対抗要件主義の適用範囲を意思表示にもとづく物権変動に限定すべき理論的根拠が不十分であるとされ、登記制度の機能という点からみても、「登記簿が物権の帰属状態を公示する仕組みとして適切に機能するためには、変動原因が何であれ一律に、ともかく登記簿に記載されない物権変動は原則として無視してよい、という前提が必要になる。もし未登記の意思表示にもとづく物権変動は無視してもよいが、それ以外の物権変動を想定せよという原則が規範とされると、登記簿からはきわめて不十分な情報しか得られないことになる」。判例は、変動原因レベルで177条無制限説をとったうえで「第三者の範囲論に問題を収斂させ、まず未登記を具体的な第三者との関係において懈怠と評価できるか、仮に懈怠と評価できるとして、その第三者が懈怠を非難するに足る正当な利益を有するか、という観点から独創的な比較衡量の枠組みを確立した」。改正提案は、理論面・実質面においてそのような判例を凌駕するだけの優位性が十分に示されていないと説かれている[45]。この見解によれば、判例が時効取得や取消しによる物権変動について第三者の登場時期によって区別的取り扱いをしているのは、実質的には「第三者の範囲論」の問題

---

(45) 石田・前掲注（13）38頁以下。

とされることになろうか。

(c) 無制限説を前提にしつつ、法律行為以外の物権変動原因については、登記をしなかったことについて具体的事情を考慮して適否を判断する方法。この中には、具体的事情をある程度定型的・一般的に判断する立場と、あくまで個別具体的に判断する立場が含まれている。たとえば、判例のように、取得時効完成後は登記ができたはずであるからその後の第三者との関係では登記を要すると解するのは前者であり（取消しによる物権変動を法律行為以外の原因に分類すれば取消後の第三者との関係で登記を要するとすることも同様であろう）、取消しと登記に関するいわゆる対抗問題徹底説は後者である。

(d) 177条の「対抗」は信頼保護法理の適用場面であると解し、物権変動の当事者側及び第三者側の事情について、信頼保護法理における帰責事由と保護事由として具体的に考慮するもの。もっとも、帰責事由に関しては、ある程度定型的・一般的に判断されている[46]。公信力説がこの立場である。また、意思表示による物権変動について、公信力を認めることには消極的な立場を取りつつ「対抗」関係を信頼保護関係として94条2項の類推適用によって処理すべきことを説く見解もこの中に分類することができるであろう[47]。

(B) 意思表示（法律行為）による物権変動についてのみ177条を適用して対抗問題として処理する立場（物権変動原因制限説）

(e) 意思表示（法律行為）以外の物権変動原因については、具体的事情に照らして対抗問題としての処理が適合する場合にのみ177条の適用可能性を認めるもの。この中にも、具体的事情をある程度定型的・一般的に判断する立場と、個別具体的に判断する立場がある。たとえば、取得時効による所有権取得について「有効未登記型」（二重譲渡型）では登記を

---

[46] このような帰責事由の定型的な取り扱いは、この説に特有のものというよりは、むしろ、信頼保護制度に共通に認められる特徴であるといえよう。この点については、多田利隆『信頼保護における帰責の理論』（信山社　1996年）81頁以下、284頁以下参照。

[47] 米倉明「債権譲渡禁止特約の効力に関する一疑問（三）（完）」北大法学論集23巻3号（1973年）581頁以下。

要するが「境界紛争型」では不要であると説く見解は前者に属する。また、次のような滝沢教授の掲げられている方法は後者に属するであろう。すなわち、同教授によれば、研究会案のように法律行為以外の原因による物権変動については登記を要しないとした場合には、「法律行為以外の領域における登記に対応するために、少なくとも以下のような規定が不可欠であるように見受けられる。すなわち、法律行為による物権変動が対抗要件主義の本来の適用領域であると明示した上で、これを補充する二項を規定して、『前項の場合以外の場合においても、不動産上に権利を取得した者が、登記できるにもかかわらず、登記しなかったときには、新たな物権変動によって登記を取得した第三者に対抗できない。』というような拡大規定を設けることである。その具体的な適用範囲は、当然判例法のコントロールにかかってくるのであるが、これまでも差押、取消、解除、相続、時効取得等において、登記の要求が合理的とみられる事例は、多々あったわけである」とされている[48]。この(e)の考え方は、結果的には上記の(c)と一致することが多いであろう。

(f) 意思表示による物権変動以外については、第三者との利益調節を信頼保護規定に委ねるべきであるとするもの。研究会の改正案はこの立場に属しており、94条2項を類推適用して、具体的事情を考慮して第三者の信頼保護の成否を判断すべきものとしている。

このようにみてくると、学説の中では、その程度や方法は一様ではないが、共通して、登記の有無のみによる画一的取り扱いを緩和して具体的事情を反映した取り扱いを取り入れようとする動向が認められる。すなわち、登記を要する物権変動の範囲に関しては、無制限説か制限説かを問わず、法律行為以外の物権変動原因に関しては登記がなされなかった事情を考慮して第三者の保護を判断すべきことが説かれている。研究会案すなわち(f)も、そのような学説の動向に沿うものであるが、法律行為とそれ以外の物権変動原因とを分け、後者については対抗問題としての処理を離れて信頼保護の問題として処理するという特徴がある。また、上記の学説の多くは、「対抗」を

---

[48] 滝沢・前掲注 (17) 12頁。

信頼保護とは異なる独自の法律関係として、意思表示以外の物権変動原因についても「対抗」関係として処理する点では共通しているが、(d)のみは、「対抗」を信頼保護の問題として構成する立場をとっている。その点、研究会案は、従来の通説的見解とも公信力説とも異なる独自の見解であるといえるであろう。このように、研究会案の大きな特徴は、法律行為による物権変動とそれ以外とを分け、前者については登記の有無による画一的処理という基本的立場をとり、後者についてはそれを離れて、第三者の保護に関しては信頼保護、具体的には94条2項によって対応しようとする点にある。はたして、このような取り扱いには合理的根拠が認められるであろうか。

④ ドイツ法における消極的公示主義に関する帰責の考え方

周知のように、日本民法典の意思主義・対抗要件主義の継受元であるフランス法においても、登記効力要件主義を採用しているドイツ法においても、登記を必要とする物権変動の範囲は、基本的に、意思表示あるいは法律行為によるものに限定されている(49)。民法議事速記録中の穂積陳重の発言の中では、登記を要する物権変動の範囲という問題が「諸国ノ法典ニ於テ多ク起リマシタ所ノ問題」であるとしたうえで、「不動産ニ関スル物権ト云フモノハ悉ク登記ヲシナケレバ絶対的ニ効力ハ生セヌ」との立場を選択したのだと述べられているから、上記のような独仏の状況についても認識されており、そのうえで、あえてそれとは異なる無制限説を選択したことが窺える。研究会案の内容は、そのように立法者が選択した日本民法典独自の方向を、独仏と共通のものへと大きく軌道修正するものであるといえよう。

なぜ、フランス法やドイツ法では、登記を要する物権変動を意思表示もしくは法律行為によるものに限るという基本的な立場がとられているのであろうか。フランス法に関しては、残念ながら、直接フランスの文献に当たることは筆者の能力を越えるところであり、また、日本語文献からもその点の説

---

(49) フランス法においては、この点をめぐって立法及び判例の変遷があり、たとえば1935年謄記法以降、意思表示による物権変動以外にも対抗要件主義の妥当すべき場合が付け加えられている。しかし、登記が必要なのは意思表示による物権変動であるという基本的な立場は、判例・学説によって維持されているとみてよいであろう。フランスにおける意思主義・対抗要件主義の成立と変遷については、滝沢聿代『物権変動の理論』(有斐閣 1987年)に詳しい(特に95頁以下)。

示を抽出するにはいたらなかった。ドイツ法に関しては、効力要件主義を規定するドイツ民法典873条について、登記が必要なのは法律行為による物権変動であるということは体系書や注釈書の中ではしばしば述べられているが、改めてその理由について説明することはなされていないようである。おそらく、効力要件主義は合意（Einigung）による物権変動について形成された基本原則であるから、それについて他の物権変動原因との関係で登記が必要とされる理由を改めて説明する必要性が特に感じられないのであろう。登記をしなかったことと第三者との関係で不利益を課されることとの関係については、不動産登記についての効力要件主義の規定ではなく、日本民法典177条と同じく実体的権利関係を公示しなかった場合には第三者に対抗することができないことを定める規定に関して論じられている。そのような取り扱いについては、消極的公示主義（das negative Publizitätsprinzip）を示すものと位置づけられており、法人登記簿に関するドイツ民法典68条、70条、夫婦財産性登記簿に関する同1412条、及び、商業登記簿に関するドイツ商法典15条等がこれに属するとされている。この中で、不登記がなぜ帰責根拠たりうるのかについて論究されることが多いのは、商業登記簿に関してである。たとえば、カナーリスによれば、消極的公示主義規定にとってきわめて重要な観点をなしているのは、「一度広く告げ知らされた法状況の変更もしくは法規定の定める通常の規範からの逸脱を適切な時期に外部に告げ知らせるということが、常に問題だということ、そして、それがうまくされなかったことによる危険は、その法状況の変化の根拠はその原因がもっぱらそのような義務者の法領域の中にあるのであるから、その義務者の側で負担すべきだということである」とされている(50)。補足するならば、消極的公示主義は、積極的公示主義（das positive Publizitätsprinzip 登記の公信力）とともに公示方法に対する信頼保護の原則に相当するものであるが、帰責事由・保護事由の判断が定型的になされることがその特徴のひとつをなしている。帰責性に

---

(50) Claus-Wilhelm Canaris,Die Vertrauenhaftung im deutschen Privatrecht (1971) S.472　この点をめぐる学説状況については、多田・前掲注 (44)「消極的信頼保護法理の分析」北九大法政論集18巻1号128頁以下、137頁以下、同・前掲注 (44)「『対抗』問題における形式的整合性と実質的整合性（三　完）」民商102巻4号414頁以下参照。

関しては、登記をしなかったことによってそれが満たされるものとされる。そのような取り扱いの正当性について、上記のカナーリスのような説明がなされているのである。商業登記等と不動産登記とは制度として大きく異なっているから、その内容をそのままわが国の177条に当てはめることはできないが、このような帰責の考え方は、意思表示による物権変動についても相通じるところが大きいのではないかと思われる。

⑤ 帰責性の類型的判断としての合理性

不動産登記をめぐる法律関係においては、公示制度の理念と私人間の衡平な利益調節の要請との調整が重要な課題のひとつである。対抗要件主義に関しては、公示の理想を追求するならば、すべての物権変動について登記をしなければそれを対抗できないものとする登記絶対主義に行き着くであろうし、逆に、私人間の衡平な利益調節を重視するならば、当事者双方の事情を個別具体的に考慮する方法が適合的である。しかし、結局は、そのいずれかに徹するのではなく、両者の調和を図るためにその中間の道を選択せざるをえないであろう。このことは、民法177条において登記制度の「公益」性を理由として選択された登記絶対主義が、その後の判例・学説によって修正・緩和されてきた事実にも示されている。

登記をしなければ対抗できない物権変動の範囲という問題は、実質的には、物権変動当事者の帰責に関わる問題である。登記をしなかったならば「対抗できない」という不利益を課されるのは、不登記の事実の中にそれを正当化すべき帰責根拠があるものとされるからであり、このような帰責の定型的判断は、ドイツの消極的公示主義にみられるように、公示の原則の特徴のひとつをなしている。しかし、不登記即帰責性ありとすることが、明らかに当事者間の正義衡平に反する場合も少なくない。特に、登記をすることが期待できないような場合がそれに当たる。しかし、常に個別具体的な事情に遡って対抗の可否を決するならば、逆に、公示制度の存在意義や理念に反する結果となるであろう。それを調和させる方法として様々な選択肢があることは先に見た諸見解に示されているところであるが、物権変動原因に応じて帰責性を定型的に判断し、登記をしなかったことについて通常帰責性を認められない物権変動類型については177条の適用範囲から除外するという対応

を選択すべきではないかと考える。

　すなわち、自らの意思にもとづいて物権変動を生じさせた場合には、公示制度の作用を維持し第三者の誤信にもとづく取引の危険を避けるために、登記内容をそれに合わせるべきことをその者に期待できるのであるから、登記をしなかった場合には定型的に帰責性ありとして「対抗できない」という不利益を課すということである。信頼保護における帰責の原理という観点からは、意思表示による物権変動を生じさせた場合には、真の権利関係とは異なる外観によって惹起される取引事故発生の危険性について第三者よりもより多くの支配可能性を持っており、あるいは、登記をしなかったことについて危険の引き受けが認められると解することもできるとして、危険主義（Risikoprinzip）によってそれを根拠づけることも可能である[51]。そのような状況が認められるか否かについて、意思表示による物権変動とそれ以外の原因との間には顕著な違いがある。したがって、意思表示による物権変動か否かによって区別的取り扱いをすることにはそれなりの合理性を認めることができるであろう。登記の必要な物権変動を法律行為によるものに限定するという研究会案の方針には基本的に賛成である。

　もっとも、研究会案は、取消しや解除による物権変動は法律行為による物権変動ではないとして登記の必要な物権変動から除外しているのであるが（四1(1)）、この点については疑問がある。区別的取り扱いの理由を上記の点に求めるならば、取消しや解除等の意思表示による物権変動についてもそのような事情が認められるかぎり、適用範囲から除外すべきではないのではないか。例えば、取消しについて、従来の判例・通説のように取消後の第三者との関係について「復帰的物権変動」を想定して二重譲渡と同様に考えることは、取消の遡及効（民法121条）に照らしていかにも便宜的で無理な解釈といわざるを得ないが、自らの意思でそれまでの物権関係を変動させたことには変わりはなく、その場合にも上記のような帰責の考え方が当てはまって、登記がなければ対抗できないものと解すべきではないかと考える。これに対して、取消し前においてはそのような状況は認められない。したがっ

---

[51] 信頼保護における危険主義については、多田・前掲注（46）149頁以下参照。

て、取消し前の第三者との関係では登記は不要と解すべきであろう。また、遺産分割による物権変動は、意思表示による物権変動ではないが、登記をしなかったことについての帰責性については意思表示の場合と同じ状況を認めることができる。したがって、意思表示による物権変動に準じて考えるべきであろう。

(6) 法律行為以外の物権変動原因の取り扱い

法律行為以外の物権変動について、研究会案は、対抗問題として処理しないで、第三者の取引の安全については94条2項の類推適用によって対応すべきことを提案している。この点についてはどうであろうか。

① 信頼保護構成の適合性

(5)③でみたように、意思表示もしくは法律行為による物権変動とそれ以外とで取り扱いを分けるべきことを説く見解が少なくないが、後者については、それも177条の適用範囲に含めて対抗問題として処理し、ただ、画一的取り扱いを修正しようとするものと、177条の適用範囲から外して別途対応しようとするものに分かれている。

これまで述べてきたように、私見は、後者の立場を選択すべきであると考えるが、その理由は次のとおりである。対抗問題として登記の有無によって処理するという取り扱いの中に、登記をしなかったことについての先に述べたような帰責の考え方が含まれているとすると、それに当てはまらない問題場面については、対抗問題としての処理はその正当化根拠を欠いていることになる。そのような事情を無視してまで登記の有無による画一的処理を貫徹すべき要因——たとえば登記制度を早急に定着させ登記への記載を徹底させなければならないという社会的要請——は、今日ではもはや、認められないであろう。また、公示制度は第三者の信頼を保護しその取引の安全を守ることを目的とするものであるから、「対抗」と「信頼保護」とは実質レベルでは大幅に重なっている。ただ、前者では、登記をしなかったことによる帰責という要素が占める比重が大きく、また、帰責事由・保護事由ともに、程度の差はあるが抽象的・一般的に判断され、それゆえに法律構成や要件のレベルでは、信頼保護の要素が必ずしも顕現していない。そこに広い意味での信頼保護規範としての177条の特徴がある。したがって、具体的事情を考慮す

ることは、そのような特徴に反するものであり、それによって固有の規範としての存在意義を大幅に失ってしまう。そのような取り扱いをするのであれば、端的に、「対抗」とは異なる別の法律構成にそれを委ねるべきであろう。なお、帰責事由が重きを占めることは、信頼保護規範であることと相容れないものではない。帰責事由が保護事由と並んで、信頼保護の最も基本的で原則的な要件であることは、今日では広く認識されているところである[52]。

② **94条2項類推適用との関係について**

意思表示以外による物権変動については第三者との利益調節を「対抗」ではなく「信頼保護」によって行うものとした場合に、いかなる制度によるべきかが問題となるが、研究会案では、94条2項の類推適用によるべきことが念頭に置かれているようである。この点についてはどうであろうか。

94条2項は、法律行為の内容や種類を問わず、いかなる意思表示についても適用される高い汎用性を備えている。わが国では、周知のように、不動産登記に公信力のないことを補う判例法理として94条2項の類推適用法理が展開されてきた。すなわち、先に述べたように、この法理は、登記に対する積極的信頼保護を担うものである[53]。しかし、この規定は、消極的信頼保護にも用いることができる。研究会案の主張する94条2項類推適用説は、意思表示以外による物権変動があったにもかかわらず登記がなされていない場合に、登記をしなかったことすなわち不実登記の存続について帰責事由があ

---

(52) 公示方法に対する信頼保護においては帰責事由と保護事由が抽象的・一般的に想定され取り扱われるという特徴について、筆者は、公示方法の権利外観としての規範的性格がそれを導いているのではないかと考えている。すなわち、信頼の客観的基礎としての登記は、私人に対して、一方で、公示方法によって権利関係を正確に公示すべきことを要求するとともに、他方では、公示に依拠して取引をすべきことを要求する。登記をしなかったことは公示制度自身の中にある制度的な帰責評価に反することになり、他方において、登記があれば、それを認識しそれに依拠して取引をしたものとして取り扱われてもやむをえないということである。このような規範的性格をどの程度貫徹すべきかはひとつの重要な立法政策上の課題である。この点については、多田・前掲注（44）「民法177条における形式的整合性と実質的整合性（三）」民商102巻4号419頁以下、同・前掲注（46）291頁以下参照。

(53) 94条2項類推適用法理が用いられる場合に共通しているのは、物権変動があったことを示す不実登記がなされた場合に、その登記の存在からそれに対応する物権変動があったものと信じて新たに取引関係に入ったという点である。

り、第三者が善意であることを要件として第三者の保護を導くものであるが、94条2項はそのような使い方も可能である。

　しかしながら、94条2項の類推適用法理の進展を前提に、それと同内容の消極的信頼保護の法理をここに持ち込むべきか否かについては、慎重に検討すべきであろう。なぜならば、もしもそのようにすると、物権が変動したにもかかわらず登記をしなかったという不作為型の不実登記について、意図的に虚偽の登記の作出・存続に関与したり黙認した場合と同様の帰責性を広く認める結果となるが、その妥当性は疑問であるからである。また、この判例法理の処遇に関しては、まだ、いろいろと検討すべき課題が残されており、特に、その適用範囲の拡張と一般的信頼保護規範化に対しては慎重に対応しなければならない。したがって、意思表示以外による物権変動について第三者との関係を信頼保護の問題として取り扱う場合には、94条2項の類推適用法理をそこに持ち込んで広く第三者の信頼を保護する方向に進むのではなく、類推適用の適正な範囲を見極めることが必要であろう。94条2項類推適用法理については、「五　登記に対する積極的信頼保護」において改めて取り上げることにしたい。

2　登記がなければ対抗できない「第三者」の範囲
(1) 研究会案の内容

　研究会案（正案）は、法律行為による不動産に関する物権の設定及び移転については、登記をしなければ、法律上の利害を有する第三者に対抗することができないことを原則とし（112条）、例外的に、そのような第三者であっても、一定の場合には登記の欠如を主張することができないものとしている（115条）。具体的には、第三者が以下に該当する場合である。

「一　契約の締結等、物権変動原因の発生について当事者の代理人又は仲介人として関与した者
　二　登記の申請、引渡し又は明認方法の具備を当事者に代わって行うべき者。ただし、これらの対抗要件の原因である法律行為が自己の対抗要件の原因である法律行為の後に生じたときは、この限りでない。

三　詐欺若しくは強迫又はこれに準じる行為により登記の申請、引渡し又は明認方法の具備を妨げた者
　四　競合する権利取得者を害することを知りながら権利を取得した者その他権利取得の態様が信義則に反する者」[54]

　この第 2 号に示されているように（「登記の申請、引渡し又は明認方法」）、115 条は、不動産にかぎらず、動産や立木および未分離果実を含めて、対抗要件主義の妥当する物権変動に共通の「第三者」について定めた規定であるが、以下では不動産物権変動に対象を絞って検討を進めることにしよう。
　まず、現行の民法 177 条では特に第三者の範囲について言及されていないのに対して、研究会案では、「法律上の利害を有する第三者」に限定したうえで、そこから除外される場合を具体的に列挙している。これは、「民法の規範内容の一覧性」という改正の基本方針に沿ったものであり、「第三者」の内容を条文から一般国民が読みとりやすくするものである点において、積極的に評価したい。
　問題は、第三者の範囲をどこまで、どのような形で限定すべきかである。すでに述べたように、民法典の起草者たちは、登記対抗要件主義が主に第三者の取引の安全保護のための制度であることを認識しながら、あえて、物権変動原因についても第三者についても特に限定を付することなく、全面的に登記の有無のみによって決着をつけるという登記絶対主義の立場を選択した。もっとも、第三者の範囲については、当初から、無権利者等は例外として除外すべきものとされていた。そして、その後の判例・学説は、次第に、その例外の幅を広げ、「登記の欠缺を主張する正当の利益を有する者」とか「背信的悪意者排除の法理」のように第三者の範囲を画すべき一定の基準が提示されるにいたる。そして、近年の学説の中では、背信的悪意者にとどまらず単純悪意者を排除すべきことが有力に唱えられており、判例においても、悪意（何を知っていたのか）の内容いかんによっては、悪意であることを以て背信的悪意者と認めうるとして、実質的に悪意者排除に近い取り扱い

---

[54] 民法改正研究会・前掲注（3）140 頁以下。

をするものも現れている。このような状況の下で、研究会案はどのように位置付けられるのであろうか。

　第三者の範囲に関して、上記の112条と115条から導かれるのは、第一に、客観的資格として「法律上の利害を有する」第三者でなければならないということであり、第二に、115条の列挙する者に該当しない者でなければならないということである。説明では、115条は「第三者の主観的態様」に関する規定として位置づけられており、その中で列挙されている内容は、従来判例によって背信的悪意者とされてきた者とほぼ一致する。もっとも、研究会案では登記対抗要件主義の適用範囲は法律行為による物権変動に限るものとされており（111条、112条）、法律行為以外の物権変動については、第三者との利益調節は登記対抗要件主義によるのではなく94条2項の類推適用法理によって処理すべきものとされている（四1(1)(2)参照）から、その場合に保護される第三者は善意者もしくは善意無過失者に限られることになる。なお、効力要件主義をとる【副案】においても、この点については【正案】と共通である(55)。

(2) 「法律上の利害を有する第三者」について――第三者の客観的資格――
① 研究会案の立場

　研究会案112条の規定する「法律上の利害を有する」という要件について、松岡教授は、この部分は判例の準則にしたがったものであり、「登記の欠缺を主張する正当の利益」を少しやさしい表現で置き換える趣旨であると

---

(55)【副案】においても、登記効力要件主義は法律行為にもとづく物権変動についてのみ適用されるとされている（副案111条1項）。その場合、対抗問題は生じないことになるので、対抗できないのは「法律上の利害を有する第三者」であるという限定も付されていない。また、登記の不存在を主張できない者としては、不動産登記法5条に規定されている二つの類型のみが掲げられている（副案111条2項、3項）。これは、未登記の買主は物権を取得していないのであるから、だれもが登記の不在ゆえの物権変動の不在を主張できるのであり、第三者がそれを主張できないとされるのは、それを認めるべき特別の事情がある例外的な場合に限られるというという、効力要件主義から必然的に導かれる帰結ということになるであろう（民法改正研究会起草・前掲注(1)『日本民法改正試案』100頁、松岡・前掲注(4)49頁参照）。もっとも、効力要件主義の下でも登記による画一的・定型的な取り扱いの緩和が必要になる事態は不可避であろうから、実際には、第三者側の事情（法律上の利害があるか否か、信義則違反の事情がないか否か等）と不動産物権変動当事者側の事情（登記を得てはいないが物権取得者と同様な保護が必要と考えられるのではないか等）を考慮して例外的な取り扱いをすべき場合が生じてくるのではないかと思われる。

説明されている(56)。判例の掲げる「登記の欠缺を主張する正当の利益」は、文言としては、主観的要因をも含みうるが、背信的悪意者排除法理が唱えられるまでは、客観的な資格要件の意味で用いられてきた。研究会案は、それに沿って、第三者の地位が法的に正当な根拠を有しており不法行為者や不法占拠者ではないということをよりわかりやすく示す表現として、「法律上の利害を有する」と言い換えたとされている。

学説の中では、177条の趣旨や「対抗」規定の特質に照らして、第三者の客観的資格についてより限定的に解する見解が複数の民法学者によって古くから有力に説かれてきた（対抗問題説）。研究会でもそれに沿った規定案も提案されたが、結局採用されなかったということである(57)。また、検討の過程では、第三者の具体的類型を列挙する提案も平行して検討されたが、列挙型では漏れるものが出たり規定内容が分かりにくくなるのではないかという点や、その例示列挙案の最後に掲げられた「その他同一不動産に関して法律上正当な客観的利害関係を有する者」を本文に取り込めばわれわざわざ書かなくてもよいのではないかという反対があって、採用されなかったということである(58)。

② 従来の判例・学説との関係

判例は、第三者の範囲について、「登記の欠缺を主張する正当の利益」を有する者という一応の基準を提示しているが、その内容は必ずしも確定しているわけではない。しかし、そこでは、第三者が正当な法的根拠を有していること（不法占拠者や無権利者ではないこと）のみが考慮されてきたわけではないことに留意する必要がある。たとえば、制限説への転換を示すリーディングケースとされている大審院連合部明治41年12月15日部判決（民録14輯

---

(56) 松岡・前掲注（4）46頁以下。
(57) 対抗問題限定説以外の説も多数あり、不法行為者や不法占拠者を除外することを明示するのが適当であるとの意見が多数を占めたため結局は採用されなかったということである。松岡・前掲注（4）46頁以下。
(58) 松岡・前掲注（4）47頁参照。なお、「その他同一不動産に関して法律上正当な客観的利害関係を有する者」が、以下の②で取り上げる判例の内容の（ⅰ）の要素にとどまるのか、（ⅱ）や（ⅲ）の要素を含むのか文言からは明らかではないが、検討の過程でそのような議論があったということは紹介されていないので、おそらく、その違いは規定の体裁の点にとどまり、（ⅰ）をこのように言い換える趣旨であろう。

1276頁）では、「不動産ニ関スル物権ノ得喪及ヒ変更ノ登記欠缺ヲ主張スル正当ノ利益ヲ有スル者」の内容として次の三つの要因が取り上げられている。（ⅰ）「同一ノ不動産ニ関シテ正当ノ権利若クハ利益ヲ有スル第三者」であること。これは、第三者の地位が正当な法的根拠を有していることを意味している。（ⅱ）「不動産ニ関スル物権ノ得喪及ヒ変更ニ付テ利害関係」を持っていること。これは、対抗という形での利害相反する関係にあることを意味している。（ⅲ）「本条制定ノ理由ニ視テ其規定シタル保障ヲ享受スルニ値」する利害関係を有すること。「本条制定ノ理由」というのは、「同一ノ不動産ニ関シテ正当ノ権利若クハ利益ヲ有スル第三者ヲシテ登記ニ依リテ物権ノ得喪及ヒ変更ノ事状ヲ知悉シ以テ不慮ノ損害ヲ免ルルコトヲ得セシメンカ為メニ存スルモノ」であることであり、そのことから、登記の記載に依拠して取引を行うべき立場にあった第三者でなければならないということが導かれる(59)。このように、判例は早い段階から、対抗関係にあるか否かや、登記の内容を信じて取引をする立場にあったか否かについても、「正当の利益」の判断要素として考慮していた。

　また、第三者の範囲に関する対抗問題説は、上記の（ⅱ）に沿って――論者によっては第三の要素も含めて――、177条における「第三者」の内容を明らかにしようとするものであるといえるであろう。もっとも、学説では、判例と同様に広く包括的な基準を掲げておいて、問題場面に応じて具体的事情を考慮して柔軟に対応しようとするのが伝統的な通説であり、たとえば、その代表的なものとして、「当該不動産に関して有効な取引関係に立てる第三者」とする見解がある(60)。この中では、「有効な」という文言によって上

---

(59) 判決文の該当部分を抜き出して以下に引用する。「加之本条ノ規定ハ同一ノ不動産ニ関シテ正当ノ権利若クハ利益ヲ有スル第三者ヲシテ登記ニ依リテ物権ノ得喪及ヒ変更ノ事状ヲ知悉シ以テ不慮ノ損害ヲ免ルルコトヲ得セシメンカ為メニ存スルモノナレハ其条文ニハ特ニ第三者ノ意義ヲ制限スル文詞ナシト雖モ其自ラ多少ノ制限アルヘキコトハ之ヲ字句ノ外ニ求ムルコト豈難シト言フヘケンヤ何トナレハ対抗トハ彼此利害相反スル時ニ於テ始メテ発生スル事項ナルヲ以テ不動産ニ関スル物権ノ得喪及ヒ変更ニ付テ利害関係アラサル者ハ本条第三者ニ該当セサルコト尤著明ナリト謂ハサルヲ得ス又本条制定ノ理由ニ視テ其規定シタル保障ヲ享受スルニ直セサル利害関係ヲ有スル者ハ亦之ヲ除外スヘキハ蓋疑ヲ容ルヘキニ非ス由是之ヲ観レハ本条ニ所謂第三者トハ当事者若クハ其包括承継人ニ非スシテ不動産ニ関スル物権ノ得喪及ヒ変更ノ登記欠缺ヲ主張スル正当ノ利益ヲ有スル者ヲ指称スト論定スルヲ得ヘシ」。

記の（ⅰ）の要素が拾い上げられているが、さらに、「取引関係」を入れることによって、上記（ⅲ）の要素にも目配りがされている。

③　研究会案をどう受け止めるべきか

　このような判例・学説の状況に鑑みると、研究会案は、第三者の客観的資格について「法律上の利害を有する第三者」という包括的な基準を掲げているが、その内容については、第三者の地位が法的に正当な根拠を有していて不法行為者や不法占拠者ではないという点に主眼が置かれているようである。しかし、現行の177条の「第三者」の一般的な意味としては、上記の大連判明治41年12月15日民録14輯1276頁が「登記の欠缺を主張する正当の利益」として掲げている（ⅰ）（ⅱ）（ⅲ）の要素すべてが重要であると考える。その点では、「法律上の利害を有する第三者」という文言はそれらを含みうるものであり、その解釈において、これらの三つの要素に留意すべきであろう。規定の趣旨に照らして解釈によって「第三者」の範囲が画される場合として、たとえば、94条2項や96条3項は、第三者の客観的範囲については特に限定していないが、通説・判例は、これらの規定が意思表示の有効性を信じて取引をした第三者を保護する趣旨であることから、この第三者は「当該法律行為の有効であることを前提として新たに法律関係を結んだ者」に限られるものと解している。

　ただ、177条に関しては次のような特殊な事情がある。すなわち、起草者たちは、この規定の趣旨が第三者の取引の安全を図るところにあることを認識しつつも、登記制度の公益性に照らして、登記の有無によって画一的に取り扱うという方針を選択したということである。対抗のメカニズムを用いた不動産登記に対する信頼保護という要素と、いわゆる登記絶対主義とが結びついた、いわば複合的な性格が177条の特徴であり、そのことが、第三者の範囲の線引きを困難なものとしてきたといってもよいであろう。しかし、判例・学説によって次第に画一的取り扱いが緩和されて根底にある信頼保護的要素が顕在化してきたことは、すでに述べたところである。そのような状況

---

(60)　我妻栄＝有泉亨『新訂　物権法（民法講義Ⅱ）』（岩波書店　1983年）154頁、広中俊雄『物権法』（青林書院　1983年）87頁、川井健「対抗力の内容」幾代通ほか編『不動産登記講座1』（日本評論社　1976年）178頁以下等。

に鑑みて、改正によってそれを明確にすることができれば、大きな意義を認めうるであろう。しかし、登記の有無による画一的な取り扱いをどこまで緩和すべきかという実際上の問題に関してのみならず、177条に含まれている信頼保護的要素を法律構成に反映させるべきか、あるいは、それを規定の本質的な要素として認めるべきか否かに関しても、見解が分かれており、特定の立場を選択することについてコンセンサスを得るには大きな困難が伴うと予想される。したがって、現状では、規定内容としては、研究会案のように最低限度の外延設定にとどめざるをえないのではあるまいか。

なお、「法律上の利害を有する」という文言は、その内容が抽象的すぎて基準として不明確であるという指摘がある(61)。たしかにその指摘のとおりである。「登記の欠缺を主張するについて法律上の利害を有する」とすれば、多少なりとも内容が絞られ、上記の（ⅰ）（ⅱ）（ⅲ）との結びつきがより明らかになるのではあるまいか。

④ **消極的公示主義説の立場から**

私見である消極的公示主義説の立場では、第三者の範囲についてどのように考えることになるだろうか。

消極的公示主義説は、登記絶対主義の下で切断されたかに見える177条と登記に対する信頼保護との関係を再認識し、登記という外観の特質を反映した抽象的・一般的な信頼保護として「対抗」の問題場面を構成しようとする見解である。信頼保護構成という点では、従来の公信力説や94条2項類推適用説と共通であるが、その信頼保護の内容（作用）は消極的信頼保護であって登記の公信力（登記に対する積極的信頼保護）とは異なるとする点、及び、信頼保護制度であることと具体的な保護事由、帰責事由を問わないこととは矛盾しないとする点においてそれらとは異なっている。消極的信頼保護につ

---

(61) 滝沢・前掲注（17）12頁は、「法律上の利害がない第三者が法的紛争に登場することはないのであるから、第三者のこの定義はほとんど無制限説である。対抗要件主義をどのような制度として把握するのか、基本的な理論の確認が必要のように思われる」と指摘されている。たしかに、「法律上の利害」要件が、松岡教授の説かれているようにその法的地位について正当な法的根拠を有していることを意味しているとすれば、それは文言の通常の意味からして狭すぎる。また、不法行為者や不法占拠者であっても、所有権にもとづく明渡請求という法的問題に巻き込まれうる以上は、当該物権変動に対して法律上の利害を有しているといわざるを得ないかもしれない。

いては、古くから公示の原則をそのような観点から説明することが行われており、また、177条にそのような要素が含まれていることについても折に触れて指摘されてきたが、それを「対抗」の法律構成に反映することや、具体的な解釈の場に生かすことはなされておらず、むしろ、登記の先後によって決着がつくという取り扱いの中にそのような要素は没入されるものと解するのが支配的な見解であったように思われる。しかし、公示制度の根幹をなし起草者たちによっても説かれている第三者の信頼保護という要素、登記の先後による決着という取り扱いの間を、完全に切断すべきだろうか、その間をつなぐ法律構成が必要ではないかというのがこの見解の出発点である[62]。

　このような考え方をとるならば、登記の有無による画一的な取り扱いにも、第三者の客観的資格の点について、自ずから一定の制限が導かれるであろう。そのひとつは、「対抗」のメカニズムから導かれる制限である。すなわち、「対抗することができない」というのは、既存の法律関係を特定の者には主張できず、その者がそれを拒んだならば当該法律関係の不在を前提とする別の法律関係があったものとして取り扱うということであるから、177条の第三者は、当該物権変動の不在に依拠すべき法的立場にある者でなければならない。二重譲渡を例にとれば、第一譲受人も第二譲受人も、相互に他方の物権変動の不在を前提に自己の法的地位が認められるという関係にある。これに対して、不法占拠者や勝手に自己名義の登記をした無権利者等は、当該物権変動があろうとなかろうと、明渡請求や損害賠償請求を受けるべき立場にあることに変わりはないので、「第三者」たりえない[63]。

---

(62) 私見の消極的公示主義説については、多田・前掲注（44）に掲げた文献参照。
(63) 賃貸借の目的である土地が譲渡された場合の賃借人についてはどうか。明渡請求については、そのような賃借人は、土地所有権の移転がなければ新地主による明渡請求を受けることはないのであるから、この要件を満たす。これに対して、賃料請求については、賃借人である以上その相手方が従来の賃貸人であろうと新賃貸人であろうと賃料を支払うべき義務がある点には変わりはない。だれが賃貸人であるのかは、信頼関係が重要な意味を持つ賃貸借契約における賃借人にとっては重大な問題であるが、所有権及び賃貸人の地位の譲渡の自由が認められている以上、賃借人がそれを阻止したり介入することはできないのであるし、賃借人の上記のような利益（信頼関係を破るような賃貸人の変更から保護されるという利益）は、登記の有無によって決するという対抗の法理によって保護されるべきものとは異なっている。賃借人の二重払いの危険に対しては、債権譲渡の対抗要件や準占有者への弁済の問題として処理するのが本筋であろう。

第二の制限は、第三者は、登記がないので物権変動はないと信じて新たな法律関係を結ぶべき立場にあった者でなければならないという点である。第一の点は、従来の対抗要件説が留意してきた要素とほぼ一致するものであるが、この第二の点は、177条に含まれている消極的信頼保護の要素を認めことから導かれるものであり、従来の通説的理解とは合致しない。二重譲渡における第二譲受人がこれに該当すること、また、不法占拠者等はこれを満たさないことは、この観点からも根拠づけられる。

　ただ、この要件の下では、二重譲渡における第一譲受人は——実質的権利関係に即して権利を取得したのであるから——第三者性を満たさないことになる。そうすると、複数の物権取得者の間で登記の先後によって優劣関係を決するのが177条の内容であると解して二重譲渡をその典型例と位置づけてきた従来の通説的説明からは逸れることになるであろう。あるいは、法律行為による取引の安全保護に限定するならば、時効取得者や相続等による包括承継人は第三者から除外されることになるが、これも従来の通説的理解とは異なるところである。この点はどう考えればよいのであろうか。二重譲渡について、かつて次のような試論を提示したことがある。二重譲渡においては、第一譲受人Bへの物権変動を第二譲受人Cに対抗できるかだけが問題となり、Cへの物権変動をBに対抗できるかは問題とはならない（片面的対抗関係）。未登記のBは第三者であるCに対抗できない結果、CがBへの物権変動を否定したならば、それによってBは無権利者となり、たとえ、その後にBが登記をしてもCには勝てない（二重譲渡は可能であっても二重帰属は認められない）。177条から導かれるのはそこまでであるということである[64]。したがって、BとCの利益調節は、C側の信頼保護の要件を通じて図るべきことになる。Cは、自己の意思によって所有権を取得したにもかかわらず登記をしなくてもいつまでもBに優先するというのは、衡平を欠き、公示制度の理念にも反することを考えると、Cの信頼保護の要件として——192条における引渡し要件に対応する——登記を要すると解すべきであろう（権利資格保護要件としての登記のひとつということになる）。また、第三者の物

---

[64] 多田・前掲注（44）「消極的公示主義と民法177条の適用範囲」170頁以下。

権取得原因が取得時効や相続の場合には、この要件を満たさないのであるから、177条の「第三者」には相当せず、その後の譲受人の保護は同条以外の信頼保護規定によって図るべきことになるであろう。

(3) 背信的悪意者排除と悪意者排除

① 研究会案の考え方

これまでに見てきたように、研究会案は、登記対抗要件主義が妥当するのは法律行為による不動産に関する物権の設定及び移転であることを前提に、その112条において、第三者の客観的資格については、「法律上の利害を有する」者でなければならないとしている。そして、そのような客観的資格を満たしている第三者であっても登記の欠如を主張することができないとされる例外的な場合を115条で定めている。

115条について、松岡教授は、「判例の背信的悪意者排除を基本に置きつつも、第三者から除外される者が場合によっては悪意者に拡大する解釈を取る余地を残」すという途を選択したものであると説明されている[65]。1号から4号までがともに背信的悪意者排除の考え方に沿った内容であることについては特に疑問の余地はないであろう。第1号の「契約の締結等、物権変動原因の発生について当事者の代理人又は仲介人として関与した者」は、判例・学説によって不動産登記法5条2項に準じる者として背信的悪意者の主要な類型のひとつとして認められてきたものである（最判昭和43年11月15日民集22巻12号2671頁、最判昭和44年4月25日民集23巻4号904頁）。第2号の「登記の申請、引渡し又は明認方法の具備を当事者に代わって行うべき者。ただし、これらの対抗要件の原因である法律行為が自己の対抗要件の原因である法律行為の後に生じたときは、この限りでない。」、及び、第3号の「詐欺若しくは強迫又はこれに準じる行為により登記の申請、引渡し又は明認方法の具備を妨げた者」は、それぞれ不動産登記法5条の2項と1項に対応している（もっとも、内容が多少拡張されている）。この二つについては実定法の規定しているところであるから判例法理そのものではないが、信義則にもとづく第三者性の否定という点では他のタイプと共通しており、広い意味で背信

---

(65) 松岡・前掲注(4) 48頁。また、同47頁以下では、第1号と第4号を併せて「判例の背信的悪意者類型の大部分をカバーする」とされている。

的悪意者排除法理に含まれるものである。第4号の、「競合する権利取得者を害することを知りながら権利を取得した者その他権利取得の態様が信義則に反する者」も、登記の欠缺を主張することが信義則に反する場合に含まれる点では同様である。ただ、1号から3号までは、特定の法的地位にあったことや登記を妨げたことに信義則違反の要因が求められているのに対して、第4号は、自らの権利取得の態様に信義則違反の要因がある場合である。松岡教授の示唆される「第三者から除外される者が場合によっては悪意者に拡大する解釈を取る余地を残」すというのは、この部分のことであろう。

　周知のように、177条の「第三者」の主観的態様については、善意・悪意を問わないことを原則としつつ、「実体上物権変動があった事実を知る者において右物権変動についての登記の欠缺を主張することが信義に反するものと認められる事情がある場合には、かかる背信的悪意者は、登記の欠缺を主張するについて正当な利益を有しない者であって、民法177条にいう第三者に当たらないものと解すべき」である（最判昭和43年8月2日民集22巻8号2頁）という背信的悪意者排除の法理が、判例によって形成されて通説もそれを支持してきた。もっとも、近年では、この法理の独自性に疑問を呈する見解も有力であり、また、単純悪意者も排除すべきことが学説によって有力に説かれるなど、状況は流動的である。研究会案は、一方において、不動産登記法5条を取り込み判例による主要類型を列挙することによって、規定としての一覧性を実現するとともに、他方において、近年の学説の流れを反映して悪意者排除へと進む道を開くものということができるであろう。

　② 列挙の仕方について

　「民法の規範内容の一覧性」という要請に照らして、実質上は登記対抗要件主義規範の一部を構成している不動産登記法5条や判例法の主要類型を物権変動規定として示すという研究会案の方針は妥当なものであると考える。検討の過程では、背信的悪意者排除の考え方を一般的な形で掲げる案も検討されたようであるが、不動産登記法5条を取り込むということになれば、他のタイプとの均衡上、自ずから「列挙型」を選択することになると思われるし、国民から見たわかりやすさという点で、中間概念を掲げるのではなく具体的にその内容を示すのが望ましいであろう。

ただ、この列挙の内容が妥当なものか否かについては疑問がある。そのひとつは、限定列挙になっているという点である。4号内部では例示列挙の形がとられているが、それは、「権利取得の態様が信義則に反する」というタイプのみについて当てはまるものであるから、全体としては4つのタイプに限定されている。そうすると、たとえば、譲受人が譲渡人と近親者であったり法人とその代表者であるなど密接な関係にあり実質上譲渡人と同一の地位にあると認められる場合や、第一譲渡による物権変動を一旦容認してそれを前提として行動していた者であった場合（最判昭和31年4月24日民集10巻4号417頁、最判昭和35年3月31日民集14巻4号66頁）は、そのどれに分類されるのであろうか。1号から3号には当てはまらないし、前者は第三者の法的地位を問題とするものであり後者は禁反言則違反類似の態度を問題とするものであるから、4号にも当たらない。また、今後さらに新たなタイプが認められる余地もある。したがって、列挙型を採用するとしても、限定列挙ではなく例示列挙としておかなければ、信義則違反の多様な内容には対応できないであろう。「その他登記の不存在を主張することが信義則に反すると認められる者」等の規定を付け加える必要があるように思われる[66]。

なお、背信的悪意者排除法理の位置づけについて付言しておきたい。研究会案の説明においてもそうであるが、従来から、基本書等でも、第三者の「主観的態様」の問題としてこの法理が取り上げられことが広く行われている。たしかに、第三者の善意・悪意の問題との関連で、原則としてそれは問わないが例外的に悪意者が排除される場合があるとしてこの法理が説かれてきたので、そのような取り上げ方には理由がないわけではない。また、不当な利益を得る目的とか復讐目的については、背信性の内容はまさに主観的態様の問題である。しかし、背信的悪意者とされる多くのタイプにおいては、むしろ、その者の法的地位や物権取得の方法、あるいは、登記の欠如への関わり方等の客観的事情が問題とされている。なるほど、それらの者は悪意であることは認められるが、信義則違反という評価が結びつくのは主観的態様

---

(66) 列挙型を採用したことに対して、具体的類型を列挙すると、それかに洩れるものが生じ、メリットよりもデメリットのほうが大きいのではないかという指摘をするものとして、石田・前掲注（13）39頁参照。

ではなく、上記のような客観的要因である。それらについては、背信的悪意者という概念を介することなく、端的に信義則違反の問題として取り扱うべきであろう。4号についても、主観面の信義則違反が例示されているので、「背信的悪意」という文言が適合しそうであるが、そのような概念を用いなくても、主観的要因を含む取得態様に照らして信義則違反とされる場合として位置づければ足りると思われる。

③ 悪意と信義則違反の関係について

先に述べたように、研究会案は、「第三者から除外される者が場合によっては悪意者に拡大する解釈を取る余地を残」すことを意図しており、それは、115条4号を通じて実現することが予定されている。そのような方向が、近年の悪意者排除説の有力化を反映したものであろうこと、また、信義則違反という判断を導くべき主観的要因の有無についてはこの規定を通じて判断されるのであろうことについては、すでに述べたところである。

それでは、その代表的な例として掲げられている、「競合する権利取得者を害することを知りながら権利を取得した者」は、どのように信義則違反と評価されるのであろうか。従来、背信的悪意者と認めるべき主観的要因としては、もっぱら第一譲受人を害するとか（復讐目的など）不当な利益を得ようとするなど、不正な目的で譲渡人に働きかけて取引を行なったという点が取り上げられてきた（最判昭和43年8月2日民集22巻8号1571頁や最判昭和36年4月27日民集15巻4号901頁）。しかし、4号では、その種の主観に到らなくても、「競合する権利取得者を害することを知りながら権利を取得した」ならば信義則違反となるという判断が示されている。この中では、いわゆる害意と信義則違反とが結びつけられているのであるが、競合する権利取得者を害することを知っていたということと、競合する権利取得者がいることを知っていたことすなわち悪意とは、どのような関係にあると考えられているのであろうか。

今日の善意・悪意の原型はローマ法の bona fides・mala fides である。それらは、ローマ社会の成員に期待される誠実性に適っているか否かという道徳的な評価概念であった。財産権の取得という場面においては、たとえば、売主以外に真の権利者がいることを知ったならば買うのをやめるのが誠実な

態度であり、知りながらあえて取得行為をやめなかったならば、そのような主観的態様は誠実性に反するがゆえに悪意という評価が下されたのである。そして、そのような悪意者は、自己の行為によって真の権利者を害することを知っていたという点で、違法性の意識があるとされ、使用取得（usucapio）等の保護が受けられないのみならず、真の権利者に対しては不法行為責任を、また、犯罪として刑事責任を負うべきものとされた。悪意者の違法性の意識の内容は、他人の法益の侵害もしくは損害発生の認識・認容にほかならず、それは不法行為の成立要件である故意もしくは害意（dolus）と重なるものだからである。他方、そのような事情を知らないで取得した者は、他人の権利を害することを知らなかったのであるから違法性の意識はなく、取得行為をやめなかったとしても誠実性には反しないとして、善意という評価が与えられ、使用取得等の保護が認められたのである。その後、ローマ社会において取引の安全保護の要請が高まるにつれて、善意要件は、保護されるべき信頼の存在を意味する要件へと重点を移してゆく。そして、それに応じて誠実性という道徳的要素は後退し、悪意は、多くの場合には単に信頼の不在を意味するものへと変化する。そして、それに錯誤法が交錯し、ドイツ普通法学における「善意論」等を経て、今日のような、善意＝不知、悪意＝知という心理的事象としての定式化が定着してゆくのである。他方、bona fides は、債権法分野を中心に、本来の誠実性という意味を保持しながら、信義則として独自の展開を遂げることになる[67]。

このような【知→悪意＝害意】というつながりを二重譲渡の場に当てはめれば以下のようになるであろう。AB 間の売買契約によって所有権が B に移転した後に、それを知りながら C が同一不動産を A から買い受けた場合には、C は悪意の第三者ということになる。その悪意たるゆえんは、C は、自分の購入によって B の所有権が害されることを知りながらあえて買い受けたのであるから、害意と違法性の意識があり、誠実性に反する態度であると評価されるからである。悪意は害意を包含しており、また、誠実性に反する

---

[67] このような善意要件の沿革とそれが今日の解釈論にとってどのような意味を持ちうるかについては、多田利隆「善意要件の二面性——ローマ法の bona fides に即して——（上）（下）」北九大法政論集21巻 1 号（1993年）23頁以下、同21巻 2 号（1993年）49頁以下参照。

という点で広い意味の信義則違反をも意味している。研究会案115条4項は、「競合する権利取得者を害することを知りながら権利を取得した者その他権利取得の態様が信義則に反する者」としているのであるが、そこでは、【知→悪意＝害意】というつながりや、【悪意≒信義則違反】という関係に照らして、悪意者は第三者から排除されるものとされているとみることができるかもしれない。

　一般論としては、そのような害意と悪意あるいは悪意と信義則違反との関係は、今日でも認めることができる。また、そのような関係を再認識することは、今日の解釈論においても一定の意味を持ちうるであろう(68)。ただ、問題は、悪意の第三者が他人の権利を害することを認識しながら取得したということについて、いかなる場合にそれが違法性の意識及び違法な害意があるものとして、あるいは、信義則違反に相当するものとして評価すべきなのかという点である。そして、その点になると、結局は、二重譲渡は無制限に自由に認められるのか、限定されるとするとどの段階からか、あるいは、不動産の譲受人が未登記段階で得ている権利とはいかなるものなのかという、従来物権変動論において議論されてきた懸案の問題に帰着せざるを得ない。この点については、研究会案は特に触れていない。「競合する権利取得者を害する」という文言からは、その権利が債権でもよいのか物権であることを要するのか、債権段階でも契約の「熟度」によって取り扱いが異なるのか、あるいは、より具体的に居住や営業のための利用あるいは使用の利益や人格権的な利益侵害が認められることを想定しているのかは不明である。

　たしかに、学説・判例の状況に鑑みると、改正案としてその点について一定の方向を打ち出すのは困難であることが予想される。たとえば、近年の有力説である悪意者排除説の中にも、債権段階と物権段階を区別して、後者においては自由競争原理は働かず悪意者を排除すべきであると説く立場もあれば、債権段階でも詐害行為に準じて悪意者排除とすべきことを説く立場もある。また、従来から、不動産の引渡しを受けすでに居住または事業のために

---

(68) 多田・前掲注（65）72頁以下参照。また、特に無過失要件の要否との関係について、同「信頼保護における無過失要件の検討——ドイツ民法成立期の論争を手がかりに——」民商81巻5号（1980年）13頁以下。

利用していた場合にそれを知りつつ譲り受けた者は背信的悪意者に相当するという考え方が有力に説かれてきた。判例の中には、通行地役権という権利の存在を知らなかったとしても、「要役地の所有者によって継続的に通路として使用されていること」を認識していたか認識可能であった場合には、「特段の事情がない限り、地役権設定登記の欠缺を主張するについて正当な利益を有する第三者に当たらない」(登記の欠缺を主張することは通常は信義に反する) としたものや (最判平成10年2月13日民集52号1号65頁)、「乙が、当該不動産の譲渡を受けた時点において、甲が多年にわたり当該不動産を占有している事実を認識しており、甲の登記の欠缺を主張することが信義に反するものと認められる事情が存在するときは、乙は背信的悪意者に当たるというべきである」としたものがある (最判平成18年1月17日民集60巻1号27頁)[69]。このような状況の中で、競合する物権取得者の存在を知っているという心理的事象が、どのような場合に害意に相当し、また、信義則違反と評価されるのかを規定の中で明らかにするのは困難であろう。研究会案115条4号の文言よりすると、おそらく、その趣旨は、悪意即信義則違反とするものではなく、保護に値する利益を侵害することの認識を以て「害することを知」っていたものとし、保護に値する利益であるか否かや、権利取得のその他の態様を具体的に判断して、信義則に反するか否かを判断すべきであるとされているのであろう。しかし、その場合にも、保護に値する利益として何を設定するのか、また、多重譲渡の自由をどの程度まで認めるかという考え方次第では、悪意者排除に大幅に接近することになる。そのあたりを規定の中でより明確に示す必要があるように思われる。

---

(69) 平成18年判決の本文に引用した部分は、直接的には、背信的悪意の「悪意」の認定について、取得時効成立の要件が満たされていることまで認識する必要がないことを判示したものであるが、悪意の内容として、多年に亘る占有を覆すという認識が取り上げられており、その認識が信義則違反と結びつく可能性が示唆されている点で、占有者の利用利益が害されることを重視した判断と解することもできるであろう。それ以前の判例の中でも、たとえば背信的悪意者からの転得者の地位に関するリーディングケースとされている最判平成8年10月29日民集50巻9号2506頁では、背信的悪意者認定の根拠として、「不当な利得を得る目的で本件土地を取得しようとした」ことと並んで「本件土地が市道敷地として一般市民の通行の用に供されていることを知りながら」取得しようとしたことが掲げられており、現実になされている利用を覆すことの認識と背信性とが結びつけられている。

④ 悪意者を排除すべきか

　登記がなければ対抗できない第三者の範囲から悪意者を排除する方向に進むべきか否かについては、どのように考えるべきであろうか。近年の有力説である悪意者排除説の内容や根拠は一様ではないが、それらにほぼ共通しているのは、自己の取得行為によって他人の権利が害されることを認識しつつあえて取得したという行為態様について、自由競争の枠内であるから問題ないという従来広く受け入れられてきた評価を見なおそうとしている点である。すなわち、悪意という心理的事象の中には他人の権利を害することの認識・認容が含まれていることが再認識され、登記による最終的な決着の前においても、そのような害意を伴う行為によって他人の法的地位を覆し優先的な地位を獲得することは許されないのではないかということである。悪意者排除説の中では、第三者の行為を不法行為と構成する見解が有力に説かれていること、また、物権がまだ変動していない段階においても詐害行為取消権（民法424条）の対象とすべきであるとされたり、悪意者排除の根拠として公序良俗違反（民法90条）が持ち出されたりしていることに、そのような悪意者の取得行為についての認識の変化を見ることができる。

　このような近時の悪意者排除説とは別に、177条を信頼保護規定として構成する見解（94条2項類推適用説、公信力説）が悪意者排除を説いてきたことは周知のとおりである。この構成からは、保護されるべき信頼を欠いている悪意者が排除されるのは当然であるとされる。もっとも、たとえば篠塚昭次教授の公信力説においては、第三者の取引の安全よりも現に引渡しを受け利用を行っている譲受人の利益を優先すべきこと、また、現地検分をすればそのような利用者がいることは容易に認識できることが重視されており、実質的には、他人の利益あるいは権利を害することを認識していたという害意者排除に力点が置かれている。また、学説の中には、悪意の第二譲受人の行為を自由競争によって正当化することはできないという点と、公示制度が他人に権利関係を知らせるための制度であるということの両方から、悪意者排除を説く見解もある[70]。

---

(70) 内田貴『民法Ⅰ　総則・物権総論〈第二版〉』（東京大学出版会　2003年）454頁以下。なお、第四版では、後者の観点は特に掲げられていない。

Ⅲ　不動産物権変動法制改正の方向性について　　*269*

　先に述べたように、177条は不動産登記に対する消極的信頼保護を定めた規定として位置づけるべきであり、それを踏まえて解釈論を構築すべきであるというのが、私見の消極的公示主義説の考え方であるが、問題を複雑にしているのは、起草者たちがこの規定の趣旨が第三者の取引の安全保護にあることを認めながら、公示制度の「公益」性を理由に、あえて、条文上は徹底した登記絶対主義を採用したという点である(71)。それによって、177条は、信頼保護の趣旨に立脚しながら、具体的な保護事由や帰責事由を問うことなく登記の有無のみによる画一的な処理をするという、変則的な内容を持つことになった。この両者の関係をどのように整合的に位置づけ調節すべきかが、わが国の物権変動論の大きな課題であり続けたということができるであろう。

　この点について、私見は、登記の有無のみによる画一的な処理は、第三者に権利関係を知らせて第三者が登記に依拠して取引ができるようにするという取引の安全保護の趣旨を前提としたものであり、それに抵触しないかぎりにおいて認められるべきであると考えている。たとえば、第三者の具体的な善意・悪意を問わないものとされているのは、積極的に悪意者をも保護しようとする趣旨ではなく、登記の外観としての規範的性質にもとづいて、登記の有無に即して善意・悪意を想定するという取り扱いが採用されているのである。登記をしなかったことについて具体的な帰責事由の有無が問われないのも、帰責事由を不要とする趣旨ではなく、登記をしなかったならば定型的に帰責事由ありとされているのである(72)。

---

(71) 起草者は、公示の原則（「公示法ノ主義」）が主として第三者（保護）のための原則であることを前提としつつ、「公益ニ基ク公示法」として効を奏するためには個々の善意・悪意を考慮しない「絶対的」なものであるべきこと、また、善意の立証が困難なために結果的に取引の安全が害されてしまうことを考慮して、第三者の善意要件を置かなかったという経緯がある（本稿四1（3）参照）。善意・悪意をめぐる争いへの懸念については、富井政章によれば、もしも善意を要件とするならば善意・悪意についてしばしば争議が生じ、立証の困難さによって善意者が悪意者と認定されることが避けられず、結果的に取引の安全が害されてしまうという「実際上の便宜」を指摘している。富井政章『民法原論第二巻』63頁（有斐閣　1922年）。

(72) 登記の外観としての規範的性質というのは、物権変動の当事者は公示方法によって権利関係を正確に公示すべきであり、したがって、公示をしなかったならば帰責事由ありとされてもやむを得ない、また、第三者は公示方法に依拠して取引をすべきであり、公示がなされていたならばそれを信じて取引きをしたものとして扱われ、公

このように考えるならば、悪意の第三者を排除すべきか否かは、第三者の保護事由についての登記の有無による画一的な取り扱いを修正すべきか否かの問題であるということになる。なお、この点については、悪意が害意や信義則違反を含んでいるという事実から具体的取り扱いを導くことはできない。もともと善意・悪意要件には、保護すべき信頼の存否を決めるという意味のほかに、害意があり誠実性を欠く行為を保護しないという意味が含まれており（善意要件の二面性）、定型的取り扱いはその両者に及ぶものだからである。不法行為的な構成から悪意者排除を導くのであれば、害意等の定型的な取り扱いを具体的な取り扱いへと転化すべき理由を明らかにする必要があるであろう(73)。

悪意者を排除すべきか否かについて、私見は、保護事由の定型的な取り扱いを緩和して、悪意であることが立証されたならば177条の第三者から除外すべきであると考えている。また、そのような取り扱いがなされるのは、物権が変動した後の第三者についてであって、債権段階にとどまっている間に第三者の地位を得た者については、善意・悪意は問わない（そのような場合には対抗関係自体が生じていない）。悪意者を排除すべきであると考える理由は以下のとおりである。①登記制度の公益性も、具体的な正義衡平との調和が必要である。物権変動原因の範囲も含めて、わが国で登記絶対主義が採用されたのは、不動産登記制度を速やかに定着させ登記を軸とする不動産取引秩序を早急に確立しようという切実な社会的要請を反映したことが推測されるが、そのような強力な法政策的ベクトルは今日ではもはや存在しない。公益性と矛盾しない範囲で、具体的事情を反映した取り扱いがなされるべきである。現に、わが国の判例・学説は、177条の解釈論を通じてそのような方向を推し進めてきた。②すでに所有権等を取得した者の被る不利益に配慮する必要がある。たとえば、代金を完済し引渡しを受け利用を開始しながらも

示がなければ真の権利関係を知らなかった（善意）ものとして取り扱うことができるということを意味している。この点については、多田・前掲注（44）「民法177条の『対抗』問題における形式的整合性と実質的整合性（三）」419頁以下参照。

(73) 同様に、公信力説のように、177条が信頼保護の規定であるということからただちに第三者の善意あるいは善意無過失要件を必要と考えるべきでもないであろう。信頼保護の態様としては、例外的に、具体的な善意・悪意や過失の有無を問題としないものがありうるからである。

登記をしていなかったという一事によって明渡をしなければならないという不利益を、そのような状況にあることを知りつつ重ねて譲り受けた悪意の第三者のために強いるのは、画一的な取り扱いの許容される限度を超えるのではないか。③登記前であれば何重にも物権の変動が可能であり、複数の対等な物権取得者の間で最終決着が登記によって行われるというのが、従来の多数説によって説かれてきた「対抗」のイメージであるが、それは立法者意思に反するのではないか。起草者たちは、第三者の取引の安全（信頼）が対抗要件主義によって保護されることを前提としたうえで、あえて善意を要件としては掲げないという方法を選択した。物権と債権との峻別体系を採用し、176条では意思表示によって物権が変動していることを前提として177条が置かれていることに鑑みると、「対抗」問題にとっては悪意者の処遇は重要な課題である。たしかに、未登記段階の物権取得者の地位は、第三者が先に登記をすれば覆されるという暫定的で弱いものであるが、それは、公示がないために物権変動がないものと信じて取引をした第三者の取引の安全を保護するために、その者との関係でそのような取り扱いがされるのであって、物権を取得していることには変わりはない。④研究会案は、法律行為（意思表示）による物権変動以外については、第三者との利益調節を94条2項の類推適用によって図るという立場をとっている。第三者が保護されるためには善意もしくは善意無過失が必要となるであろう。その場合に、法律行為による物権変動についてだけ第三者の主観的態様の取り扱いを異にすべき合理的な理由があるであろうか。先に述べたように、善意・悪意が保護事由の問題であるのに対して、物権変動の範囲という問題は帰責事由の問題であり、そのようなものとして、法律行為かそれ以外かという区別には合理性がある（四(5)⑤）。他方、保護事由に関しては、そのいずれであるかによって取り扱いを区別すべき実質的理由はないであろう。両者を通じて、悪意者は排除されるとするのが首尾一貫している[74]。

---

[74] 悪意の第三者を排除するということになると、意思表示による物権変動においては、保護事由については具体的に問い帰責事由については定型的に取り扱うということになる。信頼保護においてはこのような取り扱いの差が認められるのはむしろ通常であり、また、そのことにはそれなりの合理性がある。この点については、多田・前掲注（46）『信頼保護における帰責の理論』284頁以下参照。

五　不動産登記に対する積極的信頼保護の取り扱い

1　研究会案の内容

　いわゆる登記の公信力を正面から認める規定を持たないわが国では、判例によって、虚偽表示の無効を善意の第三者に対抗できないとする民法94条2項の類推適用を通じて、登記に対する積極的信頼保護を図ることが行われてきた。あくまで類推適用であるから、そこには自ずから限界があるが、実際上この法理が、部分的に登記の公信力を認めるのと同様の作用を担って来たことは、広く知られているところである。判例は、本来は意思表示の有効性に対する信頼保護の規定である94条2項の中に含まれている、外観に対する信頼保護との事実上の重なりあいに着目して、この規定の内容を「外観法理」へと転換し、外観に対する信頼とその外観の作出・存続に対する権利者の一定の関与を要件とする信頼保護規範の適用場面として、不実登記に対する信頼保護の問題に対処してきた。この94条2項類推適用法理は、解釈論において多くの関心を集めてきたが、立法論にとっても、その処遇をどうすべきかは重要な課題となっている。

　今回の法制審議会における民法（債権法）改正作業においてもこの法理の処遇が検討されてきたが、この法理を条文上明記すべきか否かについては慎重な態度がとられているようである。すなわち、「中間的な論点整理」の中では、「このような考え方については、その当否とは別に、物権変動法制全体との調整が必要となるため、今回の改正作業で取り上げることは困難であるとの指摘があることをも踏まえつつ、当面その考え方の当否を更に検討する一方で、今後この論点を取り上げるべきか否かについても検討してはどうか」とされている[75]。これに対して、民法改正研究会の改正案では、虚偽表示自体についてはほぼ現行どおりの内容を維持するものとされ（54条）、

---

[75]　商事法務編『民法（債権関係）の改正に関する中間的な論点整理の補足説明』（商事法務　2011年）239頁。また、それよりも前の「民法（債権法）改正検討委員会」の改正案では、「本提案では、差し当たり現民法94条の基本構成は維持し、これを抜本的に見なおすかどうかは、物権法政の改正を検討する際に委ねることにしている」として、今回の改正で実定法化することには消極的な方針が示されている。民法（債権法）改正検討委員会『債権法改正の基本方針』別冊NBL126号（2009年）27頁以下。

Ⅱ 不動産物権変動法制改正の方向性について　*273*

他方において、それとは別に、民法総則の意思表示に関する規定の中に、「外観法理」として、次のような規定を新設することが提案されている。

60条
　1項　第54条（虚偽表示）の要件を満たさない場合であっても、自ら真実に反する権利の外形を作出した者は、その権利が存在しないことを善意の第三者に対抗することができない。
　2項　前項の要件を満たさない場合であっても、真実に反する権利の外形の存在に責めに帰すべき事由を有する者は、その権利が存在しないことを善意無過失の第三者に対抗することができない。

　虚偽表示の規定（研究会案54条）も含めると、研究会案では、不動産登記に対する信頼保護は次のような三つの段階で実現されることになる。第一は、虚偽表示本来の要件を満たしていた場合（54条）、第二は、54条の要件は満たしていないが権利者が「自ら真実に反する権利の外形を作出した」場合（60条1項）、第三は、その要件も満たしていないが権利者が「真実に反する権利の外形の存在に責めに帰すべき事由を有する」場合である（60条2項）。そして、第一と第二の場合には第三者側の要件は善意で足りるが、第三の場合には善意無過失まで必要なものとされている。
　このように、60条は、独立した外観法理の規定とされながら、その実際の位置づけは、虚偽表示の規定を原型としてその要件を修正したものとされており、まさに、虚偽表示規定の類推適用法理として生まれた外観法理にほかならない。加藤教授によれば、このような改正案の内容は、「判例法として確立された通謀虚偽表示の類推適用を条文に取り込み、必要な修正を加えようとするものである」と説明されている[76]。判例法理との関係で見れば、1項は、判例のいう「自ら外観の作出に積極的に関与した場合」に対応して

---

　(76)　民法改正研究会起草・前掲注（1）『日本民法改正試案』61頁（加藤雅信）。この加藤教授の説明は、平成20年10月13日案について述べられたものであり、その時点では、規定の位置づけも帰責事由の内容も、本文で取り上げた平成21年1月1日案とは異なっている。この点は後に改めて取り上げる。

いる。これに対して、2項は判例の文言とは必ずしも対応していないが、判例のいう不実登記のなされたことを知りながらあえて放置した場合のほかに、たとえば、「余りにも不注意な行為」(最判平成18年2月23日民集60巻2号546頁)によって不実登記を作出・存続させたような場合も2項によって拾い上げられることが予定されているのであろう。

2　帰責事由の取り扱い

　研究会案60条のような一般的な「外観法理」規定を置くべきか否かはそれ自体一個の大きな問題であるが、その点は後に取り上げることとして、まず、この規定案の内容が登記に対する信頼保護規範として妥当なものなのか否かについて見てみよう。

　上記のように、この案は、外観法理における帰責事由の内容を二段階に区別しているが、最低限必要な帰責事由は2項の規定するところである。しかし、規定の文言からは、その帰責事由の内容が何であるのかは明らかでない。すなわち、「真実に反する権利の外形の存在に責めに帰すべき事由を有する者」というのは、自ら積極的に虚偽の外観を作出したのでなくても、消極的に外観の存続に関わった場合を含む趣旨であると解されるが、その関わり方において「責めに帰すべき事由を有する」というのが、どのような内容を意味しているのかは不明である。

　たしかに、これによって、わが国ではドイツ法におけるような真正権利者の帰責事由の有無を問わない絶対的公信主義(ドイツ民法典892条)はとらないことが明示されており、その点で、2項は重要な意味を持ちうるであろう。しかし、帰責事由そのものは、信頼保護にとっては原則的な要件であって、その必要性を謳うのみでは不十分であり、当該信頼保護制度では何を以て帰責事由とするのかを示す必要がある。実際、わが国の判例・学説においては、94条2項類推適用法理における帰責事由にはどのようなものまで含まれるのかが重要な論点のひとつとされてきた。改正案としては、その成果を反映して、最低限必要とされる帰責事由はどのようなものなのかを示すことが必要であろう。なお、平成20年10月13日の研究会案では、その点については、「真実に反する外形を黙示に承認した者」という、より具体的な基準が

示されていたが⁽⁷⁷⁾、平成21年1月1日案では上記のような内容に修正された。黙示の承認では狭すぎるという配慮からより広い内容に変わったものと推測されるが、それに伴って内容が不明確になったことは否めない。

　もっとも、帰責事由の内容をより明確に示そうとすると、これまでの判例準則を整理して列挙するにとどめるのであれば別であるが、一般的な「外観法理」の規定を置こうとするのであれば、帰責の理論あるいは帰責の原理の本格的な検討を抜きにしてそれを行うことはできないはずである。すなわち、外観法理における原則的な、あるいは、最低限度の帰責の内容を何に求めるべきか、そのような帰責事由はどのような考え方によって民法体系の中にしかるべき位置を認められるのか等について、より広範に信頼保護法理を展望し、また、従来提示され議論されてきた様々な帰責の理論を探求したうえでなければ、適正な内容を備えた規定を提案することは難しいのではないかと思われる。

3　94条2項を原型とする「外観法理」と登記の公信力
(1)「外観法理」提案の意味

　「外観法理」は、本来は、ドイツ法的な信頼保護法理すなわちレヒツシャイン法理（Rechtsscheinstheorie, Rechtsscheinprinzip）のことである。レヒツシャイン法理は、信頼の客観的基礎たりうる外観（Rechtsschein）を軸として、信頼保護が認められるために必要な要件を抽出してその最大公約数的な内容を定式化したものとして唱えられた⁽⁷⁸⁾。研究会案60条はそのようなものとして提案されているのであろうか。もしもそうであるならば、94条2項を原型としてそのような法理を抽出することの妥当性には疑問がある。なぜならば、94条2項の帰責事由である意図的に虚偽の表示をしたというのは、

---

(77)　民法改正研究会起草・前掲注 (1)『日本民法改正試案』では、副案の54条2項、3項とされているが、同時期の松岡・前掲注 (4) 43頁では、94条3項、4項とされている。

(78)　ドイツのレヒツシャイン法理の生成展開については、多田・前掲注 (46) 参照。レヒツシャイン法理は、権利外観（信頼の客観的は基礎たりうる外観）を軸とするドイツ法の信頼保護の理論のことであって、一般的に実質とは異なる外観を信じた場合にその信頼を保護する法理である信頼保護法理あるいは表見法理とは次元を異にするものである。

従来帰責の原理として説かれてきた与因主義、過失主義及び危険主義のいずれにも当てはまらない特異なものであって、帰責事由の中でも特に重い部類に属するものであり、一般的な外観法理の原型には相応しくないからである。外観の虚偽性の認識の下で意図的にそれを作出・存続させたという要因を無視しないかぎり、そこから導かれる外観法理は、たとえば表見代理や動産即時取得とは異なる、それよりも重い帰責事由を内容とするものとならざるをえない。それは、信頼保護の最大公約数的な内容を定式化したものではなく、特に帰責事由が重いタイプの信頼保護規範を、分野横断的な規範として認めることになる。もしも、本来の外観法理規範を意図しているのではなく、特に帰責事由が重いタイプの信頼保護にかぎる趣旨であれば、それを「外観法理」と呼ぶのは適切ではない。また、もっぱら不動産登記を念頭に置いて、そのような重い帰責事由のある場合にかぎって限定的に登記に対する信頼保護を認める趣旨であれば、このような分野横断的な規範をわざわざ置く必要があるのか否かは疑問である。

(2) 登記の公信力との関係

この点について、私見は、たとえ重い帰責事由の場合に限定する趣旨であっても、包括的・一般的な信頼保護（「外観法理」）規範を置くことには消極的である、そして、不動産登記に対する信頼保護については、民法94条2項の類推適用で対応するのではなく、公信力を認める規定を設けるべきであると考える。

① 一般的な信頼保護規範の問題性

94条2項は、取引の種類等の限定のないきわめて汎用性の高い信頼保護規定である（総則的な信頼保護規定）。また、それが不実の外観作出を伴うことが多いことから、外観に対する信頼保護との交錯を必然的に伴っており、それが、同条を外観法理規定として組み立て直す根拠たりうる。さらに、意図的に相手方と通じて虚偽の意思表示をしたという帰責の要素が大きな比重を占めているので、動的安全と静的安全との調和に留意した取り扱いを実現しうる実定法上の根拠として魅力的である。そのような特徴を備えた94条2項は、類推適用を通じて一般的な信頼保護規範へと展開するだけの特徴を十分に備えているといえるであろう。実際、わが国の判例及び学説の大勢はその

ような方向で展開してきた。研究会案60条は、そのひとつの到達点ということができよう。

　しかし、94条2項の類推適用法理を手掛かりにして一般的な信頼保護法理を認めようとすることには反対である。先に見たように、60条は、帰責事由として最低限何が必要なのかについて明らかにしていない。94条2項の類推適用である以上、外観の虚偽性の認識の下で意図的にそれを作出・存続させたという要素は払拭しきれないというのが私見であるが、より緩やかに、意思にもとづいて当該外観を作出あるいは存続させたことで足りるとする考え方もありうるであろう。そして、その立場をとるならば、それは、ドイツにおいて古典的権利外観理論が提唱しその後の信頼保護理論の基礎をなしてきた権利外観法理の内容と符合する。当時の権利外観理論は、実定法に散在する個別の規定では社会の取引の安全の要請に応えられないこと、ローマ法流の意思の法理とは別に、客観的な信頼の基礎たり得る外観に即した取り扱いを認める法理が私法全体（あるいは法の世界全体）を通じて認められることを強調し、実定法を超える、信頼度の高い外観（レヒツシャイン）を軸にした信頼保護原則を明らかにしようとした。しかし、ドイツの通説・判例は、一貫して、そのような法理は、理念や考え方としてはともかく解釈論上の意味を持ち得ないこと、信頼保護という法律問題については実定法すなわち個別の信頼保護規定に即した取り扱いをする必要があることを理由に、それを受け入れてこなかった[79]。

　そのような態度は妥当なものであると考える。民法典は、意思と権利による権利変動のメカニズムを原則としつつ、実質とは異なる外観に対する信頼保護のメカニズムの重要性に照らして、必要に応じてそれを認める規定を設けている。それは、取引の種類や態様、関係者の置かれた立場、取引の安全保護の必要性等の個々の事情に照らして、信頼保護の必要性が認められる場合に、その問題場面に適した要件を設定し一定の効果を定めているのである。そのような中で、個別規定を超える一般的な信頼保護規範を設けることは、必要でないばかりではなく、混乱と弊害をもたらす危険性がを否定でき

---

[79] 多田・前掲注（46）『信頼保護における帰責の理論』118頁以下参照。

② 公信力立法について

　研究会案のめざしているのは、そのような広範な信頼保護規範ではなく、帰責事由が94条2項に準じるような重いものである場合に限定して適用されるものかもしれない。しかし、そのような限定的なものであっても、一般的な信頼保護規範を認めることの問題点を免れえないであろう。むしろ、そのような場合には、94条2項や93条の類推適用の枠内で処理できるはずである。研究会案60条2項の適用が予定されていると思われるケースも、たとえば、不実登記がなされた後に名義人がそれに気がつきながら放置あるいは黙認していたという場合は、94条のいわゆる通謀（相互の了解）要件も、意思表示要件（類推適用法理では外観の作出要件）も、類推適用の範囲内で対応が可能であろう。外観作出要件についても、帰責事由に関しては、それが認められるのが作出段階か存続段階かは特に区別する必要はない。たしかに、94条2項類推適用法理は、登記に公信力のない法制度の下で一定の歯止めを伴いつつ部分的にそれを補う有益な作用を果たしてきた。しかし、解釈論上の問題点がまだ十分解消されていないのみならず、どこまでその適用範囲が拡がるのか、見通しははなはだ不透明である。具体的な事案の解決のために解釈論の範囲内で活用するのであればともかく、立法論として94条2項を原型とする信頼保護規範を提示する必要はないのではあるまいか。実質的な目的が、不動産登記に対する信頼保護を担う規範を置くことにあるのであれば、端的に、登記の公信力を認める規定を設けるべきであろう。その内容は、帰責事由の有無を問わない絶対的公信力ではなく、帰責事由を必要とする相対的公信主義ということになるであろう[80]。

---

(80) 94条2項類推適用法理を「外観法理」として規定化することに対しては、滝沢教授から、「虚偽表示の規定を逸脱しつつ、しかし帰責の要素は捨てきれないこの中途半端な規定の運用が、企画されているこの全面改正案の中で、そのまま残されようとしていることは、いかにも不可解である」という批判が向けられている。また、滝沢教授は、「少なくとも限定的な形で、登記の公信力を正面から肯定する覚悟が必要なのではないか」としても公信力立法の方向を示唆されている。滝沢・前掲注（17）13頁。
　また、石田（剛）教授は、登記の公信力欠如を補う信頼保護規定の新設に賛成であるとされながら、総則の意思表示規定の中にではなく物権編に規定すべきではないか、また、「110条まで援用して帰責根拠の緩和を推進する判例法が示す実務上の要請

六　おわりに

　現在、債権法と民法総則のかなりの部分を対象に、法制審議会において民法典の改正作業が進められているが、その改正が実現した後の民法の他の領域の改正については、いまだにその方針や予定が明らかとなっていない。そのような中で、2008年以降「民法改正研究会」からいち早く提示された、担保物権法を除く財産法全体に及ぶ民法改正案は、将来の改正に多大な影響を与えることが予想される貴重な成果であり、その内容が大いに注目されるところである。本稿では、その中の不動産物権変動法制の部分を取り上げ、その内容を手がかりに将来の改正の方向を模索すべく検討を試みた。研究会案に即して複数のテーマを取り上げて論じており、特に全体を通じた総括的な結論があるわけではない。したがって、以下では、個別の論点に即して述べてきた内容について、その概要を提示することを以て、本稿のまとめとすることにしたい。

　研究会案は、判例・学説の到達点を明らかにして改正案の中に盛り込むことを基本としつつ、いくつかの点については、現行制度を抜本的に改めるべきことを提案している。そのひとつは、副案としてではあるが、対抗要件主義から効力要件主義への転換を提案している点である。わが国の錯綜した物権変動論の原因のひとつが対抗要件主義の継受にあることは多くの論者の認めているところであろう。様々な理論的営為の積み重ねがなされてきたにもかかわらず物権変動論の問題状況が容易に解消されないのであれば、その大元の要因を除去することで状況を打開するというのは、根本的な解決をもたらす方法として真剣に検討するに値する。ただ、すでに対抗要件主義の下で実務及び理論の膨大な堆積がなされてきたことに照らすならば、理論的な問題状況の解消には根本的な解決策になるとしても、効力要件主義への転換を選ぶべきか否かは疑問である。

　研究会案は、登記対抗要件主義の適用範囲について、それを法律行為によ

を汲み、94条2項（第三者が信頼した外観への意思的関与）に拘泥せずに帰責要件を緩和した形で規定を再構築するのが望ましい」と指摘されている（石田・前掲注（13）39頁）。

る物権変動に限定することを提案している。177条の内容を大きく変える抜本的な改正である。また、第三者の範囲については、背信的悪意者排除という従来の判例・通説の内容を取り込みつつ、悪意者排除の可能性を開くという新たな内容も付け加えている。このような登記対抗要件主義の適用範囲の問題については、私見は、登記の有無のみによる画一的な取り扱いの緩和という視座からアプローチすべきものと考えている。すなわち、177条は、登記に依拠して取引ができるという取引の安全（第三者の信頼保護）保護を根底としつつ、公示制度の特質ともいうべき画一的な取り扱いの要素が加わった複合的な性格を持っている。特に、わが国では、立法段階において、公益性の観点から、物権変動原因も第三者の善意・悪意も問わない徹底した画一的処理すなわち登記絶対主義が採用された。しかし、現実には、その後の判例・学説によって、登記の現状に照らして、具体的妥当性や正義衡平の観点から画一的な取り扱いはいろいろな場面で緩和・修正されている。登記対抗要件主義の適用範囲の問題では、上記のような複合的な性格を前提として、その両方の要素をいかに調和させるべきかが問われているということができるであろう。

　そのような観点から見ると、対抗要件主義の妥当する物権変動原因を法律行為によるものに限り、それ以外については登記の有無ではなく具体的な事情に遡って判断するという区別的取り扱いは、物権変動当事者の帰責性という観点から合理性を認めることができる。自らの意思によって主体的に物権変動を生じさせた場合には、登記をしなかったことに対して、その具体的理由のいかんにかかわらず定型的にそれから生じうる危険を負担させることには合理性があるからである。その他の物権変動原因については、画一的な取り扱いは実際の帰責の有無と合致する蓋然性は低い。法律行為以外の物権変動原因について、研究会案は94条2項の類推適用法理による処理を提案している。信頼保護制度による対応という点では私見も同様であるが、現在のような94条2項の類推適用法理を全面的に当てはめることに対しては疑問がある。

　登記がなければ対抗できない第三者の範囲に関しては、研究会案は、通説・判例に沿って背信的悪意者排除を基本的な立場としているが、それにと

どまらず、近年の学説動向を反映して、悪意者排除の可能性にも途を開こうとしている。そのような方向に進むべきことについては私見も同様に考える。登記の有無による画一的取り扱いも、制度の基底をなしている信頼保護に明らかに抵触してまで貫徹すべきではなく、登記絶対主義を導いた不動産登記をめぐる立法当時の事情が後退している現在では、悪意者を排除して当事者間の正義衡平を図る途を選択すべきものと考えるからである。

　いわゆる登記の公信力について、研究会案は、正面からそれを認めるのではなく、民法総則の意思表示の箇所に「外観法理」規定を置くという方針を提案している。その内容は、94条2項の類推適用法理の内容に沿ったものである。しかし、規定案では、肝心な帰責事由の内容が示されていない。さらに、一般的な信頼保護規範を抽出する源として94条2項が適切なものかについては疑問であるし、民法の中にこのような汎用性のきわめて大きい一般的な信頼保護規範を設けること自体、その是非については慎重に検討しなければならない。特に帰責について十分な検討をしないままこのような包括的な信頼保護規範を設けるならば、その運用に伴って少なからぬ弊害が出てくるのではないかと思われる。登記に対する信頼保護の要請に対しては、94条2項をてがかりにしてそれに応えるという方法は過渡的なものとしてその限界を見極め、正面から公信力を認める規定を設ける方向で検討すべきであろう。

著者紹介

多田　利隆（ただ　としたか）
1949年　広島県に生まれる
1972年　早稲田大学法学部卒業
1982年　早稲田大学大学院法学研究科博士後期課程満期退学
1982年　北九州大学法学部講師
1985年　北九州大学法学部助教授
1993年　北九州大学法学部教授
1995年　西南学院大学法学部教授
1998年　博士（法学）早稲田大学
2004年　西南学院大学大学院法務研究科教授（現在に至る）

【主要著書】
　　『信頼保護における帰責の理論』　信山社　1996年
　　『物権法・担保物権法〈市民社会の法シリーズ２〉』　嵯峨野書院　1999年（共編著）
【主要論文】（本書および上記文献に収録したものを除く）
　　「善意者保護における帰責の原理(一)〜(五)」北九州大学法政論集12巻１号、２号、３＝４合併号、13巻２号、14巻１号　1984年〜1986年
　　「善意者保護における帰責をめぐるわが国の理論状況について」北九州大学法政論集14巻２号　1986年
　　「『慣習法上の物権』の問題点」『半田正夫教授還暦記念論集　民法と著作権法の諸問題』法学書院　1993年
　　「善意要件の二面性—ローマ法の bona fides に即して—（上）（下）」北九州大学法政論集21巻１号，２号　1993年
　　「不動産取引における信頼保護—民法177条の二面性と信頼保護法理—」内田勝一／浦川道太郎／鎌田薫編『現代の都市と土地法』有斐閣　2001年
　　「Zurechnungsprobleme beim Gutglaubensschutz im japanischen BGB」Recht in Japan　Heft13　2002年
　　「白紙委任状の濫用と表見代理—帰責理論の観点から—」五十嵐敬喜／近江幸治／楜澤能生編『田山輝明先生古希記念論文集　民事法学の歴史と未来』成文堂　2014年
　　「不動産工事と留置権—建築工事請負人の建物敷地上の留置権について—」澤野順彦編『不動産法論点大系』民事法研究会　2018年

対抗の法理と信頼保護の法理

2019年2月28日　初版第1刷発行

著　者　　多　田　利　隆
発行者　　阿　部　成　一

〒162-0041　東京都新宿区早稲田鶴巻町514番地
発行所　　株式会社　成　文　堂
電話 03(3203)9201　Fax 03(3203)9206
http://www.seibundoh.co.jp

製版・印刷　藤原印刷　　　　　製本　弘伸製本
© 2019 T. Tada　　　　Printed in Japan
☆乱丁・落丁本はおとりかえいたします☆　検印省略
ISBN978-4-7923-2727-9　C3032

定価（本体5,500円＋税）